새우리말
법 화 경

회옹(晦翁) 혜경 지음

지우출판

새우리말

법화경

2024. 6. 20 / 2판1쇄 인쇄
2024. 6. 30 / 2판1쇄 발행

지은이_ 회옹(晦翁) 혜경
발행인_ 김용성
발행처_ 지우출판
등록_ 2003년 8월 19일 | 제9-118호
주소_ 서울시 동대문구 휘경로2길 3, 4층
전화_ 962-9154   팩스_ 962-9156
정가_ 18,000원
ISBN 979-11-94120-02-5   03220

새우리말

법 화 경

서 문

　모든 경전은, 그 가르침의 주인이 자기의 직관에 의해 체득한 우주의 법계를 기초로 하여 모든 사람들로 하여금 당면한 인생고에서 해방을 위해 가르쳐진 것이라 하겠다. 그러므로 경전의 우열은 논할 수도 없고 또한 논해져서도 안 되겠지만, 이 세상에 존재하는 모든 것들이 인연(因緣)에 의해 생겨난 것이므로 저마다 특수성을 가지고 있기 때문에 그 특질에 의해 해방[解脫]에 대한 난이도가 자칫 우열을 말하게 되는 것이리라.

　그러한 견지에서 이 법화경의 특성을 말하자면 우선 다른 경전과의 비교를 통해 그 특질을 찾아 보아야 될 줄 믿는다. 많은 경전 중에서 현재 우리들이 가장 많이 독송하고 있는 반야경(般若經)의 경우 - 바른 견해[正見]를 가지고 사물을 보아야만 그 대상을 꿰뚫어 볼 수 있기 때문에 - '지혜[般若]의 완성[波羅蜜多]'을 주제로 삼았지만, 그 목적은 성불(成佛: 最高人格

完成)의 전단계인 보살(菩薩), 즉 구도자(求道者)에게 - 자기 극복을 위해서는 너와 내[自他]가 따로 있는 것이 아닌 고정된 실체가 없는 공(空)이라고 하는 '하나(一)'가 참모습[實相]임을 깨닫도록 하여 - 자비심을 구비케 하는 것으로 아직 보리심을 내지 않은 중생을 위한 가르침이라 한다면, 법화경은 그 반야 [知慧]를 완성하여 다시는 이 험(險)한 세상에 태어나[輪廻]지 않을 사람[菩薩]들이 극락정토(極樂淨土)인 진리의 세계에서 안주(安住)하기를 마다하고 중생을 구제하기 위해 자진해서 이 더러움이 가득찬 사바세계(娑婆世界)에 몇 번이고 나타나[出現] 본래의 서원인 '끝도 가도 없는[無量無邊] 중생을 모두 다 건지[濟度]려고 오직 한 마음으로 정진하는 보살의 길[菩薩道]을 가르치는 경전' 즉 교보살법(敎菩薩法)이니 그 대상이 '육도(六途)를 윤회하는 중생'이냐 '진리의 세계에서 중생구제를 위해 이세상에 출현한 보살'이냐 하는 것에 우선 그 특성이 다르다 하겠다. 그러므로 누구나 악업(惡業)의 인연으로 말미암아 괴로운 이 세상에 다시 태어나 고통 받는 중생으로서의 윤회의 굴레를 벗어 던지고 참으로 해탈코자 하는 구도자, 즉 보살이 되고자 한다면 이 가르침[法華經]을 몸과 목숨[身命]을 바쳐 믿고 의지[歸依]하여 참열반[大涅槃]을 얻고 영원토록 즐거움이 가득찬 극락세계[安養世界]에 마음대로 출입할 수 있으리니, 이것이 바로 법화경의 특성 중 하나라고 하겠다.

그러나 이렇게 훌륭한 경전임에도 불구하고 대부분의 사람들은 경전을 읽고[讀] 외우[誦]는 참 목적을 알지 못한 채 마냥 독송만 하고 있는 경우가 허다하다. 경전을 독송하는 것은 부처님의 말씀에 통달하여 자기의 마음이 부처님의 마음과 일치되어 부처님이 되는 것을 그 목적으로 하는 것인데, 아무 뜻도 모르고 입으로만 중얼거린다면 마치 녹음기와 다를 바 없으니 녹음기가 그 뜻을 느껴[自覺] 성불할 수 없음은 명백한 사실이 아니겠는가. 그렇다면 녹음기가 아닌 우리 인간이 취할 바는, 바로 그 뜻이 가슴 속에 사무쳐야만 자기도 부처님이 될 수 있는 것이므로 그러기 위해서는 우선 그 가르침을 알아 들어야만 한다. 그런데 과거 한문(漢文)만이 통용되던 시절에도 그 뜻이 널리 알려지게 하기 위해 속칭 '언해본(諺解本)'이라는 우리말 번역이 있어 이를 도왔음에도 불구하고 오늘날 대부분의 국민이 한자(漢字)를 잘 알지 못하고 있는 데도 우리는 한문 우월주의의 잘못된 사상에 사로잡혀 계속 한문 독송만을 고집해 오고 있다. 그렇기 때문에 이 훌륭한 가르침이 세상 구석구석까지 널리 퍼져서 모두가 복된 삶을 영위토록 하기 위해, 보다 쉽게 번역하고 해설함이 내가 이 세상에 나온[出現] 하나의 큰 목적[一大事因緣]이 아닐까? 하는 생각 끝에 되도록이면 법화경을 처음 대하는 분들에게 법화경의 대강의 뜻이라도 알리고 싶었다.

　이러한 뜻에 의해 여러 불자님들께 법화경의 참뜻을 전하고자 처음 시도한 것이 「법화경 입문(범우출판사 발행)」이었고 다음이 「법화삼부경(法華三部經)」의 완역이었으나 미흡하기 이를데 없어 이번에 다시 그 「법화삼부경」과 「신역 우리말 법화경(삼양 출판사)」의 잘못된 부분을 바로 잡고 보완하여 이 「새

우리말 법화경」을 다시 상재하게 되었으니, 선배 제현께서는 잘못된 부분에 대해 아낌없는 질타를 베푸시어 이 천학비재의 선지식(善知識)이 되어 주시기를 엎드려 빌면서, 끝으로 정성을 다해 이 책을 출판해 주신 도서출판 갑을패의 김용성 대표께 감사드린다.

「바라옵나니 이 공덕을 널리 미치게 하여 나와 함께 모든 중생이 성불케 하여지이다.」

불기(佛紀) 2549(乙酉)년 납월(臘月)
양주 천보산(天寶山) 아래 화담정사(和潭精舍)에서
회옹(晦翁) 혜경(惠耕)합장

묘법연화경제목해석
妙法蓮華 經題目解釋

온능(溫陵) 개원련사(開元蓮寺) 비구(比丘) 계환(戒環)

실상(實相) 묘법(妙法)을 연꽃[蓮華]에다 교묘히 비유(譬喻)했으니, 안으로는 일심(一心)을 곧바로 가리키고[直指] 밖으로는 온갖 경계(境界)에 두루 통(通)한다. 〈연꽃은〉 바야흐로 꽃이 핌과 동시에 열매가 맺고 항상 물에 있으면서도 젖지 아니하니[處梁常淨] 이는 연꽃[蓮華]의 참 모습[實相]이요, 〈마음 속에는〉 중생(衆生)과 부처가 본래부터 있기 때문에 아무리 윤회(輪廻)를 거듭할지라도 변하여 달라지지 않으니 이는 마음의 실상이다. 온갖 형상은 일시적으로 나타난 허망한 것에 불과하지만 그 정수(精髓)는 진실하니 이는 경계의 실상이다. 이렇게 마음[心]과 경계와 모든 것[萬類]에 두루 통(通)하므로 이를 법(法)이라 하고, 정교(精巧)하고 조악(粗惡)함이 모두 한 뜻이므로 평범한 사람[凡夫]과 성인(聖人)은 그 근원(根源)이 하나[一]이다. 〈부처님은〉 비록 여러 가지의 세속적인 진리[世諦]

로 설하시지만 – 모든 부처님은 두 가지의 진리[二諦]로 중생을 위해 설법을 하시는데, 하나는 세속적인 진리[世俗諦]요, 또 하나는 근원적이며 절대적인 깊고 묘한 이치[第一義諦]이다.

그러나 이는 모두가 진리를 설하시므로 가르침을 듣고 깨닫는다. – 그것은 모두가 진실하니, 진리(眞理)라는 것은 말이나 이야기(言詞)로 나타내 보일 수 없고 자세히 설명할 수 없기 때문에 묘(妙)라고 하셨다.

〈중생이〉육도(六途) 윤회(輪廻)를 면치 못하는 것도 이를 알지 못하기 때문이요, 모든 부처님이 닦아 깨달았다는 것도 이 진리를 깨달았다는 것이다. 또 중생의 근기에 맞추어 8만 4천의 가르침을 설하신 것도 모두 이 진리를 알리기 위한 교묘한 수단이다. 그러므로 중생이 번뇌가 많아[後重] 근기(根器)가 순수하지 못하기 때문에 〈부처님은〉우선 세 가지의 길[三乘]을 설해 일시적으로 인도하셨으니, 근기가 낮은 사람에게 설하신 것이 바로 권대승(權大乘)으로서 진실한 가르침인 실대승(實大乘)이 아니다. 소승(小乘)의 가르침에 머물러 묘(妙)를 나타내지 못하다가 마음이 서로 그 본질을 믿게 됨에 이르자 성기고 거칠은 소승을 버리고 실상을 나타내 보여 삼승을 모아 일승(一乘)으로 가게 하니 묘[大乘]하여 거칠음[小乘]이 없다. 이것으로 모든 부처님께서 능히 하실 일을 마치셨다.

그러나 이른바 묘법(妙法)이란 소승(小乘)을 버리고 대승(大乘)을 취한 것이 아니고 소승으로 곧 대승을 나타낸 것이며 일승(一乘)이란 삼승(三乘)을 떠난 일승이 아니라 셋을 모아 하나로 돌아가게 한 것이다. 소승에 입각하여 대승을 나타낸 것은 연꽃이 물에 있으면서도 물에 젖지 않음과 같고 삼승을 모아 일승으로 되돌아가게 함은 연(蓮)이, 꽃이 핌과 동시에 열매가 맺는 것과 같이 가르침[法]과 비유(譬喩)가 나란히 나타나며 이름과 실상이 아울러 나타나기 때문에 묘법연화(妙法蓮華)라 명명(命名)한 것이다. 이 진리를 깨달으려면 반드시 근본지(根本智)를 체(體)로 삼고 육묘행(六妙行)을 용(用)으로 삼아야 하는 바 지혜(智慧)를 비유한 것이 연(蓮)이요, 행(行)을 비유한 것이 꽃[華]이니 지(智)와 행(行)을 둘 다 온전히 하여야만 마침내 묘(妙)를 다투게 되는 까닭에 경문(經文)의 첫 부분(部分)에 미간백호(眉間白毫)의 한 광명(光明)을 동방(東方)으로 일만팔천국토(1万8千國土)를 비추심으로써 지혜와 경계를 완전하게 나타내시고 사법성취(4法成就)의 법문(法門)으로 결론(結論)지음으로써 행문(行門)을 갖추어 마치셨다.

정종분(正宗分) 첫 부분에 있는 삼주(3周)의 설법은 모두 체(體)를 밝히신 것이요, 촉루품(囑累品) 후의 6품은 용(用)을 밝히심이며 중간법문(中間法門)이 앞과 뒤를 연결(連結)하면서 법륜(法輪)을 온전히 굴리시어 지(智)와 행(行)을 크게 나타내시고 또 체(體)와 용(用)도 함께 밝히시어 실상(實相)의 대전(大全)으로 삼으셨다.

〈부처님께선〉 깨달음의 문(門)을 열어 참된 모범(模範)을 보이시고 〈중생으로 하여금〉 지혜종자(智慧種子)를 싹트게[發明]하여 과덕(果德)을 성취케 하였으니, 만일 이를 듣는 사람은 성불치 못할 리 없고 깨친 이는 모두 수기(授記)를 받을진대, 이는 낱낱의 일들과 낱낱의 물체가 묘법이 없는 까닭이다. 이로써 미루어 보건대 이 실상은 산하대지(山河大地)와 밝음과 어두움〈물질적 현상인〉 색(色)과 〈정신적 현상인〉 공(空)에 이르기까지라도 두루 충만치 않은 곳이 없으니, 〈이 세상에 존재하는 모든 것인〉 두두물물(頭頭物物)이 곧 부처님의 지혜의 몸이며 행하는 걸음걸음이 바로 보살(菩薩)의 행문(行門)이므로, 이 법에 의해 마음을 밝히면 그 몸으로써 묘(妙)를 나타내게 되는 바 부처님의 일대사인연(一大事因緣)을 이 한[一] 제목(題目)에서 모두 밝히셨다 하겠다.

| 목 차 |

서 품

이와 같이 나는 들었다.

한때, 부처님께서는 왕사성 〈밖에 있는 영축산인〉 기사굴산에 머물고 계셨다. 〈조용히 앉아 계시는 부처님 곁에는〉 위대한 출가 수행인들이 1만 2천 명이나 〈가르침을 듣기 위해〉 모여 있었다.

이들은 모두가 성자로서 모든 번뇌의 때를 말끔히 떨어내 버렸으므로 다시는 번뇌에 사로잡히지 않고, 자기의 인격을 완성했을 뿐만 아니라 생존으로 인해 얽힌 온갖 속박을 모두 끊었기에, 마음은 〈언제라도 마음의 평안에 들 수 있는〉 자유자재한 경지를 얻고 있었다.

이들의 이름은 다음과 같다. 〈부처님의 4제의 설법을 듣고 맨 처음 깨쳤다는〉 아야교진여, 〈의·식·주에 대한 탐욕과 집착을 모두 떨쳐버린 두타 제일의〉 마하가섭, 〈승단을 공양하는

데 제일가는〉 우루빈라가섭, 〈마음의 모든 번뇌를 항복받은〉
가야가섭, 〈교화에 능한〉 나제가섭, 〈지혜 제일의〉 사리불, 〈
신통 제일의〉 대목건련, 〈부처님의 가르침을 알기 쉽게 설명을
잘 하는 논의 제일의〉 마하가전연, 〈남의 마음 속을 꿰뚫어 보
는 천안 제일의〉 아노루타, 〈천문과 역술에 능한〉 겁빈나, 〈계
율 해석을 잘 하는 해율 제일의〉 교범바제, 〈마음이 흔들리거
나 뒤바뀐 생각을 하나도 하지 않는〉 이바다, 〈경행과 좌선을
잘 하는〉 필릉가바차, 〈병 없고 욕심없는 소병소욕의〉 박구라,
〈어려운 질문에 대답을 잘 하는〉 마하구치라, 〈환희심에 가득
차 설법을 듣는〉 난타, 〈용모가 거의 부처님처럼 빼어난〉 손다
라난타, 〈실천적인 용기와 설득력을 가진 설법 제일의〉 부루나
미다라니자, 〈모든 현상이 고정된 실체가 없는 공성임을 잘 아
는 해공 제일의〉 수보리, 〈부처님의 곁을 잠시도 떠나지 않고
시중든 다문 제일의〉 아난, 〈부처님의 친아들인 데도 자기의
덕이 높은 것을 드러내지 않고 언제나 겸허한 태도를 간직했던
밀행 제일의〉 라후라 등, 그 이름이 널리 알려진 훌륭한 성자들
이었다.

또 현재 배우고 있는 중이거나 배움을 마친 사람들도 2천 명
이 있었으며, 또 〈세존의 이모이시고 난타존자의 어머니이신〉
마하파사파제 비구니도 6천 명의 비구니를 거느리고 있었다.
또 〈세존께서 태자일 때의 부인이었던〉 라후라 존자의 어머니
인 야수다라 비구니도 역시 그 권속들과 함께 있었다.

또한 위대한 뜻을 가진 구도자도 8만 명이나 있었으니, 그들

은 모두가 최고의 완전한 깨달음을 성취하기 위해 수행하되, 조금도 물러서지 않아 〈모두가 선한 것은 영원토록 잃지 않고 보전하며 악한 것은 억눌러서 일어나지 않게 하는〉 굳센 정신력을 얻었으며, 자진해서 기꺼이 법을 설해 〈중생을 바르게 인도하는〉 훌륭한 설득력도 갖추었으므로 〈마치 수레바퀴가 끝없이 앞으로 굴러가듯〉 부처님의 가르침을 그칠 줄 모르게 설할 수 있었다.

이들은 헤아릴 수 없는 무수한 부처님을 섬기면서 〈가르침을 그대로 실천했으니,〉 그 많은 부처님의 가르침에 따라 〈성불의 지름길인〉 갖가지의 선행을 쌓고 또 쌓았기 때문에 모든 부처님들로부터 칭찬을 받아 왔다.

또 이들은 모든 사람들의 행복을 기원하는 마음을 자기 인격 완성의 기본적인 길로 삼아 수행했기 때문에 〈온갖 사물의 평등상을 아는〉 부처님의 경지에 거의 도달해 〈모든 사물의 차별상까지도 명확하게 꿰뚫어 보는〉 위대한 지혜를 얻었으며, 〈이미 모든 번뇌를 말끔히 여의고〉 깨달음의 경지에 도달하고 있었다. 〈그래서 그 거룩한〉 명성은 헤아릴 수 없는 무수한 세계에 널리 알려졌으며, 그로써 수많은 사람들을 구제해 왔었다.

이 위대한 뜻을 가진 구도자들의 이름은 다음과 같다.

〈지혜와 복덕을 두루 갖춘 가르침의 후계자인〉 문수사리보살, 〈지혜로써 꿰뚫어 보아 중생의 고뇌를 뽑아 없애 주는〉 관세음보살, 〈훌륭한 덕행을 고루 갖춘〉 득대세보살, 〈세운 뜻을 굳세게 밀고 가는〉 상정진보살, 〈수억 겁을 쉬지 않고 부지런

히 수행하는〉 불휴식보살, 〈법보를 손에 쥔〉 보장보살, 〈중생
의 근기에 맞춰 약을 내리는〉 약왕보살, 〈용감하게 일체를 베
풀어 주는〉 용시보살, 〈깨달은 바탕이 밝고도 맑은〉 보월보살,
〈미혹의 어두움을 없애 주는〉 월광보살, 〈보월과 월광의 두 가
지 덕을 겸비한〉 만월보살, 〈큰 법을 등에 짊어진〉 대력보살,
〈사물을 대해 조금도 마음을 움직이지 않는〉 무량력보살, 〈몸
과 뜻을 전혀 나타내지 않는〉 월삼계보살, 〈바르게 보는 것을
훌륭히 지키는〉 발타바라보살, 〈사랑을 바탕으로 다음에 부처
님이 될〉 미륵보살, 〈지혜를 쌓아 능히 중생을 이롭게 하는〉
보적보살, 〈그릇된 사람을 올바르게 인도하는〉 도사보살 등.

이와 같이 수많은 〈위대한 뜻을 가진 구도자, 즉〉 보살 마하
살이 그 자리에 함께 있었다.

이 때에 〈바라문교에서 말하는 욕계 도리천의 신들의 제왕인〉
석제환인이 많은 부하 천자들을 거느리고 함께 왔으니, 그 이름
은 〈도리천 궁안에 사는 달의 천자인〉 월천자와 〈별의 천자인〉
보향천자와 〈해의 천자인〉 보광천자와 〈도리천 밖 동서남북 4
방을 지키는〉 4대천왕이 각각 그 권속 1만 명의 천자를 거느리
고 함께 와 있었다.

또 〈화락천의 주인인〉 자재천자와 〈타화천의 주인인〉 대자
재천자가 그 권속 3만의 천자를 거느리고 함께 와 있었으며, 〈
색계 4선 18천의 초선 3범천왕 중〉 현세계의 주인이라는 범천
왕인 시기대범과 〈2선 삼광 천왕인〉 광명대범 등이 각각 그 권
속 1만 2천의 천자를 거느리고 와 있었다.

또 여덟 용왕이 있으니, 〈목련존자에 의해 교화된〉 난타용왕, 〈때 맞추어 비를 내리는 어진〉 발난타용왕, 〈바다에 사는〉 사가라용왕, 〈머리가 여러 개 달린〉 화수길용왕, 〈혀가 여러 개 달린 독사인〉 덕차가용왕, 〈번뇌가 없어지는 연못인 아욕달지에 사는〉 아나바달다용왕, 〈힘이 세고 몸이 큰〉 마나사용왕, 〈푸른 연꽃이 피는 연못에 사는〉 우발라용왕 등이 각각 수많은 권속들을 거느리고 함께 와 있었다.

또 〈반은 사람이고 반은 뿔이 달린 짐승으로 노래 부르기를 즐기는 귀령인〉 긴나라 왕이 넷이나 있었는데, 〈4제를 노래하는〉 법긴나라왕과 〈12인연을 노래하는〉 묘법 긴나라왕, 〈육바라밀을 노래하는〉 대법 긴나라왕과 〈1승을 노래하는〉 지법 긴나라왕이 각각 수많은 권속을 거느리고 함께 와 있었다. 〈공중에서 향기를 맡으며 음악을 연주하는〉 네 가지의 건달바왕이 있어 〈노래와 춤 등 재주에 능한〉 악건달바왕, 〈북과 관현악에 능한〉 악음건달바왕, 〈빼어난 재주를 가진〉 미건달바왕, 〈빼어난 음악을 연주하는〉 미음건달바왕이 각각 수많은 권속들을 거느리고 함께 와 있었으며, 〈성 잘 내고 싸움 잘 하는〉 네 가지의 아수라왕이 있어, 〈툭하면 싸움질하는〉 바치아수라왕과 〈바닷물을 높게 치솟게 하는〉 거라건타아수라왕과 〈바다에 풍랑을 일으키는〉 비마질다라 아수라왕과 〈해와 달을 가리는〉 라후 아수라왕이 각각 수많은 권속을 거느리고 함께 와 있었다.

〈용을 잡아 먹는 금빛 날개의 금시조인〉 네 가지의 가루라왕이 있는데, 〈용을 잡아서 항상 씹고 있는〉 대위덕가루라왕,

〈무리 중에서 몸이 빼어나게 큰〉 대신가루라왕, 〈뜻대로 언제 어디서나 배불리 용을 잡아 먹는〉 대만가루라왕, 〈턱 밑에 구슬을 가진〉 여의가루라왕이 각각 수많은 권속을 거느리고 함께 와 있었다.

그리고 〈마가다국의 빈비사라왕의 왕비였던〉 위제희 부인의 아들인 〈무적의 용사라는 이름을 가진〉 아사세왕이 수많은 신하들을 거느리고 와 있었다.

이들은 모두가 고개 숙여 부처님의 발 밑에 이마를 대고 예배드린 후, 각기 한쪽으로 물러나서 조용히 앉아 있었다.

그때 부처님께서는 남녀의 출가·재가 수행인들에게 에워싸여, 그들로부터 정성어린 감사와 공경과 존숭과 찬탄을 받고 계셨다.

부처님께선 모든 보살들을 위해서 〈인류를 제도하고 온 세상을 구제하는 가장 훌륭한 가르침인〉 대승경을 설하셨는데, 그 이름이 무량의이며, 〈그 내용은 이 세상에 나타나는 모든 현상이란 여러 가지로 보이지만 근본을 살피면 그 모든 것들은 오직 하나의 실상에 의해 생겨난 것이라는 진리를 파악하며 이를 확연히 깨달아서 자기 것으로 삼으라는 가르침이며〉 또한 보살을 교화하기 위해 설해진 가르침이다. 모든 부처님들께서 〈아득히 먼 옛날부터〉 마음 속에 깊이 간직해 온 이러한 생각을 석가모니 부처님께서도 설하신 후에, 가부좌를 틀고 모든 위대한 가르침의 기초라 하는 〈제법실상의 진리라는〉 명상에 깊이 들어 몸도 마음도 움직이지 않으신 채 조용히 앉아 계셨다.

이때 하늘에서는 〈부처님의 거룩한 명상에 감응되어〉 〈흰〉 만다라꽃 · 큰 만다라꽃과 〈붉은〉 만수사꽃 · 큰 만수사꽃을 부처님과 대중들 위에 비처럼 뿌렸으며, 땅덩이도 감동해 〈동 · 서 · 남 · 북 · 상 · 하〉 여섯 가지로 진동했다.

이 자리에 모인 비구 · 비구니, 남녀 재가 수행자를 비롯해 천신 · 용 · 야차 · 건달바 · 아수라 · 가루라 · 긴나라 · 〈뱀의 신〉 마후라가 · 사람 같으면서도 사람 아닌 것 등 〈네 무리의 사람들과 여덟 무리의 불법을 수호하는 귀신〉뿐만 아니라 수많은 작은 나라의 왕들로부터 〈전 세계를 통일하는 이상적인〉 전륜성왕에 이르기까지, 모든 사람들이 한결같이 이와 같은 일은 한 번도 경험한 적이 없었기에 〈깊은 귀의심을 일으켜〉 환희하여 〈자기도 모르게〉 합장하고 일심으로 부처님의 거룩한 얼굴을 우러러보았다.

부처님께서는 그때, 〈중도를 표상하는〉 두 눈썹 사이의 〈둥글게 말린〉 하얀 털에서 번쩍하고 밝은 빛을 놓아 아득한 동방의 1만 8천 세계를 빠짐없이 비추셨으니, 그 빛이 아래로는 〈무간지옥이라는〉 아비지옥에서부터 위로는 〈색계의 맨 꼭대기인〉 아가니타천에 이르렀다.

〈그 빛에 의해〉 이 세상에 있으면서도 그러한 세상의 모습들을 샅샅이 볼 수가 있었다. 〈천신 · 사람 · 아수라 · 축생 · 아귀 · 지옥 등〉 여섯 갈래 〈미혹한 세계를 헤매는〉 중생의 모습이 남김없이 보였고, 현재 그곳에 계시는 여러 부처님들의 모습도 보였으며, 그 모든 부처님들께서 설하시는 가르침도 확실히 들렸다. 그리고 남녀 출가·재가의 수행인들이 여러 가지로 불도를 수행해 각기 그 결과를 얻고 있는 모습도 보였다. 또한 많은 보살들의 모습도 보였는데, 그들이 불도에 들어오게 된 동기와 조건 등의 차이로 말미암아 가르침을 믿고 이해함에 있어서도 차이가 있고 얼굴이나 모습 등 겉 모양은 각각 다르지만, 〈그들 모두가 부처님이 되는 오직 하나의 길인〉 보살도를 한결같이 실천하고 있음에는 다르지 않았다.

또 그 세계에 계시는 부처님들께서 수명이 다하시어 열반에 드시는 것을 보며, 열반에 드신 후 사람들이 부처님의 유골을 일곱 가지 보배로 만든 탑을 세워 그 속에 모시고 부처님의 덕을 찬양하는 모습도 보였다.

그때 〈사랑을 바탕으로 하는〉 미륵보살이 이런 생각을 했다.

'지금 세존께서는 매우 신비한 힘을 나타내 보이셨는데 과연 어떤 사연이 있어 이런 광경을 나타내 보이셨을까. 〈부처님께 직접 그 이유를 여쭙고 싶지만〉 지금 부처님께서는 깊은 명상에 들어 계시니, 불가사의하고 한 번도 본 적이 없는 이 사실을 도대체 누구에게 물어 보면 좋을까, 과연 그 누가 이 사실에 대해 정확히 대답해 줄 수 있을까?'

그리고 또 이런 생각을 했다.

'〈부처님의 마음 속을 마치 친아들처럼 잘 알고 있는 문수사리보살에게 물어 보면 알 수 있을지 몰라!〉 문수사리는 가르침의 후계자이므로 과거세에 수많은 부처님을 가까이 모시고 섬겨왔으니 분명 이런 광경을 본 적이 있었을 거야! 그러니 지금

그에게 물어 봐야겠다.'

남녀 출가ㆍ재가의 수행인들을 비롯해 이 자리에 모여 있던 천신ㆍ용신ㆍ귀령의 무리들도 미륵보살처럼, '부처님의 두 눈썹 사이에서 나온 큰 광명에 의해〈저 세계의 여러 광경이 낱낱이 비추어진〉이 불가사의한 진상을 그 누구에게 물어 봐야 하나?' 하는 생각을 하고 있었다.

미륵보살은 이들의 마음 속을 알 수 있었기 때문에, 마침 자기의 의문도 해결하는 동시에 이 많은 사람들의 의문도 풀어줘야겠다는 결심 아래, 문수사리에게 이렇게 질문했다.

「문수사리여, 앞서 차례차례로 나타난 신비하고도 상서로운 일들은 도대체 어떤 사연이 있어 일어난 일입니까? 그리고 또 부처님께서 대 광명을 놓으셔 동방의 1만 8천 국토를 비추시자, 그 땅들도 모두 아름다운 불국토임을 알 수 있었습니다. 그런데 이것은 도대체 어떤 이유에서 그랬습니까?」

위대한 뜻을 가진 구도자 미륵보살은 그 뜻을 거듭 밝히고자 시로써 질문했다.

『문수사리여,〈인간의 지도자이신〉부처님은 무엇 때문에 두
눈썹 사이의 백호상에서
큰 광명 놓으셔 널리 비추셨는가?
하늘에서는 만다라꽃과 만수사꽃이 비처럼 내리고
전단의 향기 품은 산들바람이 사람들 마음 기쁘게 하니
그로 인해 이 땅은 고상하고 청정해졌으며
더욱이 이 세계가 여섯 가지로 진동하니

출가 · 재가의 남녀 수행인들은 몸과 마음이 흔쾌하여
아직 한 번도 경험치 못한 큰 기쁨 느꼈네.
부처님 두 눈썹 사이에서 나온 큰 광명
동방 1만 8천 세계 두루 비추니
그곳은 모두 금빛같이 빛났네.
아비지옥에서 우주 꼭대기에 이르기까지
〈인간이 살고 있는〉 모든 세계에서 여섯 갈래로 윤회하는 무수
한 중생이
나고 죽고 하면서 업따라 그 중 하나에 태어나며
선악의 행위 좇아 행 · 불행 받는 것도 이 땅에 있으면서 낱낱이
보네.
사자에게 비유되는 거룩하신 〈인간의 왕자〉 부처님들께서
가장 으뜸가는 진리의 가르침 설하시니,
그 목소리 맑고 깨끗하며 부드러워
무수한 보살들 모두 가르치시네.
그 맑은 목소리 가슴 속 깊이 스며들어 사람들로 하여금 즐겨
듣게 하시며,
각각의 세계에서 바른 가르침 설하시네.
여러 가지 사연과 한량없는 비유들어
최고의 진리 뚜렷이 밝혀 중생들 깨달음 열도록 가르치시네.
만일 어떤 사람 늙고 병들어 죽음의 고뇌에서 헤어나고자 하면,
그 사람에겐 열반을 설해 모든 괴로움 완전히 없애 주시고,
또 어떤 사람 복덕 갖춰 일찍이 부처님 섬기고
가장 뛰어난 법 얻겠다는 굳은 뜻 세우면
그 사람에겐 연각의 길 설하시며,
또 어떤 불자 여러 가지 행 닦으며 위 없는 지혜 얻겠다면

그에겐 맑고 깨끗한 〈보살의〉 길 설하네.

문수사리여, 내 지금 이곳에 있으면서 동방의 저 국토에서 불도 수행하는

수많은 일들 보고 들음이 이러한데, 이를 줄여 간략히 말하리다.

나는, 그 세계에 있는 갠지스 강의 모래처럼 수많은 보살들이 갖가지 사연 가지고 불도 구하는 모습 보네.

어떤 보살 〈많은 사람들의 행복을 위해〉 금·은·산호·진주· 주옥·자거, 아름다운 옥돌·다이아몬드 등 갖가지 보배와 남녀 노예, 사람타는 수레, 보석으로 장식한 가마를 기꺼이 보시하고,

그 공덕 불도에 회향하며 오직 이 가르침이

모든 부처님들께서 찬탄하시는 삼계에서 제일가는 가르침이길 바라며,

또 어떤 보살은 네 마리 말이 끌며

보배로 장식된 난간 두르고 화려한 지붕에다 처마 끝에 깃발 달은 수레 보시하고,

또 어떤 보살은 자기의 손·발 등 육체뿐만 아니라

부인과 자식들까지도 가르침을 위해 바치며 불도 구하는 모습 보며,

또 어떤 보살은 머리·눈·신체 등 기꺼이 보시하며

간절히 부처님 지혜 구하는 모습 보네.

문수사리여, 나는 또 많은 국왕들이

부처님 뵈옵고 최고의 지혜 묻는 것 보며,

풍요로운 국토와 훌륭한 궁전, 수많은 신하, 사랑하는 아내 버리고

수염과 머리 깎고 법복 입는 모습 보네.

또 보살의 경지에 있으면서 짐짓 비구의 몸 되어
홀로 조용한 곳에 살면서 일심으로 경전 독송하는 것 보며,
굳은 의지 가지고 정진하되
깊은 산 속에 들어가 부처님 길 골똘히 생각하는 모습을 보며,
〈세속적인〉 욕망 깨끗이 버리고 인적 없는 조용한 숲속에서 깊
이 명상에 드는 수행 쌓아서, 다섯 가지 초능력 얻는 보살 보네.
또 어떤 보살 조용히 명상하며 두 손 모아 합장하고
수많은 시 읊으면서 부처님 찬양하는 모습 보며,
지혜 깊어 깨달음 얻고자 하는 굳은 뜻 가진 보살이
많은 부처님께 가르침 묻고 그 가르침 굳게 지키는 것 보며,
어떤 보살 선정과 지혜 두 가지 덕 갖추고
한량없는 비유로써 대중 위해 가르침 설하는 모습 보며,
또 자진해 기꺼이 법 설해 많은 구도자 교화시키니
〈불도에 장애 되는〉 악마를 남김없이 몰아내고 정법 넓히는 보
살 보네.
어떤 보살 조용히 침묵 지켜
천신과 인간에게 공경받을지라도 마음 흔들리어 기뻐하는 일 없
는 모습 보네.
또 어떤 보살 숲속에 숨어 살지라도, 그 몸에서 빛 발해
지옥 고통 받는 중생 건져내어 불도로 인도하는 모습 보며,
어떤 보살 전혀 잠자지 않고 숲에서 경행하며
일심으로 위 없는 깨달음 구하는 모습 보네.
또 어떤 보살 계율 모두 지켜 손색없는 품위 몸에 갖춰서
옥처럼 맑은 생활하며 불도 구하는 모습 보네.
또 어떤 보살 참고 견디는 힘 갖추었기에
아는 체하는 사람이 욕하고 때릴지라도

모든 것 참고 견디며 불도 구하는 모습 보며,

어떤 보살 놀이와 애욕 떠나

어리석은 사람 멀리하고 지혜 성취한 사람 가까이 지내면서

일심으로 마음 흐트러지지 않고 긴 세월 동안

조용한 곳에서 정신 통일하며 불도 구하는 모습 보네.

또 어떤 보살 맛있는 음식과 갖가지 탕약

부처님과 승단에 기꺼이 보시하며,

고상하고 이름난 가사와 값 헤아릴 수 없는 아름다운 의복

부처님과 승단에 기꺼이 보시하고,

어떤 보살 전단 향나무로 지은 정사와

갖가지 침구들을 부처님과 승단에 기꺼이 보시하며,

맑고 깨끗한 동산에 꽃과 열매 무성하고

샘물 넘쳐 흘러 목욕하기 좋은 연못 부처님과 승단에 기꺼이 보시하네.

이처럼 갖가지 훌륭한 보시, 마음에서 싫어하지 않고

계속 환희하며 부처님의 지혜 구하는 모습 보네.

또 어떤 보살 실상 깨달아 번뇌에서 해탈하는

갖가지 가르침 설해 많은 중생 인도하는 모습 보며,

어떤 보살 〈이 우주 안에 있는〉 모든 현상이 갖고 있는 성품이

본래 차별 없고 마치 허공 같아서 〈어디를 붙잡아도〉 똑같다는

걸 아는 것 보며,

또 어떤 보살 마음에 나라고 하는 집착 없어

모든 것의 평등성 아는 지혜 성취함으로 더없는 깨달음 구하고

있는 모습 보네.

문수사리여, 나는 또한 부처님께서 멸도하신 후 그 사리에 공양

하는 보살들도 보며,

수많은 부처님 탑 세워 나라 안을

고상하고 아름답게 장식하는 보살들도 보네.

그 보배탑은 높고도 아름다워 5천 유순이나 되며

가로와 세로가 똑같이 2천 유순이나 되네.

하나하나의 탑마다 수많은 깃발 세웠으며,

구슬장막에다 보배 방울 서로 조화되어 울려 퍼지니

모든 천신·인간·귀령과 사람 같으면서도 사람 아닌 것들이

향과 옷과 음악 가지고서 항상 공양드리는 것 보네.

문수사리여, 수많은 보살들이

사리 공양키 위해 아름답게 탑 장식하니,

어느덧 나라 안이 아름다운 세계로 변해

마치 〈원생수라는〉 하늘나라 나무에 꽃 만발한 것 같네.

여기에, 부처님께서 한 줄기 큰 빛 놓으시니

나와 여기 모인 대중

그 세계에서 일어나는 갖가지 묘한 변화 낱낱이 다 볼 수 있고,

모든 부처님들께서 큰 신통력과 견줄 수 없는 지혜 갖추셨음 이미 알고 있었지만

한 줄기 맑은 빛 놓으셔 한량없는 세계 비추시니,

우리들은 모두 이것 보고 아직 한 번도 경험치 못한 감격 느꼈네.

가르침의 후계자인 문수여,

원컨대 모든 사람들의 의심 풀어주오.

여기 모인 사람들은 그 기대에 마음 조이며 당신과 나를 우러러 보고 있소.

'세존께선 무슨 이유로 그 광명 놓으셨을까?' 하고.

부처님의 아들이신 문수여, 부디 때 맞춰서 이 의문 해결해 기쁨을 주오.

부처님께서는 우리들에게 무슨 이익 주시려고 이 광명 널리 놓
으셨나?
〈저 붓다가야의〉 보리수 아래서 깨달으신 최고의 가르침 설하
시려나?
혹은 우리들에게 성불의 예언 주시려나?
많은 부처님 나라 아름다운 모습으로 나타내 보이시고
많은 부처님들의 모습 보여 주신 것은 그저 평범한 이유만은 아
니리.
문수사리여, 당신은 당연히 알리라. 남녀 출가·재가 수행인들
과 용신들이
당신을 우러러보며 기대하고 있으나, 원컨대 부처님께선 무엇
을 설하시려는지 대답해 주오.」

문수보살은 위대한 뜻을 가진 구도자 미륵보살을 비롯한 많
은 보살들에게 다음과 같이 말했다.
「여러분, 내가 생각하는 것이 틀리지 않다면, 부처님께선 지
금 매우 훌륭한 큰 가르침을 설하여, 큰 비가 내리〈듯 일체 중
생에게 미치도록 하시〉며 고동 소리처럼 〈그 가르침이 언제까
지나 중생의 마음 속에 간직토록〉 하시며, 또 북을 쳐서 〈군사
를 진격케 하듯 그 가르침에 의해 사람들의 마음을 불러 일으켜〉
그 내용이 널리 퍼지도록 설하고자 생각하고 계실 것으로 짐작
됩니다.
여러분, 내가 과거세에 많은 부처님들을 섬기고 있을 때에도
이와 같이 복되고 길한 일이 일어날 징조를 보았는데, 그때 부

처님께서는 이같은 광명을 놓으신 후에 즉시 가장 위대한 가르침을 설하셨습니다. 이런 경험에 의해 짐작건대 마땅히 다음과 같은 일이 있으리라 생각됩니다.

지금 부처님께서 광명을 놓으신 것은 일체 중생들에게 매우 깊고도 믿기 어려운 가르침에 귀기울이게 할 수단으로 그와 같은 기적을 나타내 보이신 것이라고 생각됩니다.

여러분, 옛날 아주 먼 옛날 생각조차도 미치지 않는 아득한 그 옛날에〈해와 달을 등불로 삼는〉일월등명이라는 이름의 부처님이 계셨는데, 그 분은〈진리를 몸으로 나타내신〉여래이시며,〈세상의 모든 사람들로부터 공양을 받으실 수 있는 훌륭한〉응공이시고,〈그 지혜가 참되어 모든 것을 정확히 꿰뚫어 보시는〉정변지이시며〈지혜와 실행을 고루 갖추신〉, 명행족이시고〈일체의 미혹을 여의신〉, 선서이시며〈모든 경우를 뚜렷이 분별하시는〉세간해이시고,〈위 없이 완전한 인격자이신〉무상사이시며,〈모든 생명체를 뜻대로 가르치고 인도하는 힘을 가지신〉조어장부이시고,〈천신과 인간의 지도자이신〉천인사이시며,〈완전히 깨달음을 여신〉부처님이시며,〈이 세상에서 가장 거룩하신〉세존이셨습니다.

그 부처님께서는〈세상 모든 사람들을 위해〉바른 가르침을 설하셨는데, 맨 처음 설법이나 중간의 설법이나 마지막의 설법이나〈그 설하시는 방법은 비록 달랐지만〉항상 훌륭하셨습니다. 그 내용은 뜻이 매우 깊었으며 설하시는 말씀은 교묘했습니다. 그 가르침은 티없이 순수해 완전무결하고 청정하니, 맑고 깨끗한 인생살이를 가르치는 것이었습니다.

〈부처님의 가르침을 듣고 개인적인 깨달음을 얻겠다고 원하는〉 성문들에게는, 그들에게 알맞은 〈네 가지 진리인〉 4제의 법문을 설하시어, 생·로·병·사를 비롯한 갖가지 인생고에서 해탈한 경지를 끝까지 파헤쳐 주셨으며, 〈인생의 여러 가지 일들이나 자연물의 여러 현상을 연으로 하여 스스로 깨달음을 얻겠다고 노력하는〉 벽지불〈인 연각〉에게는 12인연의 법문〈인간의 고뇌에는 (1)무명 (2)행 (3)식 (4)명색 (5)육입 (6)촉 (7)수 (8)애 (9)취 (10)유 (11)생 (12)노사의 열두 가지가 고리처럼 서로 엉켜 원인·결과를 낳는다는 법칙〉을 설하셨으며, 〈남을 구제하고 세상을 제도하려는 큰 뜻을 세우고 부처님의 경지에 도달하기를 원하는〉 보살에게는 〈보시·지계 등 여섯 가지 덕을 완성하는〉 육바라밀을 설해 〈위 없는 깨달음인〉 최고의 완전한 깨달음을 얻게 하시고 〈또 이 세상의 모든 현상을 분석적·차별적으로 봄과 동시에 총합적·평등적으로도 뚜렷이 꿰뚫어 보는, 커다란 지혜인〉 일체종지를 성취시켜 주셨습니다.

그런데 〈이 일월등명불 다음에〉 또 부처님이 나오셨는데, 그 부처님의 이름도 일월등명불이셨고, 또 그 다음에 나오신 부처님의 이름도 역시 일월등명불이셨습니다.

이렇게 2만의 부처님께서 차례로 나오셨지만, 모두가 똑같은 일월등명불이라는 이름이었고, 성씨도 똑같은 바라타였습니다.

미륵이여, 이 사실을 똑바로 이해하셔야 하오. 즉 처음에 나오신 부처님이나 뒤에 나오신 부처님이나 모두 똑같은 이름의 일월등명불이셨으며, 한결같이 부처님으로서의 열 가지 뛰어난 덕을 갖추신 분이셨습니다. 또 설하신 가르침도 처음이나 중간이나 맨 끝이나 모두가 훌륭하였습니다.

그 최후의 일월등명불께선 출가하시기 전에 여덟 사람의 왕자를 두셨는데, 그 왕자들의 이름은, 〈미묘하게 밝고 진실한 마음은 원래 공으로서 그 작용이 미묘하므로〉 첫째 왕자를 유의라 했고, 둘째 왕자는 〈미묘한 마음에서 나오는 뜻이 좋지 못함이 없으므로〉 선의라 했으며, 셋째 왕자는 〈미묘한 뜻을 헤아릴수 없다 하여〉 무량의라 했고, 넷째 왕자는 〈미묘한 마름이 사물을 대할 때에 이롭게 작용하니〉 보의라 했으며, 다섯째 왕자는 〈자기와 같은 미묘한 마음을 만나면 그것을 길러내므로〉 증의라 했고, 여섯째 왕자는 〈의심을 모두 제거하고 능히 깨달았으므로〉 제의의라 했으며, 일곱째 왕자는 〈사물을 대함이 마치 메아리와 같다 하여〉 향의라 했고, 여덟째 왕자는 〈미묘한 마음이 만법을 세우므로〉 법의라 했습니다.

이 왕자들은 〈뛰어난 감화력을 가진〉 덕이 높은 사람들로 제각기 넓은 영토를 다스리고 있었는데, 아버지이신 임금님께서 출가하셔서 최고 무상의 깨달음을 얻으셨다는 소식을 들은 후 모두가 임금의 자리를 버리고 아버지의 뒤를 따라 출가해 〈부처님의 가르침에 따라 널리 세상을 구제하겠다는〉 대승의 뜻을 일으켜, 항상 맑고 깨끗한 행을 닦아 가르침의 스승이 되었으며 한량없는 부처님 아래서 가르침을 받고 온갖 미덕의 근본을 몸에 심었습니다.

일월등명불께서는 이때 〈남을 제도하고 세상을 구제하는〉 훌륭한 가르침을 설하셨으니, 그 위대한 가르침은 한없이 뜻 깊은 내용을 가진, 보살을 가르치는 법이며 부처님들께서 깊이 간직하신 생각이었습니다.

이 최고의 가르침을 설하신 부처님께서는 많은 사람들 가운데서 편안히 앉으신 채로, 모든 가르침을 무한하게 행하는 데에 그 기초가 되는 〈제법실상의〉 진리에 온 정신을 집중하는 명상에 드시어, 몸과 마음을 조금도 움직이지 않으시고 조용히 앉아 계셨습니다.

그러자, 하늘에서는 만다라꽃·큰 만다라꽃·만수사꽃·큰 만수사꽃 등 아름다운 꽃들이 부처님과 많은 대중들 위에 흩어져 내렸으며, 넓은 부처님의 세계가 〈대지가 이에 감동해 동·서·남·북·상·하의〉 여섯 가지로 진동했습니다.

이때 이 법회에 모여 있던 출가·재가의 남녀 수행인들과 천신·용·야차·건달바·아수라·가루라·긴나라·마후라가 등 네 무리의 사람들과 사람 아닌 여덟 무리의 귀신 그리고 많은 크고 작은 국왕 등 일체의 생명체들이 아직 한 번도 가져보지 못한 귀의심을 일으켜 크게 환희해 〈자기도 모르게 두 손 모아〉 합장하고 일심으로 부처님의 거룩한 얼굴을 우러러보았습니다.

그 순간, 부처님께서는 두 눈썹 사이에 있는 〈둥글게 말린〉 하얀 털에서 번쩍하고 광명을 놓아 멀리 동방의 1만 8천 부처님 나라를 빠짐없이 두루 비추셨으니, 마치 지금 우리들이 본 세계와 꼭 같았습니다.

미륵이여, 지금부터 하는 말이 중요하니 잘 들으시오.

그때 법회에 모인 20억의 보살들은 모두 부처님의 가르침을 듣고자 하여 〈가슴을 설레고〉 있었습니다. 왜냐하면 이 많은 보살들은 〈부처님의 이마에서 나온〉 광명이 무수한 부처님의 나라를 남김없이 비추고 있는 것을 보고, 지금까지는 한 번도 경험치 못한 깊은 감동을 느낌과 동시에 도대체 이 광명은 어떤 사연이 있어 이렇게 발해졌는지 그 까닭을 알고 싶었기 때문입니다.

이 가운데 8백의 제자를 거느린 〈뛰어난 지혜의 광명을 가진〉 묘광이란 이름의 구도자가 있었는데, 이때 마침 명상에서 일어나신 일월등명불께서 이 묘광보살에게 말씀하시는 형식을 취해 많은 대중을 향해 〈인류와 사회를 구제하는〉 위대한 가르침인 〈바른 가르침의 흰 연꽃이라는〉 묘법연화경을 설하시기 시작했으니, 그것은 바로 보살을 가르치는 법이며 부처님들께서 마음 속 깊이 간직해 오셨던 생각이었습니다.

그런데 그 설법이 〈헤아릴 수 없을 만큼의 오랜 세월인〉 60소겁 동안이나 계속되었건만, 단 한 번도 부처님께서는 일어서지 않으셨고, 이 설법을 듣고 있는 사람들도 그 자리에 앉은 채 60소겁 동안 몸과 마음을 조금도 움직이지 않았으니, 말하자면 부처님의 설법이 마치 한 차례의 밥 먹는 시간 정도로 짧게 느껴져 수많은 청중 가운데에 단 한 사람도 몸과 마음에 권태로움을 느끼지 않았던 것입니다.

일월등명불께서는 이렇게 60 소겁이라는 긴 세월에 걸쳐 이 묘법연화경을 설하신 후, 즉시 그 자리에 모여 있던 〈색계의 주인〉 범천왕과 〈욕계 타화자재천의 주인인〉 마왕과, 〈고행을 하는 수행인인〉 사문과 〈출가한〉 바라문과 천신과 사람과 아수라의 무리들에게 선언하시기를, "여러분, 나는 오늘밤 중 〈생사의 괴로움이 싫어 속히 이 삼계에서 벗어나고자 열반에 드는 것이 아니고, 생사를 초월하여, 몸과 마음을 모두 남김없이 멸하는〉 무여열반에 들 것이다." 하고 말씀하셨습니다.

그 때 〈그곳에 훌륭한 덕을 간직한〉 덕장이라는 구도자가 있었는데, 일월등명불께서는 그 덕장보살에게 〈장차 부처님의 깨달음을 얻게 되리라는 예언인〉 기별을 주시면서 여러 출가 수행인들에게 말씀하시기를,

"이 덕장보살은 다음에 반드시 성불할 것이니, 그 이름은 청정한 몸을 가진 정신 여래, 응공, 정변지라 하리라."고 하셨다.

부처님께선 이렇게 〈장차 부처님이 된다는〉 예언을 마치시자, 즉시 그 밤중에 무여열반에 드셨습니다.

그 후, 〈뛰어난 지혜의 광명을 가진〉 묘광보살이 〈바른 가르침의 흰 연꽃이라는〉 묘법연화경을 가지고 8천소겁이라는 〈한량없이 기나긴〉 세월에 걸쳐 수많은 사람들에게 널리 설했으니, 일월등명불의 〈출가한〉 여덟 왕자들도 이 묘광보살을 스승으로 하여 배웠으며, 또 묘광보살도 그들을 잘 교화해 최고 완전한 부처님의 깨달음을 굳게 간직하도록 맺어 주었습니다.

여덟 왕자들은 그 후 한량없는 백천만억의 부처님을 섬겨 받

들고 〈그 가르침을 그대로 실천했기 때문에〉 모두 부처님의 깨달음을 성취하게 되었습니다.

〈여덟 왕자 중의〉 맨 끝에 성불하신 분을 〈등불을 빛나게 하는〉 연등여래라 이름했습니다. 〈이 연등불의〉 팔백 제자 가운데 〈명성을 얻고자 원하는〉 구명이라는 사람이 있었는데, 그는 이기적인 욕망에 집착이 강했기 때문에 여러 가지의 가르침을 배웠건만 참뜻을 깨치지 못하고 잊어버리는 경우가 많았습니다. 그런 까닭에 구명이라는 이름을 가지게 된 것입니다. 그러나 이 사람도 많은 선행을 쌓았기에, 한량없는 부처님을 섬기고 가르침을 그대로 실천했을 뿐만 아니라 마음에서부터 부처님을 존경하고 숭앙하며 찬양하는 행을 계속하게 되었습니다.

미륵이여, 이 사실을 꼭 알아야 하오. 그 때의 묘광보살이 다름아닌 바로 지금의 나이며, 구명이라고 했던 사람이 바로 당신의 〈전생의〉 몸입니다.

지금 〈부처님께서 두 눈썹 사이의 백호상에서 광명을 놓으셔 동발의 1만 8천 국토를 비추신〉 이 복되고 길한 일이 일어날 징조를 볼 때, 옛날 일월등명불의 경우와 조금도 다르지 않으니 그로 미루어 보아 오늘의 부처님께서도 틀림없이 〈인류를 구제하고 사회를 제도하는〉 훌륭한 가르침인 그 이름이 묘법연화요 보살을 가르치는 법이며 부처님께서 마음 속 깊이 간직해 온 생각을 설하시리라고 여겨집니다.」

이렇게 대답한 문수사리는, 대중에게 이 뜻을 알리기 위해 시로 다시 설했다.

『내가 생각건대 멀고 먼 과거 한량없는 그 옛날

인간 가운데 가장 거룩하신 일월등명이라는 부처님 계셨으니,

그 부처님 널리 가르침 설하셔 한량없는 중생 구제하고

무수한 보살 구제해 부처님 지혜로 인도했네.

그 부처님 출가하기 전 낳으셨던 여덟 왕자

아버지인 대성자께서 출가하심 보고 뒤따라 출가해 〈다섯 가지
욕망 끊는〉 청정한 수행 길에 들었네.

그때 일월등명불께서는 〈한량없는 가르침의 기초인〉 무량의라
는 대승경 설하셨으니,

많은 대중에게 〈그들 이해력에 알맞도록 교묘히〉 분별하여 설
하셨네.

부처님은 이 가르침 설해 마치시자 법좌에 앉으신 채

한량없는 깊은 뜻의 기초라는 명상에 드셨네.

그러자 〈이에 감동한〉 천신은 〈아름답고 향기 높은〉 만다라꽃

비처럼 내렸고 하늘의 큰 북 저절로 〈미묘한 소리내어〉 울렸으며,

여러 천신 · 용신 · 귀령들도 부처님께 〈모든 정성 바쳐〉공양 드
렸네.

또 일체의 불국토가 즉시 크게 진동하고,

부처님은 두 눈썹 사이에서 광명 놓으셔 갖가지 기적 나타내셨네.

그 광명, 동방 1만 8천 불국토를 두루 비추자,

일체 중생 업보 따라 여러 곳에 나고 죽는 모습 보았으며,

그 불국토들 갖가지 보석으로 아름답게 장엄되어

청보석 · 수정처럼 빛나고 있었으니, 모두가 부처님이 놓으신
광명으로 인해 이처럼 아름답게 빛났네.

모든 천 · 인 · 용 · 신 · 야차들과

건달바 · 긴나라 등 제각기 나름대로 부처님 공양하는 모습 보았

으며,

모든 여래께서는 〈본래 지닌 불성〉 스스로 닦아 성불하시니,

그 몸 빛은 금으로 된 산처럼 단정하고 씩씩함이 매우 미묘했고,

맑은 유리 속에 순금으로 된 사람 형상 나타난 듯

부처님께선 대중 속에서 깊은 법의 내용 알기 쉽게 펴 설하셨네.

또 하나하나의 불국토엔 성문들 무수한데

부처님 놓으신 광명에 그들 모두 보였으며,

많은 비구들 산과 숲속에 있으면서

계율 지킴이, 밝은 구슬에 흠집 생길세라 힘써 지키듯 하며,

많은 보살이 보시·인욕 등 육바라밀 행함이

그 숫자 무량한데, 부처님이 놓으신 광명에 의해 보았네.

또 많은 보살 각기 선정에 깊이 들어

몸과 마음 고요하여 〈그 경지에 의해〉 위 없는 깨달음 구하고 있음 보았으며,

또 많은 보살 일체의 현상 속에 절대적으로 조화된 실상 있음 알고,

각기 그 국토에서 그에 알맞은 설법 하며 최고의 경지에 이르고 자 노력하고 있음 보았네.

그때 출가·재가의 수행인들은, 일월등명불께서

큰 신통력 나타내심 보고 그 마음이 모두 환희해,

서로 얼굴 마주보며 도대체 어떤 사연 있어 이런 일 일어나는가 묻네.

그러자, 천신과 사람들에게 존경받는 부처님은 마침내 명상 마치시고

묘광보살 칭찬하시며 이르는 말씀, "그대는 세간 무수한 인간들 의 눈 되리.

〈그 지혜의 눈에 의해 모든 사물의 실상 꿰뚫어 보는 사람이니〉
일체의 사람들에게 귀의 되고 믿음 받아
부처님의 가르침 능히 간직해 나갈 사람이다.
내가 설한 최고의 가르침은 오직 그대만이 그 진리 깨닫고 있다."
세존께 칭찬받은 묘광보살 너무나도 감격해 몸둘 바 몰랐으며,
헤아릴 수 없을 만큼 긴 세월 걸쳐 부처님께선 묘법연화경 설해
오셨네.
이 긴 세월 동안 단 한 번도 일어서지 않으시고 설하신 최고의
가르침
묘광보살은 완전히 이해하고 간직했네.
부처님께선 이 묘법연화경 설하셔 많은 중생 가슴 속 깊이 환희
케 하셨으나,
웬일인지 이날 천신들과 인간들에게 말씀하시기를,
"내 〈가르침의 맨 마지막인〉 제법실상의 내용도 여러분 위해 이
미 설했으니,
나는 오늘밤 중 마땅히 열반에 들리라.
여러분은 일심으로 정진해 번뇌로 인해 마음 어지럽히지 않게
노력하라.
부처님은 만나기 매우 어렵다, 억 겁에 겨우 한 번밖에 만나지
못한다."
이 말 들은 세존의 여러 아들 슬퍼하며 말하기를,
"어찌해 부처님께선 이렇게 빨리 열반에 드십니까?"
성인 중에 성인이시며 모든 가르침의 왕께서는 〈슬퍼 탄식하는〉
수많은 사람들을 위로해 말씀하시기를,
"내가 멸도했다 해서 근심하거나 두려워 마라.
여기 있는 덕장보살 미혹도 번뇌도 없는 실상에 대해 이미 통달

하여 다음에 부처 되리니,

그 이름 정신이요, 한량없는 중생 제도하리라."

그 날 밤 부처님께선 땔감 다 타 불 꺼지듯 조용히 이 세상 떠나시니,

많은 탑 세워서 그 분의 사리 나누어 그 속에 잘 모셨네.

갠지스 강 모래처럼 무수한 비구·비구니들은

〈부처님의 남기신 말씀 따라〉 정진에 정진 거듭해 일심으로 위없는 깨달음 구하고자 했네.

또 묘광법사는 부처님의 모든 가르침 굳게 믿고 지키며

오랜 세월 동안 법화경 설해 세상에 널리 폈네.

일월등명불의 여덟 왕자도 이 묘광법사에 의해 불성 개발되고 교화 받아서

무상도 구하는 뜻 굳게 가졌기에 무수한 부처님의 가르침 이해할 수 있었으니,

이 가르침 깊이 감사하고 그대로 지켜 보살도 행했기에

차례로 부처님의 깨달음 얻어 성불의 기별을 서로 주고 받았네.

최후에 성불하신 분을 연등불이라 이름하니,

많은 성자들의 스승 되었고 한량없는 중생 제도해 해탈케 하셨네.

이 묘광보살에게 한 제자 있었으니,

그는 본래부터 수행 게을리하는 마음 품고 명예나 이익에 대한 욕망 사로잡혀,

명리 구하는 마음가짐으로 자주 상류계급의 집 출입해 놀이에 정신 **빼앗겨**

배운 것 잊어버릴 뿐더러 가르침의 뜻마저 이해치 못했으니,

그로 인해 구명이란 이름 붙여졌네.

그러나 그 사람도 갖가지 선행 쌓아가는 동안 차츰 무수한 부처

님의 가르침 이해하게 되어,

그 가르침에 진심으로 감사하고 보살의 대도 실행해 왔기에,

드디어 육바라밀 모두 갖추어 〈그 공덕에 의해〉 지금 석가세존 뵙게 되고,

〈석가여래의 가르침 받아〉 다음에 성불해 그 이름도 미륵불이라, 한량없는 중생 널리 구제하리.

미륵이여, 그 일월등명불 멸도하신 후 게으른 생활 보내던 〈구명이라는〉 사람은 바로 그대 전생의 몸이며,

묘광법사라 하던 그 사람 바로 이 문수이네.

그러기에 과거에도 연등불 나타내신 상서로운 징조 본 것 이와 똑같으니,

지금의 석가여래께서도 기필코 법화경 설하시리라.

현재의 모든 형편 옛날 그것과 똑같으니 이것은 모든 부처님께서 쓰시는 교묘한 수단으로,

현재의 부처님이 광명 놓으신 것도

듣는 사람 모두가 실상의 참뜻 끝까지 밝히도록 하는 부처님의 한 가지 방편이네.

모든 사람들이여, 지금이 바로 그 때이니, 합장하고 일심으로 기다려라.

부처님은 바야흐로 거룩한 가르침 비처럼 내리서 불도 구하는 사람들의 마음 충족시켜 주시리니,

〈성문의 경지 구하는 사람들, 즉〉 3승의 경지 구하는 사람들이 만일 갖가지 의문이나 불안감 가지고 있더라도 부처님께선 반드시 그것을 말끔히 없애주시리라.」

방 편 품

   그때, 세존께서는 지금까지 들어 계시던 〈모든 가르침의 기초라는〉 명상을 마치시고, 조용히 눈을 뜨시더니 사리불에게 말씀하셨다.

   「모든 부처님들의 지혜는 매우 깊고 한량없기 때문에 그 지혜의 가르침인 법문은 이해하기 어렵고, 또 그 지혜의 경지에도 들어가기 어려우니, 일체의 성문들이나 벽지불들은 이해하거나 도달할 수 없다.

   왜냐하면 부처님이란 아득한 옛날부터 수많은 부처님들을 섬기면서 친히 갖가지의 가르침을 받고, 그 수많은 부처님들이 행한 모든 수행을 그대로 몸에 익혀, 〈안팎에서 일어나는 온갖 장애를〉 용맹스런 마음으로 남김없이 극복해 일심으로 정진하니, 그 명성이 온 세상에 널리 알려져 〈모든 사람들로부터 존경을 받게 됐으며, 또 이렇게 무한한 노력을 기울인 결과〉 아직까지 아무도 얻지 못한 최고의 진리를 마침내 깨달은 분이기 때문이다.

부처님은 그 진리를 사람들의 기근에 따라 적절한 방법으로 설하지만, 사람들은 그 속 깊이 담겨져 있는 참뜻이 어디에 있는지 좀처럼 깨닫지 못한다.

사리불이여, 내가 부처님의 깨달음을 얻고부터 지금까지 여러 가지로 과거의 사연을 들거나 갖가지 비유를 인용해 이야기함으로써 많은 사람들에게 가르침을 널리 설해 왔으니, 각각 그 개인의 사정과 경우에 따라서 그들에게 알맞은 방법을 가지고 인도해, 〈자기중심적인 생각 때문에 이 세상의 갖가지 것들에 집착하고 그 집착 때문에 고통받고 있음을 깨닫도록 해서〉 그 집착을 여의게 함으로써 괴로움을 해결해 주었다.

어찌해 그렇게 할 수 있었냐 하면, 〈진리를 그대로 나타낸〉 나는 방편과 지혜를 모두 완성해서 한 몸에 갖추었기 때문이다.

사리불이여, 여래의 지혜는 매우 넓고 〈커서 이 우주 안의 온갖 사물을 통달하고 있으며〉 또 깊고 아득해서 〈멀고 먼 옛날의 일들로부터 영원한 미래의 일들까지〉 훤히 모두 알고 있다. 즉, 한량없는 네 가지의 마음과 가르침에 있어서 완전한 네 가지의 자유자재와 이 세상의 모든 사물을 꿰뚫어 보는 열 가지의 아는 능력과 아무것에도 두려워하지 않고 가르침을 설하는 근본적인 네 가지의 용기와 정신을 집중하는 경지와 〈사물에 대한〉 모든 집착에서 벗어나 참다운 안심을 얻는 마음가짐과 〈정신을 한 가지 일에 집중해 그 일념을 바르게 유지하는〉 정신통일의 법과 그리고 이 모든 것을 갖추어 절대의 세계에 들어가서, 지금까지 그 누구도 알지 못했던 진리를 끝까지 파헤쳐 아직껏 아무도 이루지 못했던 가르침을 성취한 것이다.

사리불이여, 여래는 상대방과 경우에 따라 설하는 방법을 여러 가지로 바꾸어 교묘하게 많은 가르침을 설하되 항상 부드럽고 알기 쉬운 말로 설해 사람들의 마음에 가르침을 듣는 기쁨을 불러 일으키게 한다.

사리불이여, 지금까지의 이야기를 요약해 말하면, 〈보통사람으로서는 상상조차 할 수 없는〉 한량없고 끝간 데가 없는 최고의 진리를 나(부처님)는 완전히 깨달았다는 것이다.

그만두자 사리불이여, 다시 말해 무엇하겠는가. 왜냐하면 부처님이 끝까지 파헤친 진리는 이 세상에서 비길 바 없는 가장 높은 실상묘법이므로 말로써는 설명될 수 없는 것이기 때문에 〈보통사람들이 이해할 수 있는 게 아닌〉 오직 부처님과 부처님 사이에서만이 이해될 수 있는 것이다. 〈즉 모든 부처님들이 이 우주 안의 온갖 사물의 참 모습을 꿰뚫어 보았듯이 나 또한 이것을 끝까지 파헤쳐 꿰뚫어 보았으니〉, 이 세상의 모든 현상 그 자체가 바로 참 모습이다.

이른바 제법 〈즉 개개의 현상〉이란, 낱낱의 그 모습·낱낱의 그 특성·낱낱의 그 본질·낱낱의 그 능력·낱낱의 그 작용·낱낱의 그 원인·낱낱의 그 조건·낱낱의 그 결과·낱낱의 그 과보, 이를 처음부터 끝까지 파헤쳐 꿰뚫어 보면, 모두가 평등한 것이다.」

이렇게 말씀하신 세존께서는 그 뜻을 강조하기 위해 시로 다시 말씀하셨다.

『부처님 덕 한량없어, 모든 천신과 세상 사람은 물론 일체 중생들도 부처님 참 모습 알 수 없다.
부처님의 〈열 가지〉 힘과 〈네 가지〉 무소외와 해탈과 여러 삼매와
그 밖의 온갖 부처님 덕 헤아릴 수 없다.
부처님은 본래 수많은 부처님에게서 가르침 받아 완전히 실천했기에
이렇게 얻어진, 매우 깊어 설명할 말조차 없는 진리는
발견하기도 이해하기도 어려워서
나 역시 극히 오랜 세월 동안 갖가지 수행 쌓은 후
〈붓다가야의 보리수 아래서〉 깨달음 얻어, 이 진리 다 궁진했다.
낱낱의 묘한 과보와 갖가지 상 · 성 · 체 · 력 · 작 · 인 · 연 · 본말 구경 등의 제법실상을
나와 시방세계 모든 부처님들 능히 알지만
이러한 실상 나타내 보일 수 없고 말로써 설명할 수 없어
부처님 밖의 중생들은 확실히 이 진리 이해할 수 없으나,
부처님 굳게 믿고 중생 구제하려는 확고한 뜻 가진 보살만은 이해할 수 있다.
모든 부처님 제자로서 일찍이 여러 부처님 섬기며 가르침 받아
일체 번뇌 다 여의고 아라한 경지에 도달한
그런 사람이더라도 도저히 그 능력으로는 이 진리 이해할 수 없다.
가령 사리불처럼 지혜 있는 사람, 온 세상 가득히 모여 모든 생각 기울여 함께 헤아려도 부처님 지혜 알 수 없고,

시방 천지에 사리불 같은 이 가득하며

또 다른 내 제자들처럼 훌륭한 사람들 시방국토에 가득 모여

모두 함께 일심으로 생각해 보더라도, 역시 이 진리 알 수 없다.

총명한 지혜로 온갖 미혹 모두 끊어 다시 태어나지 않는 경지에
도달한 벽지불이

역시 시방세계에 대숲의 대나무처럼 가득 모여

모두 한마음으로 한량없는 세월 동안

부처님 진실한 지혜 생각해도, 이 진리의 작은 부분조차 알길
없고,

새롭게 뜻 세운 보살이 무수한 부처님 섬기며

갖가지 가르침 이해하고 그 가르침 훌륭히 설하며

이들이 벼 · 삼대 · 대나무 · 갈대처럼 시방국토에 가득 차

미묘한 지혜로써 일심으로 한없이 오랜 세월을

함께 생각 기울여도 부처님 지혜 알 수 없다.

다시는 범부 되지 않을 갠지스 강 모래 같은 보살들이

함께 모두 일심으로 구할지라도, 역시 알 수 없다.

또 사리불에게 말하니 모든 번뇌 끊어 멸하는 불가사의한

일승 실상묘법 나는 이미 몸에 갖추었으니,

오직, 나 이 실상 알고 시방 부처님 안다.

사리불이여, 꼭 알아라. 모든 부처님 말씀 다르지 않으니

부처님 설하는 가르침 마음에서부터 믿어야 한다.

세존은 오랫동안 방편 설한 후 기필코 진실 설하니

성문이나 연각의 경지를 구하는 사람이여

내가 그대들을 괴로움과 집착 여의게 해 해탈시켜 열반 얻게 함은

부처님의 교묘한 수단으로 경향 다른 세 가지 가르침 설했기 때
문이며,

그것은 중생이 제각기 다른 집착 가졌기에, 우선 그 집착에서
떠나게 하기 위함이었다.」

그 때에 많은 사람 가운데는 여러 단계의 성문들이 있었는
데, 그 중 이미 번뇌를 모두 없앤 아라한인 아야교진여를 비롯
한 1천 2백의 제자들과 그 밖의 성문이나 벽지불의 경지를 구
하려는 마음을 일으킨 비구와 비구니, 우바새와 우바이 등이
각기 이런 생각을 했다.

"세존께서는 무슨 이유로 방편을 거듭 찬탄하시며, 더욱이
'부처님이 깨달은 진리는 매우 깊어서 이해하기 어려운 것이
니, 〈사람들의 근기에 따라 여러 가지 방편을 가지고 그들을 가
르쳐 인도하건만〉 사람들은 그 참뜻이 어디에 있는지 전혀 인
식지 못해 모든 성문이나 벽지불일지라도 그 참뜻을 알 수 없
다.'고 말씀하시는 걸까?

부처님께선 지금까지 동일한 해탈의 길을 설하셨기에 우리들
도 이 가르침에 따라 번뇌를 끊고 열반의 경지에 도달하게 됐는
데, 이제 와서 이런 말씀을 하시는 의향을 도무지 알 수 없구나."

사리불은 남녀 출가 · 재가 수행인들의 마음에 생긴 의심을
살펴서 알았음과 동시에, 자기도 확실히 알지 못했기 때문에
부처님께 여쭈었다.

「세존께서는 어째서 거듭 부처님께서 가장 소중히 여기시는
가르침이라 하며 매우 깊고 미묘해 이해하기 어려운 방편이라
는 것을 그토록 찬탄하십니까? 저는 예전부터 부처님께 가르침

을 받아 왔는데 지금까지 이러한 설법을 들어 본 적이 없었습니다. 여기 있는 모든 사람들도 저와 똑같은 의심을 품고 있으니, 원컨대 세존께서는 이 일을 알기 쉽게 가르쳐 주십시오. 세존님이시여, 왜 저희들에게 이해하기 어려운 깊고도 미묘한 가르침을 이토록 찬탄하십니까?」

이렇게 말씀드린 사리불은 거듭 이 뜻을 시로써 설명했다.

『태양 같은 지혜 가지신 세존께서 성도하신 지 오래건만 오늘에야 이 가르침 설하시네.
스스로 십력과 〈네 가지〉 무소외와 삼매와
선정과 해탈 등 불가사의한 법 얻었다 하시네.
〈붓다가야의〉 보리수 아래서 얻은 진리 묻는 사람 없다시며
"내 설하는 바 뜻 어려워 묻는 사람 없다." 하신다.
묻는 사람 없건만, 수행하신 도법 찬탄하며 스스로 설하시되
지혜는 깊고 미묘해 모든 부처님 얻으신 바와 같다 하시네.
번뇌 끊은 아라한들과 열반 경지 구하는 사람들
지금 모두 의혹의 그물 속에 빠졌는데 부처님은 무엇 때문에 이를 설하실까?
연각의 경지 구하는 이와 비구와 비구니들과
여러 천신과 용과 귀령들과 아울러 건달바 등이
서로 의심 풀지 못해 부처님만 우러러 봅니다.
이런 일 무슨 까닭인지 바라옵건대 부처님이시여, 설명해 주소서.
모든 성문 가운데 "네가 제일이다." 말씀하시나
지금 저의 지혜로는 의심할 뿐 이해치 못하오니,
'이것이 내가 성취한 궁극적인 것일까, 아니면 수행할 도리인

가?' 합니다.

부처님 말씀 듣고 법신 얻은 자식들 합장하고 우러러 보며 기다
리오니

원컨대 거룩한 목소리로 마음 속의 진실 설해 주소서.

모든 천신들과 용과 귀령들 그 수가 갠지스 강의 모래 같고

깨달음 구하는 여러 보살들 그 수가 8만이며

또 수많은 나라 전륜성왕들도

합장하고 공경하는 마음으로 최고 가르침 듣고자 합니다.」

부처님께서 사리불에게 말씀하셨다.

「아니 그만두자, 그만두자. 말해 무엇하겠는가. 만일 이 일
을 말로 하면 일체 세간의 여러 천신들과 사람들이 모두 깜짝
놀라고 의혹에 빠지리라.」

사리불은 거듭 부처님께 간청했다.

「세존이시여, 원하옵건대 말씀해 주소서. 오직 원합니다. 말
씀해 주소서. 왜냐하면 여기 모인 무수한 백천만억 아승기 중
생들은 일찍이 모든 부처님을 섬기며 가르침을 받아 온 사람들
로서 〈신근 등의〉 오근과 그밖의 〈일체 선의 근본이 되는〉 성
품이 매우 훌륭해서 어려운 가르침도 능히 분별해 실행할 수 있
는 능력을 가졌으며 지혜도 매우 훌륭하기 때문에 부처님의 말
씀을 들으면 틀림없이 공경하고 믿을 것입니다.」

사리불은 다시 이를 시로 여쭈었다.

『가르침의 왕이신 위 없는 세존이시여,

염려치 마시고 설해 주소서.

여기 모인 한량없는 중생은
기필코 공경하고 믿을 사람들입니다.』

부처님께서는 역시 사리불에게 그만두자고 하셨다.

「사리불이여, 만일 이 일을 말한다면 모든 세상의 천신과 인
간과 아수라들이 반드시 놀라고 의심하며, 〈깨닫지도 못했으면
서 깨달은 체하는〉 증상만의 비구들은 장차 큰 구멍 속에 떨어
지고 말리라.」

그리고는 다시 시로써 말씀하셨다.

『그만두자, 그만두자. 말해 무엇하랴. 내 가르침은 미묘해서 생
각하기 어려우니,
증상만 무리들은 이 가르침 듣더라도 공경하고 믿는 마음 일으
키지 않으리라.』

그러나 사리불은 또 다시 부처님께 간청했다.

「세존이시여, 오직 원합니다. 말씀해 주십시요, 말씀해 주십
시오.

지금 여기 모인 저와 같은 수많은 대중들은 세세생생 부처님
을 섬기며 교화 받아 온 사람들입니다. 그러나 이 사람들은 반
드시 부처님의 가르침을 공경하고 믿을 것이며, 오랫동안 안락
하게 생활하고 많은 이익을 얻어 행복하게 지낼 것입니다.」

사리불은 또다시 시로 여쭈었다.

『위 없는 세존이시여, 원컨대 그 최고의 가르침 말씀하소서.

저는 부처님의 첫째 제자니 알기 쉽게 말씀해 주소서.

여기 모인 많은 사람들 반드시 이 가르침 공경하고 믿으리다.

부처님은 이미 과거세에서도 이들을 교화해 주셨기에

모두들 일심으로 합장하고 부처님 말씀 들으려 합니다.

저희들 1천2백 명 뿐만 아니라 그밖에 불도 구하는 사람 많으니,

원컨대 이들 위해 알기 쉽게 말씀해 주소서.

이들이 그 가르침 듣게 되면 반드시 위 없는 큰 기쁨 일으킬 것
입니다.』

이에 세존께서는 사리불이게 말씀하셨다.

「그대가 거듭 세 번이나 간청하니 내 어찌 말하지 않겠는가.

그대들은 이제 자세히 듣고 잘 생각해 마음에 깊이 간직해라. 내가 그대들을 위해 더욱 자세히 알기 쉽게 말하겠다.」

〈그런데 웬일인지〉 이런 말씀을 하시자, 이 자리에 모여 있던 사람들 가운데 비구·비구니·우바새·우바이들 5천 명이 별안간 자리에서 일어나 부처님께 예배하고는 떠나가 버렸다. 그 까닭은, 이들은 지금까지 쌓아 온 죄업이 무겁고 깊을 뿐만 아니라 증상만에 빠져 아직 얻지 못한 것을 얻은 것처럼 착각하고 깨닫지 못한 것을 깨달은 척했기 때문이다. 그들은 이런 허물이 있었기에 이 자리에 머물고 싶지 않아 물러갔으나, 세존께서는 잠자코 계실 뿐 말리지 않으셨다.

그들이 떠나는 것을 지켜보고 계시던 세존께선 사리불에게 말씀하셨다.

「지금 여기 남은 사람들은, 〈이 중대한 가르침을 고스란히 받아들일 능력이 부족한〉 나무의 잔가지나 잎새 같은 사람은 하나 없고, 모두가 정실해 진심으로 받아들일 실력 있는 사람들만 남았으니, 사리불이여 그런 증상만의 사람들은 물러가는 게 오히려 마땅하다. 그러니 그대는 잘 들어라. 그대들을 위해 진실을 말하겠다.」

사리불이 여쭙기를,

「네, 세존이시여, 기꺼이 듣겠습니다.」

그러자 부처님께서 사리불에게 말씀하셨다.

「지금부터 말하는 미묘한 가르침은 삼천 년 만에 한 번 핀다는 우담바라꽃처럼 모든 부처님 여래들도 극히 드물게 설하는 가르침이니, 사리불이여 그대들은 내가 말하는 것을 반드시 믿어야만 한다. 부처님의 말씀은 결코 거짓이 없다.

사리불이여, 모든 부처님들은 때와 장소에 따라 법을 설하므로 그 참뜻은 알기 어렵다. 나 또한 무수한 방편으로 갖가지 과거의 사연과 비유와 적절한 말로써 여러 가지 가르침을 펴서 설하고 있지만, 〈그것은 오직 교묘한 수단일 뿐,〉 진실 그 자체는 〈말로써 표현될 수 없는 것이기에〉 헤아려 보거나 분별해서 이해될 수 없는 것이니, 〈완전한 깨달음에 도달한〉 부처님들만이 이를 진정으로 이해할 수 있을 뿐이다. 그러기에 모든 부처님 세존들은 〈이 진실이라는〉 오직 하나뿐인 중대사를 인과 연으로 해서, 이 세상에 모습을 짓고 나타난다.

사리불이여, 무엇을 가리켜 모든 부처님 세존들이 오직 하나뿐인 중대사를 인과 연으로 해서 이 세상에 나타나 온다고 하느냐 하면, 과거·현재·미래의 부처님들은 모두가, 일체 중생들이 본래 가지고 있는 부처님의 지혜를 스스로가 열어서 〈즉 개발해〉 청정한 마음을 얻도록 하기 위해 세상에 나타나며, 또 부처님의 지혜인 실상(참모습)을 중생들에게 나타내 보이기 위해서 세상에 나타나며, 또 그러한 부처님의 실상을 환히 아는 지혜를 중생들이 스스로 깨닫도록 하기 위해 세상에 나타나며, 부처님의 지혜에 깊이 들어가서 〈평등상과 차별상을 모두 아는〉 일체종지를 깨닫는 길로 중생을 인도하기 위해 세상에 나타나는 것이다.

사리불이여, 이것을 가리켜 모든 부처님들은 오직 하나의 중대사를 원인과 조건으로 해서 이 세상에 나타난다고 말한다.」

부처님께선 또 사리불에게 말씀하셨다.

「진리를 몸으로써 나타난 모든 부처님들은 오직 보살만을 교화하기 때문에, 하는 모든 일이 항상 이 하나의 목적, 즉 모든 사람들에게 부처님의 지혜로 본 실상을 가르쳐, 그것을 확실히 깨닫게 하는 것이다.

사리불이여, 부처님이 되는 길은 오직 하나의 길 〈즉 보살도〉밖에는 없으니, 모든 사람들의 안락과 행복을 위해 이 가르침을 설하는 것 외에 제2나 제3의 길은 없다.

사리불이여, 일체 시방세계의 부처님들이 말씀하는 가르침도 역시 똑같다.

사리불이여, 과거에 출현했던 여러 부처님들도 한량없는 무수한 방편으로 가지가지의 사연과 비유와 이론적인 적절한 이야기로 중생의 안락과 행복을 위해 여러 가지의 가르침을 연설했으니, 이 가르침은 모두 불승〈즉 일체 중생을 부처님의 경지로 인도하는 것〉이므로, 이 모든 중생은 부처님을 섬기며 부처님에게서 가르침을 듣고 그 가르침을 그대로 실천해 마침내 모두가 〈사물의 평등상과 차별상을 아는 최고의 지혜인〉 일체종지를 얻었던 것이다.

사리불이여, 미래에도 많은 부처님들이 반드시 세상에 출현하겠지만, 역시 무수히 많은 교묘한 수단을 써, 가지가지 과거의 사연과 비유와 이론적인 적절한 이야기로 중생들의 안락과 행복을 위해 여러 가지 가르침을 말씀하리니 이 가르침도 역시 모두 불승을 위한 것이어서 이 여러 중생들도 부처님에게서 가르침을 배우고 익혀 결국에는 〈최고의 지혜인〉 일체종지를 얻게 되리라.

사리불이여, 현재에도 이 우주의 한량없는 백천만억의 불국토에 있는 여러 부처님 세존들은 중생들에게 많은 행복과 안락을 베풀고 있지만, 이 부처님들도 한량없는 무수한 방편으로 가지가지의 사연과 비유와 이론적인 적절한 이야기로 중생들을 위해 여러 가지의 가르침을 말씀하고 있으니, 이 가르침들도 모두가 〈우주의 실상을 깨달아 부처님이 되는 길인〉 불승이기 때문에 모든 중생들은 부처님을 섬기며 그 가르침을 받아 그대로 실천해, 결국에는 〈최고의 지혜인〉 일체종지를 얻게 되리라.

사리불이여, 이 〈과거·현재·미래〉 부처님들은 오로지 보살만을 교화하기 위해 부처님의 지혜를 중생들에게 발휘해 보이며, 부처님의 지혜를 중생 스스로가 체험을 통해 깨닫도록 하며, 또 중생으로 하여금 부처님의 지혜를 성취하는 길에 깊이 들어가게끔 한다.

사리불이여, 지금 나 또한 이와 같아서 여러 중생들이 가지고 있는 여러 종류의 탐욕과 마음 속 깊이 붙어 있는 집착을 알기 때문에 그들이 가지고 있는 성품에 따라 가지가지 과거의 사연과 비유와 이론적인 이야기와 교묘한 수단을 가지고 그들을 위해 가르침을 설한다.

사리불이여, 이런 일은 모두 최고의 지혜인 일체종지를 얻게 하기 위한 〈가르침 즉〉 불승이다.

사리불이여, 이 우주에는 진리가 둘이 있을 수 없는데 하물며 어찌 세 가지의 가르침이 있겠는가.

사리불이여, 모든 부처님들은 다섯 가지의 원인에 의해 세상이 흐려지고 더러움이 가득 찼을 때에 〈세상을 맑고 깨끗하게 하기 위해〉 이 세상에 사람의 몸으로 나온다. 이른바 그 다섯 가지의 흐림 〈즉 오탁〉이란 〈세상이 오래 돼 낡아졌기 때문에 생기는 혼란인〉 겁탁과 〈사람들의 번뇌가 차츰 치열해지기 때문에 생기는 혼란인〉 번뇌탁과 〈사람들의 성질이 서로 달라 복잡해지기 때문에 생기는 혼란인〉 중생탁과 〈사물을 보는 눈이 여러 가지로 나누어져서 삿되게 보는 견해가 세상을 뒤엎기 때문에 일어나는 혼란인〉 견탁과 〈인간의 수명이 짧아지기 때문에 자연히 눈앞에 보이는 이익이나 즉시 효과가 나타나는 것만을 추구하기에 생기는 혼란인〉 명탁을 말한다.

사리불이여, 이와 같이 흐리고 혼란한 세상이 되면 사람들의 번뇌가 무거워져 인색하고 탐내는 마음과 질투하고 미워하는 마음이 치성해 그로 말미암아 갖가지의 악덕이 사람들의 마음을 사로잡게 되기 때문에, 부처님들은 〈단숨에 최고의 진리를 설하지 않고〉 교묘한 수단으로 실제에 있어서 불승밖에 없는 것을 각자의 능력에 따라 세 가지로 나누어 설한다.

사리불이여, 만일 내 제자 가운데에 스스로가 아라한이나 벽지불이라고 생각할지라도, 모든 부처님들이 설하는 것이 오로지 보살의 길을 가르치기 위함임을 알지 못한다면, 그들은 부처님의 제자가 아니며 아라한도 벽지불도 아니다.

또 사리불이여, 만일 여러 비구와 비구니가 자기는 이미 아라한의 경지에 도달해 〈인간으로는 다시 태어나지 않는〉 최후의 몸이 되었으며 이것이 궁극적인 깨달음의 경지라고 생각하고 또다시 최고의 완전한 깨달음을 얻고자 하는 뜻을 일으키지 않는다면, 그들은 〈깨닫지도 못했으면서 깨달았다고 착각하는〉 증상만의 인간이라 할 수밖에 없다. 왜냐하면 진정으로 아라한의 경지를 얻은 사람이라면 이 법화경의 가르침을 믿지 않을 수 없기 때문이다.

그러나 부처님이 멸도한 후에 〈부처님이 출현하지 않아〉 부처님이 계시지 않을 경우는 제외된다.

왜냐하면 부처님이 멸도한 후에 이 법화경을 믿고 간직해 읽고 외우며 그 참뜻을 이해하기란 매우 어렵기 때문에, 이것을 완전히 행할 수 있는 사람이 드문 까닭이다.

〈그러니 비록 이 가르침을 믿지 않고 소승의 경지에 머물고 있을지라도 이들을 증상만이라고 비난할 수 없으니〉 그런 사람들도 만일 다른 부처님을 만나서 법화경의 가르침을 듣게 되면 참다운 깨달음을 얻을 수 있게 되리라.

사리불이여, 그대들은 이 법화경의 가르침을 반드시 일심으로 믿고 이해해서 마음 속에 단단히 간직해야 한다. 모든 부처님들의 말씀에는 거짓이 없다. 오직 불승만 있을 뿐 다른 가르침은 없다.」

세존께서는 이를 강조하고자 다시 시로 말씀하셨다.

『〈깨듣지 못했음에도 깨달았다 착각하고〉
우쭐대는 비구·비구니들과
잘난 체하는 우바새와 부처님 말씀 믿지 않는 우바이들, 이런
네 무리의 사람들, 그 수효 5천이라,
자기 허물 보지 못하고 계율 또한 지키지 못해
제 잘못 숨기고 싶은 어리석음 때문에 끝내 떠나갔으니,
모임 가운데 찌꺼기라 부처님 큰 덕에 눌려 떠났다.
이런 사람 쌓은 공덕 없어 이 가르침 듣지 못하지만
남은 사람들은 잔가지와 잎새 아닌 오직 참된 열매로다.
잘 듣거라, 사리불이여. 부처님들 얻은 이 최고의 진리
한량없는 방편으로 중생 위해 말한다.
중생들이 가진 여러 생각 가지가지 그 행위와
욕망과 성품, 과거세 선·악의 업들을 부처님은 모두 알아, 여러 사연 갖가지 비유

이론적인 설명 등 교묘한 수단으로 일체 중생 환희토록,
어떤 때는 가르침의 참뜻과 시와 불제자의 과거사와
부처님의 전생담과 신비로운 이야기를 설하고, 또 과거의 사연과
비유와 설했던 바 거듭 시로 설하고, 혹은 내용을 논의 해설하
는 등 가르침 설한다.
근기 낮아 소승법 즐겨 나고 죽는 것에 사로잡혀
한량없는 부처님 아래서도 깊고 미묘한 불도 수행치 않아
뭇 고뇌에 시달리니, 이들 위해 마음의 평안 설했다.
나 또한 방편 써 부처님 지혜에 들게 했으나
아직껏 너희들에게 성불한다는 말 안 했음은
그런 말 할 때가 일렀던 까닭이다.
지금에야 때가 되니 결단코 대승 말하노라.
나는 중생의 근기 따라 아홉 가지 가르침 설했지만
이는 대승에 드는 밑둥 되기 위한 것들이었다.
마음 깨끗한 불자 중 순수하고 명석한 지혜 가져
한량없는 부처님 섬겨 미묘한 도법 깊이 행한다면
모든 불제자 위해 이 가장 높은 가르침 설하고서
미래세에 성불한다고 내 증명하노라.
마음 깊이 부처님 생각하고 깨끗한 계율 지켜 수행하는 까닭에
이들은 성불한다는 말 듣고 큰 기쁨 온몸에 가득하니
부처님은 그의 마음과 행을 알고 가장 높은 가르침 말하노라.
성문이나 보살이 내가 설하는 이 법화경
한 시구라도 들어 마음에 간직하면 모두 성불함에 의심없다.
시방세계 불국토 중에 진실한 가르침 오직 하나 뿐
둘이나 셋 있을 수 없다. 그러나 부처님 설하는 방편만은 제외
한다.

그저 일시적 거짓 이름 빌어 중생 인도함은
진실한 부처님 지혜 말하기 위함이다. 여러 부처님들 세상 나오심은
오직 이 하나의 진실한 목적 때문이며 다른 두 가지는 목적 아니니,
소승 가지고는 끝내 중생 제도 못 한다.
부처님 대승에 머물러 스스로 얻은 진리에는
선정 · 지혜 · 아름다운 덕 갖추어져 모든 중생 제도한다.
스스로는 위 없는 깨달음인 〈모든 사람 성불한다는〉 대승의 진리 환히 알고 있으면서
만일 소승으로써 중생을 단 한 사람이라도 교화한다면
나는 바로 인색과 탐욕함에 떨어지리니, 그런 일 절대 없다.
만일 어떠 사람 부처님 믿고 귀의하면 여래는 결코 속이지 않으며,
또한 가르침에 인색지 않고 질투치 않으며, 일체 모든 악이 끊겨 있기 때문에
부처님은 우주 어느 곳에서도 홀로 두려움 없이 모든 가르침 설한다.
32 상으로 몸 아름답게 갖춘 나는 이 세상 널리 광명 비추니
한량없는 중생에게 존경받으며 그들 위해 제법실상의 가르침 설한다.
사리불이여, 알아라. 나 옛날 서원 세우기를,
'모든 중생 나와 같은 경지로 인도하겠다.' 했더니
그 서원한 바 지금 이 진리 말 함으로 달성케 되어
일체 중생 교화해 모두 불도에 들게 한다.
그러나 당장 중생들에게 최고 가르침 말한다면
어리석은 사람은 착각하고 이 가르침 안 받으니,

이런 사람 과거세에 선행 쌓지 않았으며

오관 욕망 집착하고 어리석음에 사로잡혀 번뇌 끊지 못하더니

여러 욕망 인연되어 삼악도에 떨어지고

여섯 갈래 헤매면서 여러 고통 갖추어 겪고

전생 악업은 미세한 모습으로 모태 속에 들었다가 날 적마다 불어나니

박덕하고 복도 없어 뭇 고통에 시달리며

있다 · 없다의 사악한 사상의 밀림 속을 헤매는 등

제각기 의존하는 사상 예순 둘이나 되더라.

이런 허망한 사상에 깊이 빠져 굳게 믿고 버리지 못해

제 말 옳다 뽐내며 아첨하고 얼버무려 진실한 마음 없으니

천만억 겁 지내도 부처 이름 못 들으며

정법 또한 못 들어 구제되기 어렵다.

사리불이여, 이런 사람 위해 교묘한 수단 베풀어

여러 고통 끊는 길 말해 마음의 평안 가르쳤으나,

이는 소승 멸제일 뿐 참 열반 아니었다.

이 세상 모든 존재, 본래부터 평안하고 조화되어 조용한 모습이라,

수행 완성한 부처님 제자들은 미래에 반드시 부처님 되리.

교묘한 수단으로 나는 세 가지로 나누어 설했을 뿐,

모든 부처님들 오직 하나의 진실 설하니

여기 있는 대중들아 모두 의심 버려라.

부처님 말씀 한결같아 서로 다르지 않으니, 진실은 하나일 뿐 둘일 수 없다.

과거 무수겁에 멸도한 수많은 부처님들

백천만억 그 수효 헤아릴 수 없건만

그와 같은 세존들도 가지가지 사연과 비유 등

무수한 방편으로 많은 가르침 설하나,
이 여러 세존들도 모두 일승의 가르침 설해
무량 중생 교화해 불도에 들게 했다.
큰 성인인 부처님들 일체 세간 꿰뚫어 보아
천신 · 인간 · 뭇 중생들 마음 속의 욕망 알고
다시 다른 방편으로 우주 실상 깨닫는 데 도움되게 했다.
만일 어떤 중생들이 여러 과거 부처님 만나
혹은 이 가르침 듣고 보시 · 지계 · 인욕과
정진 · 선정 · 지혜 등 여러 가지 큰 덕인 복과 지혜 닦았으면
이 같은 모든 사람 다 이미 성불했고,
부처님 멸도 후 마음 조화되어 부드러워진 아라한들도
남기신 가르침 실행해 모두 불도 성취했다.
또 부처님들 멸도 후 사리 공양하려
만억 가지 탑 세우되 금과 은과 수정들과
자거 · 마노 · 매괴와 청보석의 구슬들로
청정하게 널리 모든 탑 엄숙하고 단정히 장식하거나,
혹은 돌로 절 짓고 전단과 침수와
목밀 등 향나무와 그밖의 목재나 벽돌이나 찰흙으로 지으며,
혹은 넓은 들판에 흙 쌓아 절 짓거나
아이들 놀이할 때 모래 모아 탑 세워도
이와 같은 사람들도 모두 불도 성취했다.
부처님 연모해 여러 형상 건립하되
32 상 조각하면 그들 모두 성불했고,
일곱 가지 보석이나 놋쇠 · 백동 · 적동
백납 · 흑납 · 주석 · 철과 나무 또는 찰흙이나
베에다 회반죽 발라 엄숙하고 단정하게 부처님 모습 지었다면

이런 모든 사람 이미 불도 성취했다.
부처님 모습 그림 그리되 갖추신 모든 복상 아름답게 나타내면
제가 그리거나 남 시켜 그리거나 모두가 불도 성취했고,
어린 아이 장난으로 풀 · 나무 · 붓
손가락 · 손톱으로 부처님 모습 그리면
이런 사람 점차로 공덕 쌓아
고통 뽑아 주겠다는 큰 마음 갖춘 후 모두 불도 성취해
보살만을 교화하고 무량 중생 구제했다.
어떤 사람 탑과 절과 불상이나 탱화에다
꽃 · 향 · 깃발 · 해가리개 바쳐 일심으로 공양하거나
혹은 남을 시켜 풍악하되 북 치고 뿔나팔과 소라고동 불게 하며
퉁소 · 피리 · 거문고 · 공후(하프)에 비파 · 자바라 · 징 등
이같은 아름다운 소리로 정성 다해 공양하거나
기쁨 가득 찬 마음으로 부처님 덕 노래부르되
작은 소리로 불렀더라도, 모두 불도 성취했다.
산란한 마음으로 한 송이 꽃을 들어
부처님 탱화에 공양 했더라도 그것이 인연되어 무수한
부처님 뵙게 되며,
어떤 사람 예배하되 혹은 그저 합장하거나
단지 한 손 들었거나 살짝 머리 숙였거나
부처님 모습에 공양하면 차츰 무수한 부처님 뵙게 되어
스스로 불도 성취하고 널리 무수한 중생 구제한 후
섶 다하면 불 꺼지듯 대승 열반 들어간다.
산란한 마음으로 탑이나 절에 들어가
"부처님께 귀의합니다." 한 번 외워도 모두 불도 성취했다.
과거의 부처님들 세상에 있을 때나 멸도한 뒤에라도

이 법화경 들은 이는 모두 불도 성취했다.

미래의 여러 세존 그 수효가 한량없되

그 모든 여래들도 역시 방편으로 법 설하게 된다.

일체 여래들은 한량없는 방편으로

일체 중생 구제해서 모든 번뇌 끊어 없앤 부처님 지혜에 들게 하니

만일 이 법화경 듣는 이는 성불치 않을 사람 하나 없다.

부처님들 본래 서원은 자기 걸어온 부처님 되는 길을

널리 모든 중생들에게도 같이 걷게 하는 것.

미래 세상 나올 부처님들도 백천만억의

무수 법문 설할지라도, 참으로는 일승 위해 설한다.

모든 부처님들은 온갖 현상은 변화하고 자성 없으며

불성이 연을 만나 싹틈을 앎으로 일승 설한다.

이 일승은, 실상에 바탕 두어 세상이 변해도 변치 않는 진리라고

부처님은 도량에서 이미 깨닫고 여러 가지 방편으로 설한다.

〈현재 이 우주에는〉 천신과 인간에게 공양받는 부처님이 갠지스 강 모래처럼 무수히 출현하여

중생 안온케 하기 위해 역시 이 법화경 설한다.

〈제법실상의〉 으뜸가는 진리 알아 교묘한 수단으로

여러 가르침 설하지만, 실제로 참 가르침인 불승을 위함이며

중생의 여러 행위나 마음 속 깊이 생각함과

과거에 익힌 업과 욕심 · 성품 · 정진력과

여러 근기 총명하고 둔한 것 모두 알고 가지가지 사연과

비유와 이론적인 이야기로 그 사람에 알맞도록 교묘히 말한다.

나 또한 그와 같아 중생 안온케 하기 위해

여러 가지 법문으로 불도 널리 펴 가르치니

나는 지혜의 힘으로 중생들의 욕망·성품 분별해
교묘한 수단으로 여러 가르침 설해 모든 사람들 환희토록 한다.
사리불이여, 바로 알아라. 내가 부처님 눈으로
육도 중생 바라보니 모두 그 마음이 메마르고 복덕과 지혜 모자라
생사의 험한 길에서 계속 고통받고 있다.
오관의 욕망에 깊이 빠져 마치 물소가 제 꼬리 사랑하듯
탐욕을 사랑해 스스로 지혜 덮고 눈 멀어 진실 못 보니
큰 구제력 가진 부처님과 고통 끊는 가르침을 찾지 못해
부질없는 뭇 사견에 빠져 고통으로 고통 끊으려는,
이런 중생 위해 대비심 일으켰다.
내가 처음 〈붓다가야의〉 보리수 아래서 깨달음 얻은 후 〈그 자리에 앉아 7일 동안 깨달음 되새기고 다음 7일 동안 동쪽으로 열 걸음 사이를〉 경행하고 〈또 7일 동안 경행하던 동쪽에서〉 보리수를 지켜보며 명상 계속했으니,
이렇게 삼칠일 동안 〈그 정각의 땅에 머물면서〉 이런 일 생각했다.
'내가 얻은 지혜는 이 우주에서 가장 미묘한 최고의 진리이기에 〈말로써는 표현치 못하거늘〉
중생은 여러 가지 근기 낮아 쾌락에 사로잡혀 어리석은 장님이니,
이와 같은 무리들을 무엇으로 제도할까?'
이 때에 여러 범천왕들과 천신들과 제석천과
세상을 수호하는 사천왕과 아울러 대자재천과
그 밖의 여러 천신의 무리들과 수많은 권속들이
공경하고 합장하여 예배한 후에 "가르침 설하소서" 하며 나에게 청했다.
내 스스로 생각하니, '만일 불승만 찬탄하면

고통 속에 빠진 중생〈진리에 눈 멀어〉이 가르침 믿지 않고
믿지 않아 법 깨뜨리면 삼악도에 빠지리니,
차라리 내 설법 않고 빨리 멸도할까' 하다가
곰곰이 생각하니, '과거 여러 부처님들 방편으로 행했음에
나 또한 얻은 지혜 셋으로 나누어 설하는 것 마땅하다.'
이런 결심했을 때 시방의 부처님들 모두 나타나시어
맑은 목소리로 나를 위로하는 말, "장하도다, 석가모니여!
세상에서 가장 높은 대도사가 위 없는 진리 얻고
일체의 부처님들 따라 교묘한 수단 쓰고자 하네.
우리 또한 모두 미묘한 최고 진리 얻었건만
모든 중생 위해 삼승으로 분별해 가르침 설했네.
지혜 적은 사람들은 소승법만 듣기 좋아하며 자기 성불 믿지 않
기에
방편으로 분별해 〈성문 · 연각 · 보살의 경지〉 여러 가지 설했
으나,
비록 삼승 설했을지라도 결국엔 오직 보살만을 가르치기 위한
것이었다네."
사리불이여, 바로 알아라. 나는 그 거룩한 부처님들의
깊고 맑은 미묘한 목소리 듣고, "부처님께 귀의합니다." 하고
말했다.
이런 생각 다시 하되, '혼란한 세상에 내가 〈난 것은 이 세상 제
도 위한〉 출현이니
부처님들 설한대로 나 또한 방편 써서 중생 건지리.'
이렇게 생각한 나는 베나레스로 갔지만
제법은 실상이라는 진리를 말로써 설명치 못해,
교묘한 수단 가지고 다섯 비구들에게 〈사제 · 팔정도 · 중도 등

의〉 가르침 설하니

그 이름 초전법륜이라, 곧 열반이라는 말과

아라한과 〈아라한의 집단인〉 승가라는 말이 생겼으니, 이로써
불·법·승이라는 명칭이 처음 생겼다.

아득히 먼 옛날부터 〈현상에 사로잡히는 마음 버리는 것이 안심
의 경지인〉 열반이라는 가르침 찬탄하고

"이것이 생사의 고뇌를 영원히 소멸케 한다."고 내 항상 가르
쳤다.

사리불이여, 바로 알아라. 내가 불자들을 보니

불도 구하는 뜻 가진 사람 한량없는 천만억인데

모두 공경심 가지고 부처님 곁에 모이니

지난 세상 부처님들 섬기며 방편으로 설한 가르침 들었더라.

내가 이제 생각하니, '여래께서 출현함은

부처님 지혜 설하는 것, 지금 바로 이 때로다.'

사리불이여, 바로 알아라. 근기 낮고 지혜없는 사람

현상에 집착해 교만하기 때문에 이 법화경 믿지 못하지만,

내 지금 이 가르침 설하는 기쁨만 있고 두려움 없어 모든 보살
가운데서

정직히 방편을 버리고 위 없는 깨달음만 설하니

보살들은 이 가르침 듣고 모든 의혹 없앴으며

1천 2백의 아라한들도 마땅히 모두 성불하리라.

삼세의 여러 부처님들 설법하던 의식대로

나 또한 이렇게 제법실상의 가르침 설한다.

부처님들 나오심은 매우 드문 일이기에 부처님 만나기 어려우며,

설령 출현해도 법화경 설하심은 또한 어렵고

한량없는 무수겁에 이 법화경 듣기 또한 어렵다.

이 가르침 듣고 믿는 사람 또한 드문 일이라,
마치 우담바라꽃이 모두에게 사랑받고
천신·인간 기다리나 때가 돼야 한 번 피듯,
이 가르침 듣고 환희해 찬탄의 말 한 마디 하면
삼세의 부처님들께 공양함이 되니,
이런 사람 드물게 있어 우담바라꽃과 같다.
그대들 의심하지 마라. 나는 가르침의 왕으로
대중들에게 말하기를, "단 하나의 가르침 가지고
보살만을 교화하니 지금의 나에게는 성문 제자 없다."
사리불과 여러분들 성문과 그리고 보살들이여,
이 미묘한 가르침은 부처님들이 소중히 여기는 비결임을 바로
알아라.
오탁악세에는 애욕에만 사로잡혀 즐기기만 하는 구나.
이러한 중생들은 끝내 불도 구하지 않고,
미래 세상에 악한 사람 이 법화경 들을지라도
이해 못해 믿지 않아 가르침에 반항하니 삼악도에 떨어지나,
자기 잘못 참회하고 청정한 마음으로 불도 구하는 이 있다면
마땅히 이 사람 위해 법화경 널리 찬탄하고 권하기를 바란다.
사리불이여, 바로 알아라. 부처님들 가르침은 모두 이러해
만억 가지 방편으로 근기 따라 설법하니
배우고 익히지 못한 이는 참뜻 알기 어렵지만,
이미 여러분은 부처님들과 사바세계의 도사인 내가 〈때와 곳과
사람따라 알맞게〉 가르치는 방편의 참뜻 알았으니 다시는 의심
치 말고,
〈진리 알았으니〉 마음에 큰 기쁨 불러 일으켜라. 그러면 미래세
에 반드시 성불함을 스스로 알리라.」

제3장

비 유 품

그때, 사리불은 춤추고 싶을 정도의 기쁨을 온 얼굴에 가득히 나타내면서, 곧바로 일어나 부처님의 거룩한 얼굴을 우러러보며 합장하고 이렇게 말씀드렸다.

「〈부처님이시여, 대단히 감사합니다.〉 지금 부처님께로부터 직접 이와 같은 말씀을 듣고 보니 너무나도 기쁘기 그지없습니다. 정말로 지금까지는 이런 큰 기쁨을 맛 본 적이 없었습니다.

왜냐하면 저는 오래전부터 부처님 곁에서 시봉하며 부처님에게서 "누구든지 수행을 쌓으면 부처님이 된다."고 하는 가르침을 들었습니다.

또 많은 보살들이 장차 성불할 것이라는 예언을 받거나 혹은 실제로 부처님의 깨달음을 성취한 것을 직접 보기도 했었습니다.

그런데 웬일인지 저희들〈성문과 연각〉에게는 전혀 그런 말씀이 없으셨기 때문에 저는 오랫동안 수행에 수행을 거듭하더라도 결국은 부처님처럼 한량없는 지혜를 얻을 수 없는 몸이 아닌가 하고 매우 슬퍼했었습니다.

세존이시여, 저는 항상 홀로 숲속의 나무 아래에 앉아 있기도 하고 거닐기도 하면서 이런 생각을 하고 있었습니다.

'우리들도 〈저 보살들처럼 부처님의 가르침을 듣고〉 열반의 경지에 들어갔는데, 어째서 부처님께선 소승의 가르침만을 우리에게 설하셔서 그것으로 구제하려 하시는지.'

하지만 이것은 오로지 저의 미흡한 탓일 뿐 조금도 세존님의 책임은 아닙니다. 왜냐하면 저희들도 차츰 가르침을 듣고 있다 보면, 최고의 깨달음을 성취할 커다란 원인이 되는 가르침을 설해 주실 것은 필연적인 일이니, 조용히 기다리고 있노라면 언젠가는 틀림없이 대승의 가르침에 의해 구제해 주실 것이 분명하기 때문입니다.

그런데도 저는 〈사람과 때와 경우에 따라 알맞게 설법을 하시는〉 방편의 가르침에 대한 참뜻을 알지 못하고, 처음 부처님의 설법을 들었을 때의 스승의 가르침을 그대로 믿고 이리저리 생각을 깊이 한 끝에 깨달을 수 있었습니다. 〈하지만 많은 보살들이 성불의 예언을 받는 것을 보고 '어찌된 일일까?'·'나는 불가능한 것은 아닐까?' 하고〉 밤낮으로 자신을 책망해 왔습니다.

그런데 지금 부처님으로부터 아직까지 듣지 못했던 훌륭한 가르침을 듣게 돼 모든 의혹과 원통해 하는 마음을 송두리째 없애 버렸으니 마음과 몸이 느긋해져 뭐라 형용할 수 없는 평안한 마음이 되었습니다.

오늘 비로소 저는 참다운 부처님의 아들이며 부처님의 입에서 태어났고 부처님의 교화에 의해 다시 태어나 불법이라는 〈한량없는 재산을〉 나누어 받고 있다는 사실을 알게 됐습니다.」

그때 사리불은 ,지금 말씀드린 것을〉 거듭해서 시로 읊었다.

『이 훌륭한 가르침 듣고 저는 아직껏 경험치 못한 큰 감격 느꼈으니
마음은 커다란 환희에 넘쳐 의혹의 그물 모두 풀렸습니다.
옛날부터 오랫동안 부처님의 가르침 들어왔건만, 이제 비로소
최고의 가르침이 내 것으로 되었습니다.
부처님의 가르침은 참으로 이 세상에 비길 데 없어 모든 괴로움
말끔히 없애 주십니다.
저는 이미 이 세상의 모든 미혹 여의고 있었지만, 이제 또한 법
에 대한 고뇌까지 말끔히 사라졌습니다.
산골짜기나 숲속의 나무 아래 있었습니다.
그곳에서 홀로 앉아 명상하고 있을 때나 조용한 곳을 거닐면서
항상 이런 생각하며
한탄하고 슬퍼하며 자신을 깊이 책망했습니다.
'아, 지금까지 나는 깨달음 얻었다고 착각에 빠져 있었구나.
나도 저 보살들처럼 부처님 제자이며 함께 미혹 없애는 가르침
받으면서
장차 위 없는 불도 설해 넓힐 힘마저 얻을 것 같지 않구나.
부처님의 금빛 몸체나 서른 두 가지 거룩한 모습이나 열 가지의
빼어난 힘이나 미혹으로부터의 해탈마저도
모두가 똑같은 〈열반이라고 하는〉 하나의 법에서 나온 것인데
도 내 자신은 그것들을 얻을 수 없지 않은가.

부처님들께서 갖추신 80가지의 복상과 18가지의 뛰어난 특질 등
이러한 공덕들도 얻지 못할 것 아닌가.'

또 그저 혼자 걸어다니며 법을 수행하고 있을 때 부처님께서 많
은 대중들 가운데 계시면서

그 이름 시방세계에 알려져 널리 중생에게 행복 주고 계심을 보고
'저런 뛰어난 경지 나로서는 성취할 수 없는 데도, 깨달음을 얻
었다고 하는 자만심 따위 생각은 매우 어리석은 짓으로 내가 나
를 속이고 있었던 것이다.' 하고 생각했습니다.

낮이나 밤이나 항상 저는 이런 생각해 왔으니

〈그것은 언제이건〉 세존님께 '과연 저는 최고의 깨달음에서 아
주 멀어져 버린 것인지 아니면 아직 손이 미칠 곳에 남아 있는
것인지 알고 싶습니다.' 하고 여쭈어 보고 싶었습니다.

세존님께선 항상 보살들만 칭찬하고 계시기에 결국 저는 이런
생각들을 했던 겁니다.

그러나 지금 부처님의 말씀 듣고 나니 부처님께서 사람과 때와
경우에 따라 거기에 알맞게 가르침 설하시게 된 그 참뜻 알았습
니다.

참다운 열반의 경지란 생각조차 미치지 않는 깊고도 미묘한 것
이지만

부처님께선 모든 중생 그 경지로 이끌어 주심을 이제야 저는 확
실히 알았습니다.

저는 본래 잘못된 생각에 사로잡혀 바라문교도의 스승이 되었
으나,

〈다시 세존님의 제자 되었으니〉 세존께서는 저의 마음 꿰뚫어
보시고 잘못된 생각 뽑아내고 열반의 가르침 설하셨기 때문에
삿되게 보는 것을 모두 버리고 공의 진리 깨달았던 것입니다.

저는 그때 마음 속으로 '이로써 완전한 해탈 얻었구나.' 하고
생각했으나
이제 비로소 그것이 참다운 해탈이 아니었음을 알았습니다.
만일 부처님 된다면 32가지 길한 모습 몸에 갖추고
인간 및 인간 이외 모든 생명체로부터 존경받게 될 것이며,
이렇게 해야만 정작 참다운 해탈에 도달하는 것임을 확실히 알
았습니다.
부처님께선 많은 대중 앞에서 저에게 최고의 깨달음 얻을 수 있
다고 예언하셨으니
그 말씀 듣고서 〈지금까지 뒤엉켰던〉 온갖 의심과 억울한 마음
모두 사라져 버렸습니다.
오늘 설법에서 〈"부처님의 깨달음이란 부처님이 아니고는 알
수 없는 것으로서 도저히 너희들은 알 수가 없다." 하고〉 말씀
하시니,
그 말씀 처음 듣고 마음 속으로 크게 놀라
'악마가 부처님의 모습하고 내 마음 괴롭히는 게 아닌지.' 하는
의심조차 했으나,
차츰 말씀 듣고 나니 부처님께서 과거의 사연과 갖가지 비유 들
어 교묘하게 가르침 설하심도 〈모두가 진실에 연결돼 있으므로〉
항상 큰 바다와 같이 넓고 편안한 마음으로 하셨음을 알게 되어
모든 의혹 말끔히 풀렸습니다.
세존께서는, "과거세의 모든 부처님들도 방편은 진실에 연결된
다는 확신 아래, 방편의 가르침을 설하셨다." 하시고
"현재 · 미래세 많은 부처님들도 역시 갖가지 방편으로 진실한
가르침 설하시게 된다." 하셨습니다.
세존께선, 탄생하여 출가하신 후 갖가지 수행으로 부처님의 깨

달음 성취하심에 이르기까지의 경과와

그 가르침 어떻게 설하셨는가에 대해 말씀해 주셨는데,

역시 세존께서도 이 방편이라고 하는 훌륭한 수단 사용하셔 최고 진실에의 길 설해 주심을 알았습니다.

세존께선 방편에 의해 〈얕은 가르침 설하실 적에도 결국은 모든 중생 부처님의 깨달음으로 인도하는〉 진실한 길 설하시지만,

악마인 파순이 설하는 가르침엔 진실 있을 수 없습니다.

이런 생각 이르게 되니 악마가 부처님의 탈 쓰고 우리들을 괴롭힌 것 아님을 알아,

〈악마의 소행이 아닐까 하고〉 의심한 것은 제가 부질없는 의혹에 빠져 있었기 때문입니다.

부처님께선 〈누구의 마음에도 쉽게 파고드는〉 부드러운 목소리로, 너무나도 깊고 멀어 〈말로는 표현치 못하는〉 높은 뜻을 가진

〈전혀 더러움에 물들지 않은〉 청정한 가르침 설하시니

저의 마음은 커다란 기쁨 가득 차

의혹도 뉘우침도 영영 사라져 이제야말로 진실한 지혜 속에 있다는 실감 얻을 수 있습니다.

저는 기필코 부처님의 깨달음 성취해 천신과 사람들에게 존경받는 몸 되어

위 없는 최고의 가르침 널리 설해서 많은 보살들 교화할 것입니다.」

부처님께서는 사리불에게 말씀하셨다.

「나는 지금 천신·인간·사문·바라문 등 많은 사람들에게 말한다. 사리불이여, 아득한 옛날부터 지금까지 무수한 부처님 아래서 나는 항상 그대를 부처님의 깨달음으로 인도하기 위해

교화해 왔고 그대 또한 오랫동안 나를 따라 배워 왔다. 〈전생에서도 나는 처음부터 진실을 숨김없이 설하지 않고〉 방편에 의해 〈근기 끌어올려 차츰 가장 높은 가르침으로〉 이끌었다. 사리불이여, 그런 전생의 인연에 의해 그대는 이 세상에서도 나의 가르침에 따라 살아가도록 운명지어져 있다.

사리불이여, 나는 전생에서 그대에게 최고의 깨달음인 부처님의 지혜를 구하도록 가르쳤는데, 이 세상에 와서는 그것을 말끔히 잊어버리고 내가 손쉽게 설한 가르침을 그대로 믿고 이미 완전한 열반에 도달한 것처럼 생각해 버렸으니, 나는 그대에게 부처님의 제자로서 세운 본래의 서원과 그 서원으로 말미암아 행하는 갖가지 수행을 다시 기억하게 하기 위해 그대를 비롯한 많은 성문들에게 이 대승의 가르침인 묘법연화·교보살법·불소호념을 설하는 것이다.

사리불이여, 그대는 생각조차 미치지 못할 만큼의 아득한 미래세에 이를 때까지 헤아릴 수 없을 만큼 수많은 부처님을 섬기며 그 부처님들이 설하는 바른 가르침을 굳게 지켜 보살로서 해야 할 수행을 완전히 닦은 후 기필코 부처님의 깨달음 성취하리니, 그 이름은 화광여래·응공·정변지·명행족·선서·세간해·무상사·조어장부·천인사·불·세존이라 하며, 그 나라의 이름은 〈번뇌가 없는 청정한〉 리구라 하리라.

〈리구라는 나라는〉 땅이 평평하고 반듯하며 깨끗이 정돈되어 있어 맑고 아름다우며 평화롭고 부유하니, 즐거움이 가득차 천신과 사람들이 거기에 살며 번영하리라. 그 땅은 한결같이 청보석으로 깔려 있고 길은 사통팔달하며 길 옆에는 황금줄을 느리어 경계 삼고 그 길따라 칠보로 꾸민 가로수가 잇대어 있고 그 가로수엔 항상 아름다운 꽃과 먹음직스런 과일 무성하리라.

그리고 화광여래도 역시 〈성문을 위한 가르침·연각을 위한 가르침·보살을 위한 가르침인〉 세 가지의 가르침으로 중생을 교화하리라.

사리불이여, 그 부처님이 세상에 나오실 시대는 매우 험악한 세상은 아니지만 〈화광여래는 '일체 중생을 부처님의 경지에 도달케 하지 않으면 안 된다.' 하는〉 부처님으로서의 본원을 성취키 위해 삼승의 가르침을 설하리라.

그 시대의 이름은 〈위대한 보배로 엄숙하게 장식되었다는〉 대보장엄이라 부르게 되니, 그 까닭은 그 나라에서는 구도자 즉 보살을 최대 보배로 삼기 때문이다.

그런데 그 보살들의 숫자는 도저히 헤아릴 수 없는 무량무변한 것이므로 부처님이 아니고선 알 사람이 없다. 그리고 그 보살들이 걸어다닐 때엔 〈한 발자국마다 땅 속에서 아름다운 꽃이 피어나니〉 보살들은 그 꽃을 밟고 걷는다.

이 많은 보살들은 그 세상에서 처음으로 부처님의 깨달음 구하겠다는 마음을 일으킨 것이 아니고, 모두 전생에서부터 계속 선행 거듭해 미덕의 뿌리를 길러 헤아릴 수 없을 만큼의 수많은 부처님 아래서 청정한 몸이 되는 수행을 계속했다. 그리고 언제나 모든 부처님들로부터 칭찬을 받았으며 칭찬받은 만큼의 성과를 올려 부처님의 지혜를 배웠기 때문에, 큰 신통력 얻어 일체의 가르침 모두 알았으며 마음은 순박하고 정직해 거짓이 없어 불도를 지향하는 굳은 결심은 쉽사리 허물어지지 않았으니, 그러한 보살들이 그 나라에 가득하리라.

사리불이여, 이 화광여래의 수명은 아직 성불치 못한 왕자 시절을 빼고 12 소겁이라고 하는 긴 세월이 되며, 또 그 나라 사람들의 수명은 8 소겁이라는 긴 세월 되리라.

화광여래는 12 소겁 지난 후 수명 다할 때에 〈결심 완전히 성취한〉견만이란 보살에게 위 없는 깨달음 얻으리라는 예언주고 많은 비구들에게 말하기를, "이 견만보살은 다음에 부처님 되리니 그 이름은 〈붉은 연꽃 지옥을 굳세게 넘어가는〉화족안행 다타아가도·아라하·삼먁삼불타라 하고, 그 국토는 화광여래의 국토인 지금의 국토와 같다."고 하리라.

사리불이여, 이 화광 부처님이 멸도한 후에 바른 교법이 세상에서 행해짐이 32 소겁이고, 그 뒤에는 형태만 정법과 비슷한 교법이 또한 32 소겁 동안 행해지리라.」

세존께서는 이 뜻을 다시 시로 말씀하셨다.

『사리불이여, 〈그대는 아득한〉미래세에 부처님 되리니,
그 이름은 화광여래, 한량없는 중생 인도하고 구제하리라.
〈그러나 이것도 앞으로〉무수한 부처님 섬기며 그 아래서
보살행을 열심히 닦아 〈부처의 특질인〉열 가지의 아는 힘 갖춘
후에야 위 없는 깨달음 얻으리.
〈그러한 수행〉헤아릴 수 없을 만큼 긴 세월 걸쳐 계속한 후 그

대는 성불하리라.

그 시대는 대보장엄이요 나라 이름 리구이다.

그 국토는 깨끗해 흠도 때도 없으며

청보석으로 땅이 되고 길 양 옆에는 황금줄로 경계하고

가지각색 칠보로 꾸며진 가로수엔 항상 꽃과 열매 무성하리.

그 나라의 많은 보살들 불도 구하는 의지 굳고

갖가지 신통력과 여섯 가지 바라밀다 모두 다 구족하며

무수한 부처님 섬기며 보살의 길 잘 배우니,

이 훌륭한 보살들 모두 다 화광여래가 교화하리.

화광여래 왕자 시절에 나라와 세속의 영화 모두 버리고

범부로서는 최후의 몸으로 출가해 불도 성취하리니

화광여래 수명 길고 긴 12 소겁이며 그 나라 사람들의 수명 8 소겁이리라.

그 부처님 멸도 후에 32 소겁 동안 바른 교법 행해져 널리 모든 중생 제도하고

이 바른 교법 없어진 후에 그와 비슷한 교법 32 소겁 동안 머무르며

부처님의 사리 온 나라에 유포돼 천신과 인간들에게 정중히 섬겨지리.

화광불의 업적 이와 같으니

물론 인간으로서는 최고의 존재이며 견줄 수 없는 몸이다.

사리불이여, 그 화광불이야말로 그대 후생의 모습이니 마음껏 기뻐하라.」

그때 〈이 설법회에 참석하고 있던〉 사부 대중인, 〈출가수행자인〉 비구 · 비구니와 〈재가 수행자인〉 우바새 · 우바이와 〈팔

부중인〉 천신·용·야차·건달바·아수라·가루라·긴나라·마후라가 등 귀령의 무리들도 사리불이 부처님으로부터 성불의 예언을 받는 것을 직접 보고 춤출 듯이 기뻐하며 자기들이 입고 있던 웃옷을 벗어 부처님께 바치며 감사의 마음을 표시했다.

석제환인과 범천왕을 비롯한 수많은 천자들도 하늘 옷과 하늘 꽃인 만다라화와 마하만다라화를 뿌리며 부처님을 공양하니, 그 하늘 옷은 허공에 머문 채 빙글 빙글 돌아가고 있었다.

또 하늘에선 백천만 가지의 풍악이 일시에 울려 퍼지고 무수한 하늘 꽃이 비 오듯 내리더니 〈부처님의 설법을 찬양하며〉 이런 소리가 허공에서 들려왔다.

"부처님께서는 옛날 바라나의 사슴동산에서 최초의 가르침을 설하시더니 지금 여기에선 위 없는 큰 법문 설하셨다."

많은 천신들은 이를 다시 시로 말씀드렸다.

『〈부처님께서는〉 옛날 바라나에서 4제의 가르침 설하시고
〈그 후에 사람들의〉 기근에 알맞은 갖가지 방법으로 〈정신적·물질적인 모든 현상과 그 현상이 만들어 내는〉 다섯 가지 요소들의 발생과 소멸의 원리 가르치셨으며
지금 또한 여기서 최고 무상의 가르침 설하시니
〈일체 중생이 모두 성불한다는〉 이 가르침은 그 뜻 매우 심오해 이를 완전히 믿는 사람 많지 않으리.
저희들은 옛날부터 오늘에 이르도록 세존님의 설법 자주 들어왔지만,
아직 한 번도 이렇게 심오하며 위 없이 거룩한 가르침 듣지 못

했습니다.

세존께서 설하시는 이 가르침 듣고 저희는 모두 기뻐 감사하고 있습니다.

지혜 제일의 사리불이 지금 성불의 증명 받았으니

〈이것 보면〉 우리들도 어느 때인가는 기필코 성불해

일체 세간에서 더없이 거룩한 세존 되리.

부처님의 깨달음이란 〈깊고 깊어〉 생각할 수 조차 없기에,

각자의 근기 따라 그에 알맞은 방법으로 가르침 설하시니

저희들도 분수에 맞추어 과거세 또는 금세에 쌓은 선업과

부처님 만나뵙는 이 공덕을

불도 구하겠다는 마음, 오직 그 하나에다 모두 바쳐 더욱 매진 하겠습니다.」

사리불이 부처님께 여쭈었다.

「세존이시여, 저는 이제 다시 의심도 후회도 없어져 부처님 앞에서 친히 성불의 예언 받았지만, 여기 있는 1천 2백의 마음 의 자유자재를 얻은 사람들은 옛날 가르침을 받아 배우고 있을 때에 항상 부처님으로부터 "나의 가르침은 능히 생·로·병· 사의 인생고에서 해탈시켜 마음의 평안한 경지를 파헤치도록 하는 것이다." 하는 말씀을 듣고 그 가르침에 의해 높은 경지에 도달할 수 있었습니다.

〈이 1천 2백의 사람들 가운데는〉 이미 배워야 할 것을 모두 다 배운 사람과 아직 배우고 있는 사람도 있지만, 그래도 이들 은 자아에 대한 그릇된 생각을 버리고 사물의 존재나 소멸에 대

한 잘못된 생각에서 벗어날 수 있어 스스로는 이미 열반의 경지에 도달했다고 생각해 왔으나, 지금 세존에게서 전에 듣지 못하던 가르침을 듣고는 모두가 그 까닭을 생각지 못해 당황하고 있습니다.

거룩하신 세존이시여, 원컨대 이 사부 대중을 위해 가르침의 참뜻을 자세히 설명하셔서 현재 처해 있는 마음의 혼란을 풀어 주시기 바랍니다.」

부처님께서는 사리불에게 말씀하시기를,

「내가 앞서 "모든 부처님께서는 과거의 사연을 들어 말하거나 비유를 들어 말하거나 이론적인 적절한 말로 설명하는 등, 갖가지의 방편으로 가르침 설하는 것이 모두가 다 결국에는 부처님의 깨달음으로 인도하기 위한 것이다." 하고 가르치지 않았느냐. 그러므로 내가 지금까지 설해 온 모든 가르침은 〈부처님의 깨달음을 구하는〉 보살을 위한 가르침이었다. 그러나 사리불이여, 내 이제 다시 비유를 들어 이 뜻을 분명하게 밝히겠으니 지혜 있는 사람들은 이 비유에 의해 이해할 수 있을 것이다.

사리불이여, 어느 나라의 한 마을에 큰 장자가 있었는데, 나이가 많아 늙었지만 수많은 재산을 가지고 있어 논밭과 가옥은 물론 부리는 사람도 많았다. 그 사람의 집은 매우 크고 넓으며 집 안에는 많은 사람들이 살고 있었으나, 출입하는 대문은 오직 하나뿐이었다.

그 집은 매우 낡아 벽과 담장이 군데군데 무너지고 기둥뿌리는 썩었으며 대들보는 기울어져 위태롭게 생겼는데, 갑자기 사방에서 불길이 일어나 차츰 집 전체로 번져가고 있었다. 그때 그 집 안에는 장자의 귀여운 여러 아이들이 있었다. 장자는 집 주위에서 큰 불이 일어난 것을 보자 깜짝 놀라, 순간 이렇게 생각했다. '나는 비록 이 불타는 집에서 이미 나와 안전한 곳에 있지만 아이들은 불타는 집 안에서 놀이에 열중하고 있어, 어떤 애는 불타는 것을 깨닫지 못하고 어떤 애는 알았건만 놀라지도 않고 두려워 하지도 않으며, 불이 곧 몸에 닿아 그 고통을 한없이 받으련만 걱정하는 마음도 없고 집 밖으로 나오려는 생각조차 않는구나.'

사리불이여, 거기서 장자는 또 이렇게 생각했다.

'나는 큰 힘을 가지고 있으니 아이들을 모두 옷 담는 상자나 책 담는 궤짝 따위에 담아 단숨에 들고 나올까.' 했으나 다시 생각하기를,

'이 집에는 문이 오직 하나밖에 없는 데다 더욱이 매우 좁다. 그런데 아이들은 아직 어려서 그 문에 대해서는 아무것도 알지 못하는데다 놀이에만 정신이 팔려, 일방적으로 담아 내오다가는 혹시 떨어져 불에 타지나 않을까? 그러니 우선 어린 아이들에게 이 집이 불에 타고 있어 무섭다는 사실을 알려 주고, 지금 빨리 뛰어나오지 않으면 불에 타 죽는다고 일러줘야지.'

이렇게 생각한 장자는 그 아이들에게

"빨리 나오너라." 하고 소리쳤다.

아이들을 가엾이 여기는 아버지는 애가 타서 좋은 말로 타이르고 달랬지만, 그 어린 자식들은 조금도 변함없이 놀이에만

정신 팔려 믿지도 않고 놀라거나 두려워 하지도 않아 나오려고 하는 마음이 전혀 없었으며, 또 불이 어떤 것이며 집이란 어떤 것이고 죽음이란 무엇인가 하는 것조차 알지 못하고 다만 이쪽 저쪽으로 내달리고 놀며 아버지를 힐끔힐끔 바라보면서 '아버지가 뭐라고 말하기는 하는데' 하며 문제삼지 않고 그 소리에 귀기울이지 않았다.

그래서 장자는 마지막으로 이런 생각을 했다.

'이 집은 이미 맹렬한 불길에 휩싸여 타고 있으니, 저 자식들을 지금 구해내지 않으면 반드시 불에 타고 말리라. 그러니 이제 내가 교묘한 수단을 써서 아이들로 하여금 이 위험으로부터 벗어나게 해줘야지 다른 방법이 없구나.'

아버지는, 아이들에게는 제각기 좋아하는 것이 있으리라, 진귀한 것이라든가 재미있는 것이라든가, 놀이기구 따위에는 반드시 마음이 끌리는 법임을 생각하고 아이들에게 말했다.

"너희들이 좋아해 가지고 싶지만 좀처럼 얻기 어려운 놀이기구가 여기 있다. 지금 얻지 못하면 나중에 반드시 후회하리라. 양이 끄는 수레, 사슴이 끄는 수레, 소가 끄는 수레들이 지금 대문 밖에 있으니, 갖고 놀도록 해라. 불타는 이 집에서 빨리 나와 갖고 싶어하는 걸 갖도록 해라. 너희들이 달라는 대로 나누어 주겠다."

그 말을 들은 자식들은 아버지가 말하는, 진귀한 놀이기구가 항상 마음 속 어딘가에 바라고 있던 것과 꼭 들어맞았기에 "빨리 가야지." 하고 앞을 다투어 서로 밀치며 그 불타는 집에서 뛰쳐나왔다.

그때 장자는 모든 자식들이 불타는 집에서 무사히 밖으로 나와 함께 네거리에 앉아 즐거워하고 있는 모습을 보자, 다시 꺼리는 마음없이 흐뭇함에 기쁨을 억제치 못했다.

그러자 자식들은 제각기 아버지에게 말하기를, "아버지께서 주신다던 양이 끄는 수레·사슴이 끄는 수레·소가 끄는 수레를 빨리 주십시오." 하고 졸라댔다.

사리불이여, 그때 장자는 여러 자식들에게 모두 똑같이 크고 훌륭한 수레를 골고루 나누어 주었으니 그 수레는 크고 높았으며 여러 가지 보배들로 아름답게 장식되어 있었다. 주위에는 난간을 두르고 사면에 풍경을 달았으며 수레 위엔 아름다운 비단으로 휘장을 쳤는데, 모두 진귀한 보배로 꾸몄고 또 보배로 된 줄을 얽어 처마 끝에서 사방으로 드리웠으며 많은 화려한 영락을 매달아 두었다.

수레의 바닥엔 부드러운 요를 겹겹으로 깔았고, 붉고 아름다운 베개가 놓여 있어 옆으로 비스듬히 누워서 타고 갈 수 있도록 했다.

수레에는 흰 소가 매어져 있었는데 빛깔이 싱그러워 깨끗했으며, 몸이 충실하고 큰 힘을 가지고 있었다. 걸음걸이는 침착하고 반듯했으며 바람처럼 빨랐고, 수레의 전후, 좌우에는 많은 시종들이 호위하고 있었다.

그런데 왜 이 장자가 모든 아이들에게 흰 소가 끄는 훌륭한 수레를 주었을까?

그건 이 장자의 재물은 무한해 창고마다 〈흰 소가 끄는 훌륭한 수레인〉 대백우거가 가득 차 있었으며 또 장자는 이런 생각을 했기 때문이었다.

'내 재산은 한량없는데 보잘 것 없고 변변치 못한 작은 수레를 아이들에게 준다고 해서야 어디 말이나 될 법한 일이겠나. 이 어린 것들은 모두 내 자식들인데다 어느 자식이 특별하게 더 귀엽다든가 하는 마음은 추호도 없으니, 차별 없이 골고루 이 칠보로 꾸민 많은 수레를 평등하게 나누어 줘도 남을 정도의 많은 수레를 가지고 있는 터에, 내 귀여운 자식들에게 어찌 주지 않을 수 있으랴.'

아이들은 이 훌륭한 큰 수레를 각각 타고 지금까지 느껴 보지 못한 기쁨을 가졌지만, 엄밀히 말해 아이들은 본래 원하던 수레를 얻은 것은 아니었다.

사리불이여, 그대는 이 사실을 어떻게 생각하는가? 장자가 처음의 약속과 달리 모든 아이들에게 크고 흰 소가 끄는 수레를 평등하게 나누어 준 것이 거짓말이었는지 아니면 그렇지 않았던 건지?」

사리불이 답하기를,

「그렇지 않습니다. 세존이시여, 장자가 자식들로 하여금 불타는 집에서 벗어나 그 생명을 보전시킨 것만으로도 거짓말을 한 거라고 말할 수 없습니다. 왜냐하면 목숨이 건져진 것이 이미 좋아하는 놀이기구를 얻은 것과 같으며, 더욱이 이 장자가 놀이기구를 준다고 한 것은 아이들로 하여금 불타는 집에서 뛰쳐나오도록 하는 자비의 방편이었기 때문에 조금도 거짓말이었다고 할 수 없습니다.

세존이시여, 비록 이 장자가 가장 작은 수레마저 주지 않았다 하더라도 역시 거짓말을 한 건 아닙니다. 왜냐하면 장자가 아이들에게 "좋아하는 수레를 주겠다."고 한 것은 처음부터 방편을 가지고 아이들을 불 속에서 나오도록 해주려는 생각에서 말한 것이니, 불 속에서 실제로 나오게 했으면 그것으로 거짓말이 아니기 때문입니다.

더욱이 이 장자는 '나에게 한량없는 재산이 있기 때문에 듬뿍 아이들에게 나누어 주어서 그 애들을 행복하게 해주자.'고 생각해 모든 아이들에게 값진 큰 수레를 주었으므로 약속이 틀렸다거나 거짓말을 했다고 할 수 없습니다.」

이에 부처님께서는 사리불에게 말씀하시기를,

「그래 잘 말했다. 바로 네 말과 같다. 사리불이여, 부처님도 또한 이 장자와 같이 일체 세간의 아버지다. 그러니 부처님은 이 장자처럼 모든 두려움과 쇠약함과 번민과 근심과 미혹과 무지 등의 어려움으로부터 영원히 떠났으며, 헤아릴 수 없는 지혜와 그 지혜의 작용과 두려움 없이 법을 설하는 힘을 성취했고 또 큰 신통력과 큰 지혜의 힘을 모두 갖추었으니, 결국에는 방편과 지혜를 완성해 일체 중생을 괴로움에서 구제해 행복을 안겨 주겠다는 넓고 큰 마음을 가지고 그 행을 계속하되, 조금도 태만하거나 소홀히 하지 않고 항상 그 행이 중생을 위한 것이 되도록 노력하며 모두에게 이익을 준다.

그런데 이렇게 훌륭한 덕과 힘을 가진 부처님이 왜 썩고 낡은 집에 큰 불이 일어난 듯 괴로움에 가득 찬 이 세상에 출현하는가 하면, 중생이면 누구나가 다 가지고 있는 나고·늙고·병들고·죽는 괴로움과 근심하고 슬퍼하며 번민하고 눈에 보이는 것밖에 생각지 못하는 어리석음과 무지와 탐욕과 성냄과 충동적인 행동 등의 괴로운 세계에서 그들을 건져내고 부처님의 가르침으로 인도해 부처님의 지혜를 깨닫도록 하기 위함이다.

모든 중생들의 사정을 보면, 한결같이 삶에 대한 괴로움·늙음에 대한 괴로움·병에 대한 괴로움·죽음에 대한 괴로움을 비롯해 한없는 근심·슬픔·고통·번민에 시달리며, 또 눈·귀·코 등 다섯 가지 감각기관의 욕망과 금전과 물질에 대한 욕망 때문에 갖가지 고통을 받고 있으며 모든 것을 깊이 탐내고 집착해 그것을 끝까지 추구하기 때문에, 현세에서는 이와 같은 많은 고통을 받다가 후세에는 지옥계·축생계·아귀계에 떨어져 또 다시 고통을 받게 된다.

만일 천신이나 사람으로 태어난다 하더라도, 변함없이 비천하고 가난해서 많은 고생을 하며 사랑하는 것과 헤어지지 않으면 안 되는 괴로움이나, 싫어하고 미워하는 것과 만나지 않을 수 없는 괴로움 등 갖가지의 괴로움을 받는다.

중생은 이런 고통 속에 빠져 있으면서도, 그 고통의 실체가 무엇인지 알지 못한 채 그저 일시적인 즐거움만을 추구해 향락에 빠져 불이 몸에 가까이 다가올지라도 그것을 느끼지 못해 놀라거나 무서워하지도 않으며 싫어하는 마음도 없을 뿐 아니라 해탈하고자 하는 소망조차도 일으키지 않고, 그저 이 삼계의 불타는 집 속을 이리 뛰고 저리 뛰고 하면서 당장 큰 고통을 당할 텐데도 전혀 걱정치 않는다.

사리불이여, 부처님은 중생의 이같은 모습을 보고 '나는 일체 중생의 아버지니 어떤 일이 있어도 이 괴로움이나 어려움을 뽑아 없애주고, 부처님의 지혜를 깨닫는 것에 의해서만 얻을 수 있는 한량없는 즐거움을 주어 참으로 자유자재한 인생을 살도록 해야만 한다.' 고 생각한다.

사리불이여, 여래인 나는 또 이런 생각을 했다.

'만일 내가 부처님만이 갖는 신통력과 지혜의 힘만을 중요시하고 방편을 무시해 단번에 부처님의 지혜·십력·무소외 등의 높은 경지를 중생에게 찬탄하면, 결코 이 중생들을 구제하지 못하리라.

왜냐하면 중생들은 인생의 갖가지 괴로움 속에 있어, 즉 불타는 집 속에서 시달리면서도 그 사실조차 깨닫지 못하는 상태에 있으니 어찌 높고 깊은 부처님의 지혜를 이해할 수 있겠는가.'

사리불이여, 마치 지금 이야기 한 장자가 매우 큰 힘을 몸과 팔에 가지고 있으면서도 그것을 쓰지 않고 은근히 교묘한 수단을 써서 아이들을 불타는 집의 위험에서 구해내 그들에게 보배로 된 큰 수레를 나누어 주었듯이, 여래도 또한 그와 같아 비록 십력과 무소외 같은 힘을 가지고 있지만 그것을 쓰지 않고 큰 지혜에 바탕을 둔 방편에 의해 괴로움의 세계에서 허덕이고 있는 중생들을 건져내 주려고, 우선 〈성문에 대한 가르침·연각에 대한 가르침·보살에 대한 가르침의〉세 가지 가르침을 설하면서 이렇게 말했던 것이다.

"여러분들은 언제까지나 이런 괴로움의 세계에 살고 있어서는 안 되니 부질없는 다섯 가지 감각기관의 즐거움만을 탐내지 마라. 만일 그것을 탐내고 집착해서 마음에 애타는 사랑을 일으킨다면 그 때문에 몸을 불에 태우게 될 것이니, 너희들은 이 괴로움의 세계에서 빠져나와 성문의 가르침이나 연각의 가르침이나 보살의 가르침 중 어느 한 가지 속에 들어가야만 한다. 나는 여러분이 그러한 경지를 기어코 얻을 것을 보증하니, 모두 나의 말을 믿고 힘껏 수행하고 정진해라." 하며, 여래는 이러한 방편으로써 중생들을 인도해 바른 길로 나아가게 했다. 그리고 다시 말하기를,

"여러분, 이 삼승의 가르침은 모든 성인들이 칭찬하는 바이니 이 가르침에 따르면 참다운 자유자재를 얻어 괴로움과 얽매임을 끊어 버릴 수〈있어 여섯 갈래의 윤회에서 벗어날 수〉있다. 이 세 가지의 가르침에 의해, 미혹에서 완전히 벗어나는〈다섯 가지 요소인 신·진·염·정·혜의〉오근과〈그 다섯 가지 요소의 작용인 다섯 가지의〉능력과,〈깨달음을 얻는 일곱 가지의 방법인 염·택법·정진 등의〉칠각지와 여덟 가지의 바른 길과 마음이 안정되어 흐트러지지 않는 경지와 세속적인 모든 욕망에서 벗어난 심경과 진리에 온 정신을 집중해 조금도 동요치 않는 능력 등의〈여러 가지 높은 경지를 얻음으로써〉고귀한 정신적 즐거움을 맛보며 한량없는 마음의 평안과 온전함을

얻게 된다."고 가르쳤다.

사리불이여, 여기 어떤 사람이 있어 마음 속 깊이 지혜를 사
랑해 부처님의 가르침〈인 사제의 법문〉을 듣고 이를 믿어 간직
하며 부지런히 정진해 미혹과 괴로움의 세계로부터 속히 벗어
나고자 하는 소망에서 열반의 경지를 구한다면 이와 같은 수행
방법을 성문승이라 이름하니, 이는 마치 장자의 자식들이 양의
수레를 얻으려고 불난 집에서 뛰쳐 나오는 경우와 같으며,

만일 어떤 사람이 부처님을 섬기며〈12인연의〉법문을 듣고
이를 믿어 간직하며 진심으로 정진함으로써 자연의 진리를 깨
닫는 지혜를 구하며 홀로 조용하게 골똘히 생각하는 것을 즐겨
깊이 이 세상 모든 현상의 상호관계의 법칙을 연구했다면 이런
수행방법을 벽지불승〈혹은 연각승〉이라 이름한다. 마치 장자
의 아이들이 사슴의 수레를 얻기 위해 불타는 집에서 뛰쳐나오
는 것과 같다.

또 어떤 사람들이 부처님의 가르침을 듣고서 이를 믿고 간직
하며 열심히 수행하고 정진해 부처님의 일체지·불지·자연
지·무사지 등의 모든 지혜와 그 지혜의 작용과 위대한 교화의
힘인 무소외를 구하며 많은 사람들을 가엾이 여겨 그들에게 안
락을 주고 천상계·인간계의 모든 생명체를 이익 있게 하며 일
체 중생을 구제하는 행을 한다면, 이런 수행방법을 대승이라
하며 보살이란 이 대승을 구하는 사람들이므로 위대한 구도자,
즉 마하살이라 한다. 이는 마치 장자의 아이들이 소의 수레를
얻기 위해 불난 집에서 뛰쳐나오는 것과 같다.

사리불이여, 그 장자는 아이들이 모두 불난 집에서 무사히 빠져나와 안전한 곳에 있음을 보고 또 자기에게는 무한한 재산이 있음을 생각해 모든 아이들에게 흰 소가 끄는 큰 수레를 나누어 줌과 같이, 여래도 이 장자와 꼭 같다.

여래는 일체 중생의 아버지다. 헤아릴 수 없이 수많은 중생들이 부처님의 가르침이라는 하나의 문을 거쳐 괴로움과 공포에 가득한 삼계의 위험한 장소에서 벗어나 마음이 평안하고 즐거운 경지에 도달한 것을 보고, '한량없고 가이없는 지혜와 또 그 능력과 위대한 교화의 힘 등 모든 부처님이 지닌 보배를 무한히 간직한 창고를 나는 가지고 있으며 이 모든 중생은 나의 자식이니, 이들에게 골고루 가장 높은 가르침을 나누어 주기로 하자. 어느 특정한 사람에게만 또는 사람에 따라 특별히 다른 열반을 주려고 하지는 않겠다. 모든 사람들에게 여래와 똑같은 열반을 깨닫도록 하자.'고 생각한다.

그래서 그 괴로움의 세계로부터 벗어나온 중생에게는 모든 부처님이 가진 선정과 해탈이라는 즐거운 경지를 고루 나누어 주는 바, 부처님이 가진 선정과 해탈의 경지에는 〈여러 가지의 단계가 있지 않고〉 오직 한 가지만이 있으니, 그것은 모든 성인들로부터 칭찬 받는 가장 높은 경지이며 맑고 아름다운 최고의 즐거움을 가져오는 경지이다.

사리불이여, 그 장자가 처음 세 가지의 수레를 주겠다고 하며 아이들을 유혹한 뒤에 아름다운 보배로 장식한 매우 훌륭한 수레를 준 것이 결코 거짓말을 한 게 아닌 것과 같이 여래도 역시 거짓말을 하지 않았다.

부처님은 처음 삼승의 가르침을 설해 사람들을 인도한 후에 한결같이 실대승을 설해 참다운 깨달음을 얻도록 한다. 왜냐하면 부처님은 한량없는 지혜와 힘과 무소외 등의 온갖 덕을 무한히 가지고 있으므로 이것을 일체 중생에게 얼마든지 나누어 줄 수 있지만, 중생들로서는 그것을 곧바로 받아들이지 못하기 때문이다.

사리불이여, 이런 이유에서 여래는 모든 부처님들처럼 교묘한 수단을 가지고 일불승을 셋으로 나누어서 설하는 것이다.」

부처님께선 지금까지의 말씀을 강조하기 위해 시로 읊으셨다.

『비유하자면, 한 장자가 큰 저택을 가지고 있었는데
그 집 오래 되고 낡아 무너지려 했다.
건물은 높이 솟았지만 기둥 뿌리 썩었고
대들보 기울고 축대마저 무너지니,
담과 벽 헐리고 발랐던 흙 떨어지고
지붕 덮은 이엉도 썩어 내렸고 서까래 부러졌으며
골목은 꾸불꾸불한데 쓰레기 오물만이 집 안 가득하다.
그 집에 오백이나 되는 식구 우글우글 살았는데
소리개·올빼미·부엉이·독수리·까마귀·까치·산비둘기·
집비둘기·검은뱀·살무사·전갈·지네·그리마·도마뱀·노래기·족제비·살쾡이·생쥐·쥐, 그밖의 나쁜 벌레들이 제멋대로 돌아다니며,
똥오줌 구린내음 자욱한 곳엔 더러운 것 가득 흘러 넘치는데
말똥구리떼들 날아들어 위를 덮고

여우 · 이리 · 들개 들 떼지어 모여들어 서로 물어뜯고 짓밟으며
다투어 송장 뜯어먹으며 뼈와 살을 헤적거린다.
그러자 한 무리의 개 달려들어 앞발 들고 서로 맞붙어 할퀴는데
굶주려 깡말라 쇠약한 탓에 흠칫흠칫하며 먹이 찾아 헤맨다.
먹이 찾아내면 서로 다투어 끌어당기고 으르렁거리며 짖어대는 등
그 집은 참으로 뭐라 말할 수 없이 무섭게 변해 버렸다.
여기저기에 산귀신 물귀신 야차와 악귀 살고 있어
사람 살코기 찢어 씹어 먹고 독벌레 무리들을 우적우적 먹기도
하며,
갖가지 사나운 날짐승과 들짐승들은 집 짓고 새끼 기르는데
그것 본 야차들은 다투어 날아와서 잡아 먹어 버린다.
배불리 먹고 나면 악한 마음 더 치솟아 싸우며 울부짖는 소리
무섭기 짝이 없다.
구반다 귀신들이 흙더미 위에 걸터앉아 있는데
어떤 때는 한 자 두 자 땅위로 뛰어올라
이리저리 뛰면서 온 집 안을 제 세상인 양 놀아나고 있었으며
개를 보면 달겨들어 두 발 붙들어 땅위에 내던져 기절케 하거나
발로 목 조르며 위협하고 괴롭히며 즐거워한다.
또 키 크고 바싹 마른, 색 검은 귀신들이 그 집 안에 살아
무시무시한 큰 소리로 울부짖으며 항상 먹이 찾고 있다.
또 다른 귀신들 있어 목구멍이 바늘처럼 가늘게 생겼으며
어떤 귀신은 머리가 소 머리처럼 생겨
사람이나 개고기 먹으며 머리털 쑥대밭 같고 그 성품 잔인하고
흉악해
기갈에 허덕이고 소리내어 울부짖으며 내달리고 있다.
이와 같은 야차와 아귀 · 사나운 새 · 짐승 들 당장에 숨넘어 갈 듯

굶주림에 쫓기며 창 너머 밖을 엿보고 있으니

이와 같이 집 안에 갖가지 악이 가득 차 무서움 한없다.

그 집은 어느 한 사람의 소유였으나, 그 사람 집 비운 사이에

돌연히 불났으니 사방이 삽시간에 불길 휩싸여

대들보와 서까래 기둥들이 소리내어 튀기며

터지고 부서져 내리고 담과 벽은 무너지니

귀신들은 불 보고 큰 소리로 울부짖고

부엉이 · 독수리와 구반다 귀신들은 놀라고 당황해

도망치려고 퍼덕이건만, 스스로 도망쳐 나올 수 없었다.

사나운 짐승들과 독벌레들은 재빨리 구멍 찾아 숨어들었으며

살코기 즐겨 먹는 비사사 귀신들도 구멍 속에 숨었지만,

지금까지 쌓은 업 선하지 못했기에 불길에 쫓기면서

서로 다투고 해치며 피 빨고 살 씹는 등 처참한 꼴이었다.

들개 무리들 맨 먼저 죽었는데 갖가지 크고 사나운 짐승들이 앞을 다투어 몰려와 그 시체 뜯어 먹고,

구린 내음 자욱해 사방 가득하니,

지네 · 그리마 · 독사의 떼들은 불에 데어 뜨거워 구멍에서 나오지만

구반다 귀신들이 나오는 대로 잡아 먹는다.

또 여러 아귀들은 머리털에 불 붙어

뜨거움과 굶주림이 일시에 괴롭히니 당황하고 괴로워서 뛰어다닌다.

이 집 이렇게 무서운 곳으로 사람들을 잔인하게 괴롭히고 해치며 태워 죽일 것 같은 갖가지 악이 가득 차 있다.

집 주인은 때마침 밖에 나와 있었으니

어떤 사람이 그에게 말해, "당신의 아이들은

어리고 무지해 무서움도 모르고 집 안에 들어가
저 불 속에서 정신 없이 놀고 있소.”
장자는 그 말 듣고 불타는 집에 뛰어들어가
아이들이 타 죽기 전에 빨리 구해주고 싶어
큰 소리로 여러 아이들에게 타이르며, 이 집은 무섭다고 말한다.
“악귀와 독벌레가 집 안에 우글대고 더욱이 불이 나서 번지고 있으며
갖가지 괴로운 일 끊임없이 일어나니,
독사·무자치·살무사와 갖가지 야차들과
구반다 귀신들과 승냥이·여우·개들에다
부엉이·독수리·소리개·올빼미와 지네 무리들이
배고프고 목말라 무슨 일 저지를 듯해 무섭기 짝이 없다.
이런 고통만이라도 어쩔질 못하는데 하물며 이 집에 큰 불이 일어났으니”
그러나 아이들은 그런 것 전혀 알지 못해 아버지의 가르침 들어도
변함없이 놀이에 사로잡혀 장난 중지하려 하지 않는다.
이를 본 장자는 이렇게 생각했다.
‘어찌해 아이들은 이처럼 나를 근심토록 할까.
지금 이 집엔 즐거운 일이라곤 하나 없는데
아이들은 놀이에 정신 팔렸으니
내 가르침 들으려 하지 않는 데다가 잠시 후엔 불에 타려 하고 있구나.’
그러자 순간적으로 지혜 발휘한 장자는 좋은 방편 생각해내
아이들을 향해 “내게는 갖가지 진귀한 놀이 기구가 있다.
값진 보배로 꾸며진 훌륭한 수레란다.
양의 수레와 사슴의 수레와 큰 소가 끄는 수레로

지금 문 밖에 있으니, 너희들은 밖으로 나오너라.

나는 너희들을 위해 이 수레를 특별히 마련해 두었으니

너희가 좋아하는 것 골라 갖고 놀도록 해라."

아이들은 이같이 많은 수레가 있다는 장자의 말 듣고

즉시 앞 다투어 문 밖으로 뛰쳐나와

넓은 빈터까지 도달해 많은 괴로움에서 스스로 빠져 나왔다.

장자는 아이들이 불난 집에서 빠져 나와

네거리 광장에 있는 것 보자, 자기도 그곳에 이르러 품격 높은 자리에 앉아

스스로 기뻐하며 말하기를, "나는 지금 매우 즐겁다.

이 아이들은 기르기가 매우 어려우니,

작고 어리석으며 무지하기 때문에 스스로 위험한 집 안에 들어가,

많은 독벌레와 악귀가 들끓어 머리털 곤두서고 온몸이 오싹할 정도로 무서운 데다

큰 불이 일어나 사방에서 처절한 불길 타오르건만

아이들은 놀이에 빠져 위험에서 벗어나지 못했다.

그러나 나는 이미 이 아이들을 구제해 재난에서 벗어나게 했으니

그러니 여러분, 나는 지금 참으로 즐겁기 짝이 없다."

그때 아이들은 아버지가 기쁜 얼굴 하고 앉아 계신 모습 보자,

모두 그 앞에 나가 아버지께 말하기를

"저희들에게 세 가지의 수레를 주십시오.

앞서 아버지께서 말씀하신 대로라면, 저희들이 집에서 나오면

반드시 세 가지의 수레를 저희가 원하는 대로 주시겠다고 말씀하셨습니다.

참으로 지금이 그 때입니다. 오직 그 수레를 주십시오."

장자는 매우 큰 부자로 창고에는

금 · 은 · 청보석 · 자거 · 마노, 그밖의 많은 보석 가득 차 있었다.

이런 보물로써 많은 큰 수레 만들었으니

그 수레는 아름답게 장식되고 사방엔 난간을 둘렀으며

사면에는 방울 달았으되 금줄로 이었으며

진주로 엮은 발을 사면에 둘러쳤다.

황금 꽃송이를 이곳저곳 매달았으며

갖가지 예쁜 장식품으로 주위를 에워쌌다.

부드러운 비단이불과

얇고 훌륭한 담요는 그 값이 천억이나 되었다.

희고 깨끗해 청결하기 이를 데 없는

크고 흰 소는 살찌고 힘이 많을 뿐만 아니라

보배로 장식된 수레 끌었으며,

수레 주위엔 많은 심부름꾼들 호위하고 있었다.

이처럼 멋지고 훌륭한 수레를 모든 아이들에게 고루 주었으니,

많은 아이들은 뛸 듯 기뻐하며 제각기

이 보배 수레 타고 사방으로 노닐며

자유자재한 즐거움 맛보았다.

사리불이여, 나도 또한 이와 똑같다.

나는 많은 성자 가운데 가장 거룩한, 세간의 아버지이다.

일체의 생명 있는 것들은 모두 내 자식이건만

세간의 즐거움에 깊이 사로잡혀 있기에 지혜 구할 생각 없다.

이 세계는 〈깨닫지 못한 중생에게는〉 조금도 편안치 못한 곳이

니, 마치 불타고 있는 집과 같아서

온갖 괴로움 가득 차 있어 매우 무서울 따름이다.

항상 사는 괴로움 · 늙음에 대한 슬픔 · 병에 대한 근심 · 죽음에

대한 걱정 등이

사나운 불길처럼 맹렬히 타올라 그칠 줄 모른다.

여래인 나는 일찍이 이 미혹의 세계에서 벗어나

세상 번거로운 일에 영향받지 않는 경지에 홀로 머물고 있으니,

지금 이 삼계는 모두가 나의 것이며

그 안에 살고 있는 중생 모두가 나의 자식인데,

오직 나 혼자만이 그들을 구하고 지켜줄 수 있다.

그러나 그들을 구하고자 가르침을 설해도, 그것을 믿고 간직하려 하지 않는구나.

왜냐하면 많은 욕망에 물들어 탐내고 집착하는 마음 깊기 때문이다.

〈나는 이에 교화의 방법 강구하니〉 근기가 다른 세 가지의 가르침 설하여

많은 중생들에게 이 삼계가 괴로움의 세계임을 알려 주어

그 세계에서 초월하는 길을 열어 보이는 가르침 설한다.

이 많은 아이들이 만일 마음으로 그 가르침 굳게 믿고 따르게 되면

차츰 〈천안 · 숙명 · 누진의〉 삼명과 〈천안 · 천이 등의〉 여섯 가지 뛰어난 능력 갖추고

연각과 물러서지 않는 보살의 경지에 도달할 수 있다.

그대 사리불이여, 나는 모든 중생들 위해

이 비유로써 오직 하나밖에 없는 진실한 깨달음으로 인도하고자 이 가르침 설하니,

그대들도 만일 이 가르침 믿고 이해에 변함없이 간직한다면

일체 모두가 기필코 부처님의 깨달음 성취할 수 있다.

이 가르침은 매우 훌륭해 청정함이 다른 그 무엇보다 더 높기에

세상에서 이것보다 더 높은 것은 없다.

이 가르침은 부처님이 기꺼이 허락하는 바이며 모든 중생이 반드시 찬양하고 공양하며 예배해야 할 바이다.

〈이 밖에도〉 헤아릴 수 없는 갖가지의 능력과 〈괴로움이나 미혹에서〉 해탈,

〈그리고 마음 안정되어 흩어지지 않는〉 선정과 밝은 지혜 및 그 밖에 갖가지 부처님의 가르침이 있다.

나는 중생들을 이런 가르침으로 인도해

항상 밤낮으로 영원히 노닐도록 하며

많은 보살들과 성문들을 이 보배로운 가르침에 의해 곧바로

부처님의 깨달음에 도달토록 하는 바,

그러므로 시방세계의 구석구석 모두 찾아 헤매도 진실한 가르침이란 이것 〈즉 법화경〉밖엔 없다.

그러나 〈부처님께서 올바른 교화 방법으로〉 방편을 설하신 것은 예외이다.

사리불이여, 그대를 비롯한 많은 사람들은

모두 나의 자식이니 나는 그대들의 아버지다.

그대들은 긴 세월 걸쳐 갖가지 괴로움에 몸을 태우고 있었으나

나는 그대들을 모두 구출해 이 삼계에서 벗어나게 했다.

앞서 나는 그대들에게 〈마음 평안한〉 열반 얻었다고 말했지만,

그대들은 단지 〈현상의 변화에 마음 빼앗기지 않는〉 생사를 초월했을 뿐이며 실제로는 모든 번뇌 멸하지 못했다.

이제 그대들이 해야 할 것은 오직 진실한 열반인 부처님의 지혜 얻는 길밖에 없다.

만일 이 자리에 ,〈참으로 부처님의 깨달음 구하는〉 보살 있다면

일심으로 모든 부처님이 설한 진실한 가르침 듣도록 해라.

많은 부처님은 교묘한 수단을 써 갖가지 가르침 설하지만

그 가르침에 의해 교화되는 사람들은 자기 생각과는 관계없이
모두가 보살이다.

만일 어떤 사람이 지혜가 작아 깊이 애욕에 집착해 있으면
이런 사람들을 위해 부처님은 고통에 관한 진리 설한다.

그것 듣고 중생들은 아직 한 번도 경험치 못한 최고의 깨달음
얻어 마음 속으로 기뻐하니

부처님이 설하는 〈괴로움에 관한 진리 즉〉 고제는 진실하기에
거짓이 없다.

만일 어떤 중생이 괴로움의 본질 〈즉 원인을〉 알지 못해
괴로움의 원인 되는 현상에 깊이 집착해 잠시라도 그것을 버리
지 못하면

그들을 위해 부처님은 〈그것을 뚜렷이 깨닫게 하는〉 적절한 가
르침 설한다.

즉, 모든 괴로움의 원인은 탐욕이 근본이니
탐욕 멸하면 괴로움이 의지할 곳 없게 된다.

모든 괴로움 멸진한 것을 제삼의 진리〈인 멸제〉라 이름하는데,
이 멸제를 〈현실화 하기〉 위해 여덟 가지의 바른 길을 수행하며
모든 괴로움에서 벗어난 것을 해탈했다고 우선 이름한다.

이런 경지의 사람은 무엇에서 해탈했는가 하면,
다만 〈실체가 없는 현상을 실체가 있는 것으로 착각하는〉 망상
을 여읜 것을 해탈이라고 이름 붙였을 뿐

그것은 실제에 있어 아직 완전한 해탈을 얻은 것 아니다.

그러므로 부처님은 이런 사람은 아직 참다운 열반 얻지 못했다
고 설한다.

이 사람은 아직 가장 높은 〈부처님의〉 깨달음 성취치 못했기 때
문에

내(부처님) 마음에서도 열반의 경지에 도달했다고는 생각지 않는다.

나는 가르침의 왕이므로 어떤 가르침도 자유자재로 설할 수 있기에

중생들 평안케 하기 위해 이 세상에 출현했다.

그런데 사리불이여, 이 최고의 가르침인 법화경도

모든 인간을 행복되게 하겠다는 뜻에서 설하는 것이니

〈그 근본 정신 잘 이해해〉 아무렇게나 분별없이 전파해서는 안 된다.

〈그 반대로〉 만일 이 가르침 듣고 마음에서 감사하고 정중히 믿어 간직하는 사람 있다면

그 사람은 참으로 한 발자국도 물러서지 않는 보살임을 알아야 한다.

만일 이 경전의 가르침 듣고 마음 깊이 이해하고 간직하는 사람 있다면

이 사람은 전생에서 부처님 만나 섬겼으며

그 부처님 공경해 감사의 정성 바쳤고 또 이 가르침을 들은 사람이다.

〈사리불이여, 그대가 이 가르침을 사람들에게 설했다고 하자〉, 만일 어떤 사람이 그대가 설하는 바를 믿는다면

그 사람은 바로 나, 부처님을 만난 것이며 또한 그대와 나의 제자인 비구승과 여러 보살들을 만남과 같다.

이 법화경은 지혜 깊은 사람들을 위해 설하므로

지식이 얕아 〈사물의 표면만 보며 근본적인 것을 찾아낼〉 힘이 없는 미혹한 사람은 이 가르침 듣더라도 아무 것도 알지 못해 그저 당혹할 뿐이며

일체의 성문이나 벽지불들마저도

이 가르침 완전히 이해하기엔 힘겨운 곳이 있다.

사리불이여, 그대는 항상 이 가르침 믿었기 때문에 들어올 수 있었고 하물며 다른 성문들도 마찬가지였지만,

그 성문들은 부처님의 말씀 믿었기에

이 가르침에 순수히 따랐을 뿐이지 자신의 지혜로 분별한 결과는 아니었다.

또 사리불이여, 건방지게 자만심 갖고 게으른 사람으로

자아에 사로잡힌 견해를 이것저것 세우는 사람에겐 이 가르침 설하지 마라.

범부는 사물의 겉만 볼 뿐 그 근본 캐지 못하며 이기적인 욕망에 깊이 사로잡혀 있기 때문에

비록 이 가르침 들어도 바르게 이해할 수 없으니 그들에게도 역시 설하지 마라.

만일 어떤 사람이 이 가르침 믿지 못해 나쁜 말로 비방하면

그것은 바로 세상 사람들이 부처님의 깨달음 얻을 수 있는 씨를 잘라 버리는 행위다.

혹은 이 가르침과 가르침 믿는 사람을 빈정거리거나 의심한다면

그것이 어떻게 죄가 되며 그 사람이 어떤 과보 받는지 그대들은 똑똑히 듣도록 해라.

만일 부처님이 이 세상에 있거나 혹은 멸도한 후에 경전 비방하는 사람 있어, 이 가르침 읽고 외우거나 쓰고 간직하는 사람 보고 경멸하고 미워하며 질투하거나 원한 맺는 사람 있다면

그 사람이 받는 죄의 과보 다시 똑똑히 들어 두어라.

그 사람 명이 다하면 아비지옥에 갈 것이며

1겁이라는 〈긴 세월을 그곳에 살다가〉 그 기간이 끝나면 다시

다른 지옥에 태어나니,

이와 같이 지옥계를 빙빙 돌며 무수한 세월 그 속에서 지내리라.

그런 지옥에서 나오면 축생도에 떨어진다.

만일 개나 승냥이로 태어나면 그 자태는 바싹 마르고

색깔이 거무칙칙하며 부스럼 투성이로 사람들의 놀림감이 되어

또다시 사람들의 미움 받는 몸 되리.

항상 굶주리고 목이 타서 괴로워하며 뼈와 가죽만 앙상할 것이며,

살아 있는 동안은 온갖 아픔과 괴로움 받고 죽어서는 기왓장과

돌멩이가 던져지리라.

어찌해 그런가 하면, 부처님 깨달음으로 향하는 씨앗 잘랐기 때문에 이런 죄값을 받는 것이다.

혹은 낙타나 당나귀로 태어나

항상 무거운 짐 등에 지며 지팡이로 두둘겨 맞으며

오직 물과 풀 먹고 싶다〈는 그것 만을 마음 속으로〉 생각할 뿐 그 이외는 알지 못하니

이는 법화경 비방했기 때문에 죄값을 받는 것이다.

만일 들개로 태어나 마을에 들어가면

몸엔 부스럼 짓무르고 한쪽 눈 멀어 외눈박이 되니

장난기 많은 아이들로부터 두들겨 맞아 많은 고통 받고 어느 때 는 죽음에 이르기도 한다.

이렇게 죽으면 큰 뱀으로 다시 태어나리니,

그 몸뚱이는 길고 커서 5백 유순이나 되며

귀머거리에 미련하고 발이 없기 때문에 꿈틀꿈틀 배로 밀어다 니며,

여러 가지 작은 벌레들에게 몸 전체 빨아 먹히면서

밤낮 쉴새없이 고통받으리니

이 법화경 비방한 죄업의 결과이다.

만일 사람으로 태어날지라도 〈눈·귀·코 등〉 육근의 기능이 둔하고,

난쟁이·앉은뱅이·절름발이·장님·귀머거리·꼽추와 같은 불구자로 태어나고

무슨 말을 할지라도 사람들이 믿지 않으며

입에서는 항상 구린내 나고 귀신이 따라붙기 쉬운 정신이상자 된다.

또 가난하고 천박해서 남의 심부름꾼 되거나

잔병 많고 몸 깡마르며 의지할 사람도 없고

사람 찾아가 친하려 해도 따뜻하게 대접받지 못하고

만일 약간의 소득이 생길지라도 금방 다시 잃어버리든가 도둑맞아 없어진다.

만일 의사가 되어 처방대로 약 지어 병 치료 하더라도

그 병자가 다른 병 병발하거나 혹은 죽게 되며,

만일 자기가 병 걸리면 치료해 줄 사람 없고

설령 좋은 약 먹어도 도리어 병이 더 심해지리.

혹은 다른 사람의 반역죄나 약탈 또는 절도죄 뒤집어 쓰게 되며

이와 같은 죄는 마치 젖은 옷 입는 것처럼 자꾸 반대로 재앙받게 되는 바,

이런 사람들은 그 죄로 말미암아 영영 부처님 만날 수 없고

모든 성자의 왕이신 부처님의 가르침 듣고 교화되지 못해,

이런 죄인은 항상 부처님의 설법 듣지 못하는 삼악도 등의 험난한 곳에 태어나

미치광이나 귀머거리로 마음 산란하여 영원토록 바른 가르침 듣지 못하며,

갠지스 강 모래처럼 한량없는 세월 걸쳐 나고 죽고 하면서
태어날 적마다 항상 귀머거리나 벙어리 등 불구자로 태어나며,
언제나 지옥에 있으면서도 마치 아름다운 동산이나 높은 누각에
서 놀고 있는 것 같은 착각된 기분이고
그 밖에 〈아수라·아귀·축생 등의〉 악한 갈래에 있으면서도
마치 자기 집에 있는 기분이며,
또 낙타·당나귀·멧돼지·개 따위의 짐승으로 태어나 살아가
리니,
이 가르침 비방한 죄로 말미암아 이와 같은 무서운 과보를 받게
된다.
만일 인간으로 태어날 때에는 귀머거리·장님·벙어리에다 가
난뱅이 쇠약한 몸 등 보잘 것 없는 것밖엔 몸 치장하는 것 없고,
물집·비듬·옴·문둥병·부스럼 따위의 병 이외는 몸에 걸치
는 것 없으며
몸은 항상 구린내 나고 때 누덕누덕 눌러붙어 더러운 데다
이기적인 생각에 사로잡혀 성내기 잘하고
음욕 또한 성해 짐승과 구별하기 힘드니,
이것은 모두가 이 법화경을 비방한 죄로 얻어진 과보다.
사리불이여, 이 가르침 비방한 사람의
죄를 말한다면 언제까지 계속해도 끝 없겠으니,
이런 까닭에 나는 그대에게 무지한 사람에게는 설하지 말라고
했다.
만일 기근이 빼어나 현상을 뚜렷이 분별하는 지혜 가졌으며
많은 가르침 기꺼이 듣고 힘껏 익혀 기억하고 부처님의 깨달음
을 성취하겠다는 뜻 굳은 사람 있다면
이런 사람들에게 이 법화경 설해 주어야 한다.

만일 과거세에서 많은 부처님 섬기며

선행 쌓아 〈훌륭한 인격 길러 현세에서도〉 신심 깊고 굳은 사람이 있다면

이런 사람들에게 이 가르침 설해 주어라.

만일 〈일심으로 불법 수행에〉 정진하고 항상 남의 행복 기원하는 마음 길러

〈불법 위하고 많은 사람들 위해서는〉 목숨조차 아끼지 않을 사람 있다면, 이런 사람에겐 이 가르침을 설해 주어야 한다.

만일 사람 공경하고 딴 마음 뒤섞이지 않으며

어리석은 사람들의 무리에서 떠나 홀로 조용한 곳에서 수행하는

그런 사람에겐 이 가르침 설해 주어라.

또 사리불이여, 만일 나쁜 벗들과 헤어지고

좋은 벗들만을 친하게 지내는

그런 사람에겐 이 법화경 설해 주어도 좋다.

만일 또, 부처님의 가르침을 단단히 마음 속에 간직하고

보배 구슬 소중히 여기듯 부처님의 계율 지켜

깨끗하게 몸 유지하며 많은 사람들 행복되게 하기 위한 가르침 구하는

그 사람 위해선 이 가르침 설해 주어라.

성내지 않고 성실하며 부드럽고 온화한 마음씨로

항상 일체의 생명 있는 것들 사랑하고 모든 부처님 깊이 공경하는

그런 사람 위해서 이 가르침 설해 주어도 좋다.

또 많은 사람들 중 〈물질과 명예 따위 얻으려거나 혹은 주저하는 마음 없이〉 청정한 마음으로 갖가지 사연이나

비유들거나 적절한 이론으로써

자유자재로 부처님의 가르침 설하는

그런 사람에게 이 가르침 설해 주어라.

또, 어떤 비구가 부처님의 지혜 얻기 위해

사방으로 가르침 구하며 좋은 가르침 만나면 합장하고 감사히 받지만

오직 그 원하는 건 한결같이 많은 사람을 행복되게 하는 가르침이며

낮은 단계의 다른 가르침은 시 한 구절이라도 받지 않는다면

그와 같은 사람에게 이 가르침 설해 주어도 좋다.

만일 부처님 사모하는 정성에서 부처님의 사리 얻고자 하는 마음과 흡사한 마음으로

높은 가르침 구하되, 그러한 가르침 만나면 감사하게 머리숙여 받는 사람 있다고 하자.

더욱이 낮은 단계의 가르침 원치 않으며

또 일찍이 불교 이외의 가르침에 현혹되지 않는 마음 가진

그런 사람에게 이 가르침 설해 주어도 좋다.

사리불이여, 이렇게 불도 구하는 사람들의 모습을 이야기 하자면 끝이 없으나,

지금 열거한 사람들은 반드시 믿고 이해할 수 있으리라.

이와 같은 사람들에게 이 묘법 연화경을 설해줘야 한다.』

제4장

신 해 품

   그때, 거룩한 수행자인 수보리와 마하가전연과 마하가섭과 마하목건련 네 사람은 부처님에게서 지금까지 한 번도 들어 본 적이 없는 〈방편 속에 진실이 있다는〉 가르침과 사리불이 먼 훗날에 위 없는 깨달음을 성취하리라는 예언을 듣고 몹시 감탄해 뛸 듯이 기뻐하며, 곧 자리에서 일어나 의복을 정돈한 후 오른쪽 어깨를 벗어 드러내고 오른쪽 무릎 꿇고 앉아 일심으로 합장하며 몸 굽혀 공경하고 부처님의 거룩한 얼굴을 우러러보며 말씀드렸다.

   「저희들은 승단에 있어 선배격이어서 한결같이 나이도 많아 늙었으며, 자신은 이미 〈세속적인 괴로움이나 번뇌에서 벗어나〉 열반의 경지를 얻었기 때문에 더 이상의 노력은 필요치 않다고 생각했으며, 더 나아가 위 없는 깨달음을 구하려 하지 않았습니다.

세존께서는 옛부터 오랫동안 저희들을 위해 가르침을 설해 주셨지만, 그때 설법을 듣는 그 자리에 있으면서 때로는 몸이 피곤해 더이상 들을 필요가 없다는 게으른 마음을 일으킨 나머지 다만, '이 세상의 모든 것은 실체가 없고 오로지 공에 의해 생긴 것으로서 원래부터 형상이 없으며 그 실상의 세계는 인연의 조작을 넘어선 상주불변의 존재이다.' 하는 따위의 사색에만 사로잡혀 부처님께서 지금 설하신, 〈모든 사람은 평등하게 불성을 갖추고 있음을 깨달은 연후에 다시금 사람들 사이에 있는 차별을 인식하고〉 상대방에 따라 그들에게 적합한 가르침을 자유자재로 설하며 세상을 아름답게 모든 사람들을 인격 완성의 경지로 인도한다는, 보살의 길을 구하려 하지 않았습니다.

왜냐하면 부처님께서는 저희들로 하여금 우선 이 〈고통스러운〉 삼계에서 벗어나 열반을 깨닫게 해 주셨으므로 저희들은 그것으로 만족하고 늙어 갔기 때문에, 부처님께서 보살들에게 위 없는 깨달음을 성취하도록 교화하시는 것을 보았지만, 저희들도 그런 경지에 도달하고 싶다는 동경과 다짐하는 마음은 일으키지 않았습니다.

그러나 지금 부처님께서 성문인 사리불에게 위 없는 깨달음을 얻으리라는 예언을 내리시는 것을 직접 듣고 지금까지 전혀 경험치 못한 커다란 환희를 얻었으니, 오늘에 이르러 돌연히 이같은 가르침을 들을 줄이야 전혀 생각조차 하지 못했던 사실입니다.

저희들은 이 크고 훌륭한 이익을 얻은 데 대해 깊이 기뻐하며 스스로 축하하고 있으니, 이는 참으로 헤아릴 수 없을 정도의 진귀한 보배를 구하지도 않았는데 저절로 자기 것이 된 까닭입니다.

세존이시여, 이제부터 비유를 가지고 저희들이 이해한 내용을 말씀드리려고 합니다.

어떤 사람이 어렸을 적에 아버지의 집을 뛰쳐나와 갈 곳 없이 떠돌아다니는 신세가 되었는데, 오랫동안 타국에서 가난한 생활을 계속한 지 어언 열, 스물 하고 오십 세가 되었습니다. 나이가 차츰 많아지자 더욱 가난해지니 이곳저곳 떠돌아다니며 옷과 밥의 근원을 찾아 헤맸습니다. 그런데 이렇게 방랑하는 사이에 발길은 저절로 본국 쪽을 향해 가고 있었습니다.

그 아버지는 아들이 없어지자 〈온갖 힘을 기울여 팔방으로 아들을 찾아 헤맸지만〉 아무리 찾아도 간 곳을 알 수 없었기에 하는 수 없이 어느 도시에 머물게 되었는데, 집은 매우 부유해 헤아릴 수 없을 만큼의 재산을 갖고 있었습니다.

금·은·청보석·산호·호박·수정구슬 등의 많은 보배를 창고에 가득 넘치게 갖고 있었고, 남녀 노예와 고용인과 사무원도 많이 거느렸으며, 코끼리·말·소·양 등의 가축과 수레도 무수히 있었습니다.

그리고 널리 여러 타국과도 무역을 하고 있어 상인과 고객이 그칠 새 없이 많이 출입했습니다.

그때 아주 가난하고 궁색한 몸이 된 그 아들은 여기저기의 촌락과 여러 나라 도시를 떠돌아다니다가 마침내 아버지가 살고 있는 도시에 들어왔습니다.

아버지는 한시도 아들을 잊어 본 적이 없었기에 서로 헤어진지 어언 오십 년 동안 항상 아들의 신상에 대해 계속 걱정해 왔지만, 그것을 남에게 말한 적은 단 한 번도 없었으며 오직 자기가슴 속에서만 걱정하고 괴로워했습니다. 차츰 나이를 먹어 가면서는 항상 다음과 같은 생각이 마음 속을 오가고 있었으니,

'이제 나는 늙어버렸지만 많은 재산을 가지고 있어, 금·은등 그밖에 진귀한 보물들이 창고가 넘치도록 가득히 있다. 그런데도 나에겐 아들이 전혀 없다. 만일 내가 죽는다면, 이 많은재산을 맡겨 상속하게 할 자식이 없으니 허망하게 흩어져 버리겠구나.'

이런 생각을 하니 더욱 아들 생각이 간절해 견딜 수 없었기에, '만일 내 아들이 살아 있어 이 재산을 전부 맡길 수 있다면마음이 홀가분해 근심과 걱정이 없어질 텐데.' 하고 애석해 했습니다.

세존이시여, 한편 그 빈궁한 아들은 일용인부가 되어 정처없이 이사람저사람 집에서 품팔이를 하고 있었는데, 어느날 우연히 아버지의 집 앞까지 가게 됐습니다. 그는 문 앞에 잠시 멈춰서서 멀리 집 안을 살펴보니, 보기에도 고귀한 분이 좋은 의자에 걸터앉아 두 다리를 보배로 꾸민 책상 위에 올려 놓고 〈신분이 높은〉 바라문 계급과 〈왕족 및 무사계급인〉 크샤트리야 계급과 중류 계급인 장자들에게 공손히 에워싸여 있었습니다.

그 고귀한 분은 몇천만에 이르는 값진 진주 목걸이로 몸을

치장하고, 좌우에는 파리를 쫓는 흰 총채를 가진 사무원과 심부름꾼이 단정히 서서 시중들고 있었습니다. 훌륭한 피륙으로 지어진 천막이 위를 덮었고 아름다운 깃발이 많이 걸려 있었으며, 땅바닥에는 향수가 뿌려졌고 갖가지 이름난 꽃들이 흩어졌으며 곁에는 보물이 진열되어 있었는데 분주히 들고 내고 하며 남에게 주기도 하는 것 같았으니, 모두가 말할 수 없이 너무나 훌륭하고 굉장한 광경이라서 그 고귀한 분의 모습에는 자연히 머리가 숙여지도록 위엄과 거룩함이 있었습니다.

빈궁한 아들은 이 장자의 위덕이 큰 것에 대해 매우 놀랐고 동시에 자못 두려워져 이런 곳에는 오지 않았어야 옳았다고 후회하며 이렇게 생각했습니다.

'저 분은 임금님이거나 혹은 임금님과 비슷한 사람임에 틀림없다. 그러니 역시 내 신분에 알맞은 가난한 거리로 가는 편이 좋겠다. 그곳에는 일할 자리도 있고 입고 먹을 방법도 있겠지. 만일 이런 곳에서 어물어물하다가는 틀림없이 붙잡혀 강제로 품삯도 없이 일을 하게 되고 말겠다.'

이런 생각이 들자 그는 급히 도망치려고 했습니다.

그런데 훌륭한 의자에 앉아 있던 장자는 우연히 문 밖에 서 있는 사내에게 눈길이 멎자, 즉시 그가 자신의 아들임을 알았습니다. 그러자 갑자기 마음이 들뜨고 말할 수 없는 기쁨을 느껴 마음 속으로 '이제야말로 내 재산을 모두 맡길 수 있게 됐구나. 지금까지 저 아들을 생각해 왔는데 도저히 찾을 수 없었거늘, 홀연히 스스로 돌아와 주었으니 이제야 소원이 이루어졌구

나. 내가 이렇게 늙었지만 끊을 수 없는 내 아들에 대한 애정은 어찌할 도리가 없구나.' 하고 생각했습니다.

장자는 즉시 곁에 있는 사람에게, "저 사람을 쫓아가서 데리고 오라." 하고 명령하니 심부름꾼은 급히 달려가 그 빈궁한 아들을 붙잡았습니다.

그러자 그 아들은 크게 놀라서, "나는 아무 것도 나쁜 짓을 하지 않았는데 어째서 붙잡습니까?" 하고 크게 소리쳤습니다. 심부름꾼들은 그의 아들이 반항하므로 더욱 힘껏 붙잡아 강제로 끌어갔습니다. 그 때에 빈궁한 아들은 이런 생각이 머리에 떠올랐습니다.

'나는 아무 죄도 없는데 이렇게 붙잡혀서 끌려 가면 필경 죽임을 당하고 말 거야.'

이렇게 생각하자 너무나 무서워서 정신이 아찔해 그만 땅바닥에 쓰러져 버렸습니다.

아버지인 장자는 멀리서 이 광경을 보자 심부름꾼을 불러, "이제 그만, 그 사내는 부리지 않겠으니 무리하게 데리고 올 필요가 없다. 찬물을 얼굴에 뿌려 정신을 차리게 해줘라. 그리고 제정신이 들더라도 아무 말 하지 마라." 하고 명령했습니다.

왜냐하면 아버지인 장자는 그 아들이 〈오랫동안의 가난한 생활로 말미암아〉 마음이 비굴해졌으므로, 도저히 자기와 같은 신분이 높은 사람과는 가까이 할 수 없는 마음가짐을 갖고 있는 것을 알았기 때문입니다.

그리고 그가 아들이란 사실을 확실히 알았지만 마음 속 깊이 생각한 바 있어 남들에게는 그 사실을 말하지 않았습니다.

심부름꾼들은 장자가 시킨대로 〈그 아들을 제정신이 들게 한 후〉 "너를 용서해 주겠으니 돌아가도 좋다."고 말했으므로 빈궁한 아들은 기뻐하며 땅바닥에서 일어서자 곧바로 빈민굴로 달려가 그곳에서 입을 것과 먹을 것을 구했습니다.

그로부터 얼마 후, 아버지인 장자는 어떻게 해서라도 그 아들을 가까이 두고자 하여 얼굴모양과 몸가짐이 초라한 두 사람의 심부름꾼을 은밀히 그 빈궁한 아들에게 보내면서 "너희들은 그 사내가 있는 곳을 찾아가서 눈치채지 않게 말하되 좋은 일자리가 있는데 삯도 곱으로 받을 수 있다, 그러니 일하러 가지 않겠나? 하고 권해 그가 좋다고 하면 데리고 오너라. 만일 어떤 일을 하게 되느냐고 묻거든, 변소 따위를 청소한다고 하며 우리들도 함께 일한다고 말해라." 하고 명령했습니다.

두 사람의 심부름꾼은 즉시 그 빈궁한 아들을 찾아 나섰습니다. 간신히 찾아낸 두 사람은 주인이 시킨 대로 말했더니, 빈궁한 아들은 기뻐하며 그들을 따라와서 우선 삯을 받은 후 함께 오물 청소를 시작했습니다.

아버지인 장자는 멀리서 그 광경을 바라보며, '저것이 내 아들의 모습이란 말인가.' 하고 측은히 여기며 도저히 믿을 수 없다는 듯 생각에 잠기었습니다.

그로부터 얼마 후, 아버지가 창문 밖으로 바라보니 아들은 깡말라 초췌해져 온몸이 오물투성이가 되어 일하고 있었습니다.

이것을 본 아버지는 불쌍한 생각에 견디지 못해 목걸이와 부드러운 웃옷과 그 밖의 장식품을 모두 벗어던지고 낡고 때묻은 옷으로 갈아입은 후, 몸에는 진흙과 먼지를 바르고 오른손에는 오물 치는 그릇을 들고 마치 하인 같은 태도로 일꾼들이 있는 곳에 이르러 함께 일하고 있는 무리들에게, "부지런히 일해야 한다. 게으름을 피워서는 안 된다."고 말하며 차츰 빈궁한 아들의 경계심을 풀게 하며 가까이 접근해 갔습니다.

이렇게 함께 일하면서 얼마가 지난 연후에, 하루는 장자가 아들을 향해 말하기를,

"너는 불쌍한 사내로구나. 〈먹는 것에 곤란을 받고 있다 했지? 그러나 이제부터는 걱정할 것 없다.〉 계속 여기서 일하고 다른 곳에는 가지 마라. 그러면 삯도 올려주고 갖가지 살림도구와 쌀·국수·소금·식초는 물론 그 밖의 필요한 것은 무엇이든지 모두 줄테니 조금도 어려워하지 마라. 그리고 나이먹은 하인도 있으니 너의 심부름꾼으로 부려도 좋다. 그러니 안심하고 여기 있어라. 또한 나를 친아버지라고 생각하는 게 좋다. 나는 늙은 사람이라 꼭 그러한 나이에 걸맞고, 또 너는 젊기 때문에 내 아들의 나이쯤 된다. 그렇다고 이제부터 일할 적에 게을리 하거나 속이거나 성내거나 남을 원망하거나 미워하는 말을 해서는 안 된다. 보아하니 너는 다른 일꾼들처럼 그런 나쁜 짓을 하지 않을 줄 믿는다. 〈만일 그런 짓을 하게 되면 나는 정말 슬퍼할 거다.〉 이제부터 나는 너를 내 친아들로 생각하겠다." 이렇게 말한 후 그 자리에서 이름을 지어 주고 아들로 삼았습니다.

그런데 빈궁한 아들은 뜻밖의 대접을 받게 되어 매우 기뻤지

만, 아직도 자신은 객지에서 온 노동자이며 비천한 인간이라고 생각했으니 〈정작 비굴한 근성은 버리지 못했습니다.〉 이런 가운데 장자는 그로부터 20년이란 긴 세월 동안 여전히 더러운 곳을 청소하게 했습니다.

20년이 지나자 아들은 겨우 그 집에 대해 마음이 놓이게 되어 출입함에 있어 두려워하지 않게 됐습니다. 그런 그가 살고 있는 곳은 여전히 처음에 주어진 그 오두막집이었습니다.

세존이시여, 그 얼마 후에 장자는 병에 걸렸습니다. 장자는 자기의 목숨이 얼마 남지 않았음을 깨달았기 때문에 빈궁한 아들을 불러,

"나에게는 많은 재산이 있다. 금·은·기타 갖가지 보물이 창고에 가득하다. 그것을 모두 너에게 맡길 것이니, 너는 창고를 조사해 그 양을 알고 누구에게는 얼마만큼의 것을 받아야 하고 누구에는 무엇을 얼만큼 주어야 하는지 그것을 낱낱이 알아두도록 해라. 이것이 나의 본심이니 이 본심을 잘 알아다오, 왜냐하면 이미 나와 너는 서로 남남이 아니기 때문이다. 부디 이 보물들을 굳게 지켜 헛되게 써서 없애지 말아다오." 하고 이르는 것이었습니다.

빈궁한 아들은 장자가 일러준대로 창고 안의 금·은, 그밖의 값진 보물을 모두 조사해 그것을 간수하게 됐으나, 단 한 끼의 식사값마저도 그곳에서 충당하려 하지 않았습니다. 그리고 그는 여전히 그 움막집에서 살고 있었는데, 이는 그가 아직도 자기는 비천한 인간이라는 열등감을 완전히 버리지 못했던 까닭

입니다.

그로부터 얼마가 지났습니다. 그동안 아들의 마음이 점점 트이고 태연해져 이 큰 집과 무한한 재산을 도맡아서 처리할 수 있다는 자심감이 뚜렷이 생겼음을 아버지는 알게 됐습니다. 그리고 지금까지 주저하던 마음도 부드럽게 바뀌게 된 것도 알았습니다.

〈아버지는 차츰 병세가 악화되어〉 임종이 가까워지자, 아들에게 명해서 친족과 국왕과 대신과 무사들과 사업가 등 전부터 교제해 왔던 사람들을 모두 모이게 하고, 그 사람들에게 "여러분, 사실은 여기 있는 이 사람이 내 아들입니다. 바로 내가 낳은 친자식입니다. 내가 본래 어느 성 내에 살고 있었는데, 내 곁을 떠나 도망가서 모진 고생을 거듭하며 50여 년 동안 방랑하고 있었습니다. 이 아들의 본 이름은 아무개이고 나의 본 이름은 이러이러했습니다. 이 아들이 없어졌을 때에 본래 살고 있던 성에서 나는 매우 걱정하며 찾아 헤맸지만 모두 허사로 끝나고 말았는데, 여기서 우연히 다시 만나게 된 것입니다. 이 사람은 참으로 나의 아들이며 나는 이 사람의 친아버지입니다. 그러니 나의 모든 재산은 이 아들 것입니다. 앞서부터 내 재산의 지출과 수입에 관해 이 아들은 모두 잘 알고 있습니다." 하고 말했습니다.

세존이시여, 이때 빈궁한 아들은 아버지의 그 말을 듣자 크게 환희하니, 지금까지 전혀 경험치 못했던 마음의 기쁨이었습니다. 그리고 마음 속으로 이렇게 생각했습니다.

'나는 이렇게 되리라고 전혀 생각지도 않았는데 이 훌륭한 보배가 스스로 내 것이 되었으니 진정 알 수 없는 고마운 일이 구나.'

세존이시여, 이 큰 재산가인 장자는 바로 세존이십니다. 그리고 저희들은 부처님의 아들과 같습니다. 여래께선 항상 이 〈장자처럼〉 저희들을 아들이라고 말씀하셨습니다.

세존이시여, 저희들은 〈본능적인 감각의 괴로움과 즐거움이 깨뜨려지기 때문에 생기는 괴로움과 사물의 변화에 따라 생기는 괴로움 등의〉 세 가지 괴로움 때문에 한없이 유전하는 인생에 있어서 갖가지 격심한 번뇌를 경험하고 〈그로부터 벗어나려 해도〉 진리를 알지 못하기 때문에, 어찌하면 좋을지 몰라 보잘 것 없는 가르침에만 사로잡혀 있었습니다.

그런데 지금 세존께서는 저희들에게 진리를 똑바로 생각하도록 가르쳐 주시고 쓸데없는 말장난의 쓰레기를 털어 없애 주셨습니다. 저희들은 세존님의 가르침을 〈"어제보다는 오늘, 오늘보다는 내일" 하고〉 노력을 더 하면서 일심으로 수행해 열반이라고 하는 그날그날의 과보를 받고 있었습니다.

저희들은 마음의 평안을 얻을 수 있었으므로 매우 기뻐하며 그로써 만족하고 있었으니 불법을 일심으로 배우고 수행한 까닭에 참으로 많은 이익을 얻을 수 있었다고 생각했던 것입니다.

세존께서도 그토록 저희들이 부질없는 욕망에 사로잡혀 보잘 것 없는 가르침에 매달리려는 것을 이미 아셨기 때문에 저희들이 그저 마음의 평안을 얻은 그 자체만으로 만족하고 있는 것을 일단 그대로 못 본 척하시며, "너희들도 여래와 똑같은 최고·무한한 지혜가 얻어지리라."는 것은 일부러 말씀하지 않으셨습니다.

세존께선 교묘한 수단으로 저희들에게 여래의 지혜를 설하신 적도 가끔 있었지만, 저희들은 세존의 가르침에 의해 마음의 평안이라는 그날그날의 품삯을 받는 것을 큰 공덕이라고 만족하며 더욱 넓고 큰 가르침을 얻고자 하는 뜻을 일으키지 않았습니다.

또 저희들은 여래의 지혜를 빌리고 여래의 가르침을 그대로 받아 옮기며 깨달음을 구하는 많은 보살들에게 부처님의 지혜에 눈뜨게 하고 부처님의 지혜가 실제로 어떤 역할을 하는가에 대해 설법을 했지만, 정작 저희 자신들이 부처님의 지혜를 얻고자 하는 서원은 세운 적이 없었습니다.

왜냐하면 세존께서는 저희들이 보잘 것 없는 가르침에 매달리려는 것을 보시고 교묘한 수단으로써 우선 저희들에게 알맞은 가르침을 설하셨다는 사실을 알지 못해, 저희 자신들도 어느 때인가는 기필코 부처님의 경지에 도달할 수 있는 몸임을 알지 못했기 때문입니다.

지금 저희들은, 세존께서 부처님의 지혜를 나누어 주시는 것을 조금도 인색하게 생각하지 않으심을 뚜렷이 알게 되었습니다. 왜냐하면 저희들도 처음부터 부처님의 자식이면서도 그것을 알지 못하고 오로지 소승의 가르침에 의해 해탈을 얻는 것만을 원했기 때문〈에 세존께서는 그것에 알맞은 가르침을 설하셨을 뿐〉이며, 만일 더 높고 큰 깨달음을 얻고자 하는 소망을 가지고 있었다면 기어이 저희들에게도 대승의 가르침을 설해 주셨음이 틀림없기 때문입니다.

지금 이 법화경의 가르침에 있어서 세존께서는 "가르침은 오직 하나밖에 없다."고 말씀하셨습니다. 〈그것을 이제 겨우 알게 됐습니다.〉 옛날 보살들 앞에서 성문이 소승의 가르침으로 만족하고 있음은 부질없는 짓이라고 말씀하셨으나, 실제에 있어서 세존께선 그 때에도 항상 대승의 가르침을 설해 주셨던 것입니다.

그러나 저희들의 힘이 모자랐기 때문에 그 가르침을 조금밖에 받아들이지 못했지만, 이젠 그것을 완전히 받아들이게 됐습니다. 그렇기 때문에 이렇게 말할 수 있다고 생각합니다.

"저희들은 별로 바라지 않았는데 부처님의 큰 보배가 저절로 우리들의 것이 되어버렸으니, 부처님의 아들로서 얻을 수 있는 것은 이제 모두 얻어진 것입니다."」

그때 마하가섭이 지금 말씀드렸던 내용을 시로 거듭 찬탄했다.

『저희들은 오늘 부처님의 가르침 듣고
뛸 듯이 기뻐하니 난생 처음 느낀 감격입니다.
성문들도 성불한다는 부처님 말씀
위 없는 보배더미가 구하지 않아도 절로 얻어졌습니다.
비유컨대, 어린 아이 어리석고 무식하여
아비 버리고 도망가 머나먼 타향에
여러 나라 떠돌면서 오십여 년 살았네.

그 집주인 큰 부자라서, 여러 가지 금과 은에
자거 · 마노 · 진주 · 청보석들 가득 차 있고
코끼리 · 말 · 소 · 염소들과 가마 · 수레들과
전답에 종사하는 머슴과 소작인도 많았으며,
주고 받는 이자놀이에 타국과 널리 무역하니
거래처와 고객이 가는 곳마다 줄섰네.
수많은 사람들에게 둘러싸여 존경받고
국왕과 왕족들에게 항상 사랑받는 바
여러 신하 · 명문 · 호족 모두 함께 중히 여기니
이런 연고로 출입하는 사람 많고 많네.
부유하기가 이와 같고 큰 세력 또한 가졌으나
나이 늙어 감에 아들 생각 더욱 간절해
밤낮없이 생각다가 죽을 때가 되었는데,
어리석은 그 자식은 아버지 떠난 지 오십여 년,
창고에 가득 찬 재물 어찌 하면 좋을까.
그때 빈궁한 자식 입고 먹을 것 구하러
이 마을에서 저 마을, 저 나라에서 이 나라로
어느 때는 얻게 되고 어느 때는 얻지 못해
굶주려 깡마르고 옴과 버짐 생겼으며,
점차로 헤매던 끝에 아버지 사는 마을에 와
품팔이로 이집저집 헤매다가 아버지 집에 이르렀네.
그 때에 장자는 자기 집 문 안에서
큰 보배 장막 둘러치고 훌륭한 의자에 걸터 앉아,
권속들 둘러싸고 많은 사람 시중드네.
어떤 사람은 금과 은과 보물들 계산하고
어떤 사람 출납 맡고 어떤 사람 장부 맡고 증서도 발행하네.

빈궁한 아들 훌륭하고 존엄한 아버지 보며
저 분은 국왕이거나 국왕 같은 사람이라고
놀라며 두려워 "내 어찌 여기 왔나."
또 다시 생각하되 "내 여기 오래 있으면
강제로 붙들려 모진 노동 당하겠다."
이렇게 생각하고 정신 없이 도망쳐
가난한 동리로 찾아들어 품팔아서 일하였네.
이때 장자는 사자좌에 높이 앉아
멀리서 그 아들 보고 한눈에 알았으니,
심부름꾼 속히 보내 붙들어 오게 했으나
빈궁한 아들 깜짝 놀라 기절하여 엎어지며,
"이 사람이 날 붙드니, 나는 정녕 죽었구나.
어찌해 입고 먹는 일 때문에 이렇게 된단 말인가."
장자는 그 아들 어리석고 용렬해
자기 말도 믿지 않고 아버지인 것도 믿지 않음 알아,
이번에는 방편 써 다른 심부름꾼 보냈으니,
애꾸눈에 키 작아 위엄도 덕도 없는 못난이에게
"너는 가서 말하기를, 나와 함께 거름치우는 일 하면
품삯은 곱으로 준다고 해라."
빈궁한 아들 그 말 듣고 기뻐하며 따라와
거름치우고 헛간 치우며 깨끗이 청소하네.
장자는 항상 창너머로 그 아들 바라보며
어리석은 그 아들을 가엾게 생각해,
하루는 허름한 옷 바꿔 입고
거름치우는 그릇 손에 쥐고 아들에게 다가가
교묘한 수단으로 경계심 풀게 한 후, "부지런히 일 잘하면

품삯도 올려 주고 다리에 바를 기름 주며
음식 많이 주고 이부자리 많이 주어 따뜻하게 해 주겠다."
부지런히 일하라고 거듭 거듭 말하고서, "너는 내 아들 같다."
부드럽게 일러 주네
장자는 지혜 있어 아들 자유롭게 출입하도록
이십 년을 지내며 집안 일 보게 하니
금·은·진주·파리 여러 물건 들고 남을 관리케 하며
주고 받는 모든 셈을 도맡아 보게 하지만,
그 아들은 변함 없이 문 밖의 오두막집에 기거하며
'나는 본래 가난한 사람, 가진 물건 하나 없다.' 생각하네.
아버지는 아들 마음 점점 넓어짐 보고
그 재산 물려 주려고 일가붙이와
국왕·대신·무사·실업가들을 불러 놓고,
그들에게 하는 말, "이는 나의 아들로서
나를 떠나 타국에 가 오십 년을 지내다가
우연히 나를 찾아와 이십 년 또 지냈소.
지난 날 어느 마을에서 이 자식 내가 잃고
이리저리 헤매면서 무진 애 다 쓰다가 여기까지 이르렀소.
이제 내 가진 집이며 하인들과 그 밖에 모든 것
아들한테 물려 주어 제 뜻대로 쓰게 하리다."
아들은 생각건대 '옛날은 가난하고 뜻 또한 용렬했지만
이젠 아버지에게서 크고도 귀한 보물과
집과 일체 재물들 모두 다 얻었구나.
마음 매우 기쁘니 난생 처음 얻는 환희일세.'
부처님도 이와 같아 우리들이 소승을 즐김 아시고
"너희들은 성불한다."고 말씀 아직 않으셨네.

그러나 우리들 모든 번뇌 다 없애고
마음의 평안 얻기 위한 성문 제자라 하셨다.
부처님은 저희들에게 위 없는 깨달음 설하시며
"이 가르침 배우면 성불한다." 하셨기에
저희들은 말씀대로 큰 보살들 위해서
갖가지 사연과 가지가지 비유 들고
이론적으로 설명하며 위 없는 깨달음 설했더니,
많은 제자들은 저희들 설법 듣고
밤낮으로 생각하며 꾸준히 노력해 몸에 익혔네.
그 때에 부처님들께서 성불 예언하시기를,
"그대들은 미래세에 기필코 성불하리."
일체의 부처님들 소중히 간직한 가르침
오직 보살만을 위해 참된 이치 전해 주고
내 자신은 그 참된 이치 깨닫고자 아니 하니,
마치 저 빈궁한 아들 아버지께 가까이 가서
재산 모두 알았지만 가질 생각 전혀 없듯,
저희들 부처님의 가장 소중한 가르침 설하면서
내 것으로 삼겠다는 뜻 세우지 않음과 흡사하네.
저희들은 마음 속의 번뇌 멸한 것에만 흡족하고
오직 이것 만을 자각한 채 더 이상의 지혜는 바라지 않았네.
부처님께서 이 세상 청정케 하고 중생 교화한다고
저희는 듣지만
남의 일만 같아서 즐거운 마음 전혀 없었네.
이런 이유 말하자면 "우주 간의 일체 현상
평등하고 조화되어 생하거나 멸하지 않는 영원한 존재이며,
보기에는 크고 작아도 진실로는 차별 없고 번뇌의 바탕 없으며

인연 초월한 것이다."
이런 생각하고 보니 기꺼이 해야 할 마음 도무지 없네.
저희들은 오랜 세월 위 없는 부처님 지혜
열망도 없었으며 욕구도 없었으니
스스로 생각하기를 궁극의 깨달음 얻었다고
오랫동안 "공"의 가르침 닦아 익혀
삼계의 고뇌에 괴롭힘 당하지 않고
〈모든 번뇌 다 끊어서〉 다시 태어나지 않는 몸 얻어
맑고 깨끗한 인생 보낸다고 생각해 왔으며,
부처님의 교화 받아 진실한 도 성취하니
부처님의 깊은 은혜 갚았다고 생각했네.
저희들이 많은 불자들에게 보살의 가르침 설해
부처님 지혜 구하도록 지도해 왔으나,
자신들은 그 가르침의 성취 소망 전혀 없었네.
그러나 세존께서 그냥 두어 두심은 저희 마음 아시기에,
처음에는 번뇌 멸해 열반 얻기 권하시고 세상 구제
참이익은 설하시지 아니하니,
저 돈 많은 장자처럼 용렬한 아들 마음 알 듯
교묘한 수단으로 마음 차츰 변하게 한 후
그 다음에 모든 재산 남김없이 물려 주듯
부처님도 이와 같이 어려운 일 하셨네.
얕은 가르침에 집착함 아시고서 교묘한 수단 사용해
저희 마음 길들인 후에 부처님 지혜 가르치시니,
오늘 저희는 아직 한 번도 경험치 못한 큰 기쁨 얻었네.
바라지도 않았는데 저절로 얻음은
한량없는 보배 얻은 빈궁한 아들 같다.

세존이시여, 저희들은 이제 참다운 불교 알고 수행의 참다운 결과 얻었으니,

제법실상 가르침에 의해 청정한 것 볼 수 있는 그 방법 깨달은 것은

저희들 오랜 세월 계율 지켜 수행한 보람이며,

오늘 비로소 그 큰 과보 얻을 수 있었습니다.

부처님의 가르침 따라 맑고 깨끗한 행 닦았기에 이제는

미혹 없고 위 없는 경지 얻었으니,

저희들은 오늘에야 참된 성문이라.

부처님 되는 길을 우리들의 목소리로 모든 사람에게 들려주겠습니다.

저희들은 오늘에야 참 아라한 되었기에

모든 세간의 천신·인간·마왕·범천,

널리 그 가운데서 존경 감사 받게 되니

세존님의 크신 은혜 드물게 있는 일입니다.

저희를 불쌍히 여겨 가르치고 인도하셔 위 없는 이익 베푸시니

한량없는 세월에도 그 은혜 누가 다 갚으리까.

손과 발 되어 받들고 머리 조아려 예배하며

모든 것 바쳐 공양해도 그 은혜 못 갚으며,

머리 위에 받들거나 양 어깨에 무등 태워

갠지스 강 모래알처럼 한량없는 세월 동안 정성 다해 공경하고

맛있는 음식·훌륭한 의복

많은 이불·갖가지 탕약이며

우두전단 재목과 갖가지 귀한 보물로써

탑 세워 감사하고 보배 옷 땅에 깔아 〈그 위를 걸으시게〉

모든 방법 다 써서 항하사 겁 공양해도 그 은혜 못 갚으리.

모든 부처님들 견줄 수 없는 위엄 갖고

한량없고 가이없는 신통력 갖추시어

모든 미혹 멸하시고 최고 진리 깨달아 온갖 가르침이

자유자재.

낮은 사람 위해서는 최고 진리 숨겨 두고 낮은 가르침 설하시며

현상에 사로잡힌 범부들에겐 그들에게 걸맞은 가르침 설해주시니,

모든 부처님들 온갖 가르침 자유자재로,

중생들의 모든 욕망·의지 아시고서

그 힘에 견딜 수 있는 정도에 맞추어

한량없는 비유로써 알기 쉽게 설하십니다.

중생이 전생에서 무슨 선근 쌓았으며

금생의 기근 성숙했나 아니 했나 모두 다 아시어

갖가지로 헤아려 정확히 가려내어,

단 하나밖에 없는 부처님에의 길 적절히 셋으로 나누어 설하셨습니다.」

약 초 유 품

그때, 세존께서는 마하가섭을 비롯한 많은 큰 제자들에게 말씀하셨다.

「훌륭하고 훌륭하구나. 가섭은 여래의 진실한 공덕을 잘 설명했다. 참으로 그대가 말한 바 그대로다. 그러나 여래에게는 한량없고 가이없는 공덕이 있으니 그것은 그대들이 무수한 세월에 걸쳐 설명하려고 해도 다 설명할 수 없을 것이다.

가섭이여, 꼭 알아 두어라. 여래는 모든 가르침의 지배자인 왕이므로 어떤 가르침을 설하더라도 그 가르침은 결코 거짓됨이 없으며 모든 가르침이 부처님의 지혜를 교묘한 수단으로 연설하는 것이므로, 그 설하는 가르침은 모두가 〈중생들로 하여금 우주의 실상을 아는〉 최고의 경지에 도달하게 한다.

여래는 모든 가르침이 어디로 향하는가 〈즉 가르침의 목적과 향방을〉 살피고 알며, 일체 중생들의 속마음이 어떻게 움직이고 있는가 〈즉 어떤 가르침을 따를 것인가를〉 모두 통달해 거리낌이 없고, 또 이 사실을 모든 가르침 속에 뚜렷이 밝혀 모든 중생들에게 부처님의 일체 지혜를 열어 보여 준다.

가섭이여, 비유하면 1천을 3제곱한 세계의 산천 계곡과 땅위에 나는 초목과 무성한 숲 그리고 여러 약초들은 그 종류가 많아서 이름과 모양이 제각기 다르다.

그런데 하늘에 먹구름이 가득 몰려와 온 세상을 두루 덮고 일시에 큰 비 고루 내렸다고 하자, 이 은혜로운 비는 모든 초목과 숲 그리고 많은 약초들의 작은 뿌리·작은 줄기·작은 가지·작은 잎과 중간 뿌리·중간 줄기·중간 가지·중간 잎과 큰 뿌리·큰 줄기·큰 가지·큰 잎을 고루 적셔 준다.

그러나 여러 크고 작은 나무들과 상·중·하의 약초들은 그 종류에 따라 각기 받아들이는 것이 다르니, 하나의 구름에서 한결같이 고루 비가 내렸음에도 불구하고 그 초목의 종류와 성질에 따라 각기 그 성장의 정도가 다르며 피는 꽃이 다르고 맺는 열매가 다르다.

비록 하나의 땅에서 자랐으며 똑같은 비의 혜택을 받았는 데도, 모든 초목에는 이러한 차별이 있다.

가섭이여, 잘 알아라. 여래도 이와 같아 세상에 출현함은 큰 구름이 일어나는 것과 같으며 위대한 가르침으로 온 세계의 천신과 사람과 아수라들에게 설해 구제하고자 함은 마치 큰 구름이 온 세계를 두루 덮는 것과 같다.

그리고 많은 사람들에게 말하니, "나는 진리에서 그대로 온 사람이며 세상 사람들로부터 마땅히 존경 받을 가치가 있는 사람이며 지혜가 바르므로 모든 사물에 널리 미치며 사람이 지혜와 실행을 두루 갖춘 사람이며 모든 경우를 뚜렷하게 분별하는 사람이며 더 없는 완전한 인격을 완성한 사람이며 모든 중생을 뜻대로 가르쳐서 인도하는 사람이며 하늘과 사람들의 스승이며 최고의 진리를 깨달은 사람이며 이 세상에서 가장 거룩한 존재이니,〈괴로움의 세계에서〉 방황하고 있는 사람들을 괴로움으로부터 구출하고 번뇌에서 벗어나지 못하는 사람들을 그 번뇌로부터 해방케 하며, 아직 마음이 평안한 경지에 이르는 길을 알지 못하는 사람에게는 그 길을 가르쳐 주며 또 참다운 깨달음을 열지 못한 사람에게는 그것을 베풀어 주는 사람이다.

또 나는, 현세는 물론 미래 세상까지도 환히 아는 사람이니, 즉 일체를 남김없이 모두 아는 사람이며 일체를 꿰뚫어 보는 사람이며 진실한 길을 알고 있어 이 진실한 길을 열고 진실한 길을 말하는 사람이다. 그러니 너희 천신이나 인간이나 아수라들은 모두 나의 가르침을 듣기 위해 이곳에 모이도록 해라.」

그 때에 헤아릴 수 없는 천만억 가지의 중생들이 부처님에게 와서 가르침을 들었다.

「여래는 중생들의, 가르침을 받아들일 수 있는 능력이 영리한가 둔한가를 그리고 정진하는가 게으른가를 관찰해 그들이 감당할 수 있는 능력에 따라 가르침을 설하니, 여러 가지 근기를 가진 한량없는 중생들은 모두 환희해 즐겁고 좋은 이익을 얻는다.

중생들은 이 가르침을 들은 결과 〈번뇌를 여의고 집착을 끊어〉 현세에서는 편안한 마음에 행복한 몸이 되며 다음 세상에선 좋은 곳에 태어나니, 이것은 불도를 닦은 덕택으로 받는 즐거움이며 또한 지금 이 세상에서도 부처님의 가르침을 들을 수 있는 것이다. 그리고 이렇게 가르침을 들었기 때문에, 여러 가지 장애로부터 벗어나 많은 가르침 중에서 자기의 힘에 알맞은 것을 받아들여 몸에 익혀 가까스로 최고의 깨달음에 도달하는 것이다.

이는 마치, 앞에서 말한 그 큰 구름이 모든 초목과 숲과 여러 약초들에게 비를 내리면 그 식물들은 각기 종류와 성질에 따라 충분히 물기를 받아들여 각각 개성을 살리면서 성장함과 같다.

여래의 설법은 〈본질에 있어서는〉 하나이며 똑같은 작용을 하는 것이니, 번뇌의 속박에서 벗어나게 하고 혹은 업에서 벗어나게 하며 생사의 괴로움을 멸하게 하지만, 최종적으로는 〈모든 사물의 실상을 평등 · 차별의 양면에서 완전히 꿰뚫어 보는〉 최고의 지혜에 이르게 한다.

중생들은 여래의 가르침을 듣고서 만일 믿고 마음에 간직해 몇 번이고 되풀이해서 읽고 외워 그 가르침대로 수행해 간다면 〈차츰 인간으로서의 가치가 향상되는 데에도〉 스스로는 그런 공덕을 얻고 있는 것을 자각하지 못한다. 왜냐하면 오직 여래만이 그 중생들이 3승 가운데 어떤 종류에 속해 있으며 어떤 모습인가 어떤 성질을 가지고 있는가 어떤 본질을 가지고 있는가, 또 무엇을 일심으로 생각하며 어떤 것을 생각하며 무슨 수행을 하고 있는가, 또 어떻게 마음 속으로 원하며 어떻게 생각하며 어떻게 수행하고 무슨 가르침으로 염하고 무슨 가르침으로 생각하며 무슨 가르침으로 수행하며 무슨 가르침에 의해 어떠한 깨달음에 도달하고 있는가를 환히 알고 있기 때문이다.

중생들은 저마다 가지가지의 경지에 머물러 있으나 〈그것을 알지 못하지만〉, 오직 여래만은 그것을 있는 그대로 분명히 알아 막힘이 없으니, 마치 저 앞서 말한 초목·숲·약초들이 자기성품의 상·중·하를 알지 못함과 같다.

그런데 여래는, 〈중생들의 제각기 도달한 경지를 분별함과 동시에 그들이 간직하고 있는〉 여러 가지의 가르침은 본래 본질과 작용이 오직 하나임을 알고 있으니, 이를테면 번뇌와 집착에서 해방되고 업에서 벗어나며 생사의 괴로움을 멸하여 최종적으로는 〈모든 사물의 실상을 평등·차별의 양면에서 완전히 꿰뚫어 보는〉 최고의 지혜에 도달하게 가르쳐 인도해, 영원한 평안의 경지에 이르게 한다.

부처님인 나는 〈모든 중생이 본질에 있어서는 평등하며 결국에는 이 최고의 진리에 의해서 평등하게 구제됨을〉 알고 있으나, 사람들의 마음가짐이나 욕망이 가지가지임을 관찰하고 그것들에 알맞도록 인도하니, 그것이 그 사람들을 참으로 돕고 지켜주는 방법이다. 그런 까닭에 단번에 최고의 지혜를 말하지 않는 것이다.

가섭을 비롯한 그대들은, 여래가 사람과 경우에 따라 설한다는 것을 알며 그것을 믿고 받아들이기가 매우 어려우리라. 왜

냐하면 여러 부처님이 설하는 가장 적절한 설법은 좀처럼 그 참
뜻을 깨닫고 본질을 알기 어렵기 때문이다.」

　세존께서는 이를 다시 시로 말씀하셨다.

『미혹 깨뜨리는 가르침의 왕께서 이 세상에 출현해
중생들의 바람 따라 여러 가지 가르침 설하네.
여래는 세상에서 가장 거룩하며 지혜 또한 깊고 멀어
중요한 가르침 오랫동안 묻어 두고 서둘러 설하지 않음을
지혜 있는 사람 들으면 믿고 이해하지만
무지한 사람은 의심해 영영 그 길 잃게 되리.
그러기에 가섭이여, 능력 따라 설하니
가지가지 사연으로 바른 견해 얻게 한다.
가섭이여, 바로 알라. 비유컨대 큰 구름이
세계 위에 피어올라 대지를 모두 뒤덮었다고 하자,
은혜로운 구름은 비 품고 번갯불 번쩍이며
우레소리 멀리 진동하니 중생들 기뻐하네.
햇빛은 가려지고 무더웠던 지상 서늘해지며
뭉게구름 얕게 가라앉아 손 끝에 닿을 듯하네.
그 비는 널리 고르게 사방 어디에나 내리니
한량없이 퍼부어서 땅마다 흡족하다.
산천과 험한 골짜기 깊은 곳에 자란
풀 나무 약초들과 크고 작은 나무들과
모든 곡식·팬 곡식·안 팬 곡식·감자와 포도 들이
단비 흠뻑 받아 풍족하지 않음 없고
메마른 땅 고루 젖어 약초와 나무 무성하니,
그 구름에서 내리는 한 가지 맛의 물에

풀·나무·우거진 숲이 제 분수따라 비 받네.
일체의 여러 가지 나무들은 상·중·하 차별없이
크고 작은 분수대로 저마다 자라나네.
뿌리·줄기·가지·잎·꽃·열매의 빛과 모양
한 비 덕택으로 신선하고 윤택하네.
그 몸체·모양·성품 제각기 다른 것처럼
같은 비에 젖지만 살찌고 무성함 각각 다르네.
부처님 또한 이와 같이 세상에 출현하심은
큰 구름이 세상을 뒤덮는 것과 같음이네.
세상에 나오면 모든 중생 위하여
제법 실상 분별해 연설하네.
큰 성인인 세존은 여러 천신·인간들과
모든 중생 가운데서 이 말을 하니,
"나는 곧 여래이니 인간 가운데서 가장 거룩하며,
세상에 출현함은 큰 구름과 같아서
바짝 마른 일체 중생 흡족하게 주어
모두 괴로움 여의게 해 마음 편안한 즐거움과
세속의 즐거움과 조화 이룬 최고의 경지 얻게 해 준다.
모든 천신·인간의 무리 일심으로 잘 들어라.
모두 이리 와 더없이 거룩한 이 뵙거라.
나는 이 세상에 가장 거룩한 분, 맞설 사람 아무도 없다.
중생 안온키 위해 세상 출현했으니
인류 위해 지혜 잃지 않는 묘법 설한다.
그 가르침 한 맛이라, 해탈이요 열반이라는
한 가지 중대사를 여러 가지 범위 넓혀
큰 가르침 위해 사연 갖고 있네.

모든 것 내가 보니 골고루 평등해
너 · 나 차별 없고 곱고 미운 마음 하나 없다.
내게는 탐착 없고 장벽 · 제한 또한 없어
모든 중생 위해 평등하게 설법한다.
한 사람 위하듯 많은 사람에게도 마찬가지
항상 가르침 설하며 다른 일 전혀 관심 없고
가고 오고 앉고 서고 피곤한 줄 모르고
온 세상에 가득 베풂이 단비 내려 윤택함 같다.
귀하거나 천하거나 높거나 낮거나 계율지키거나 깨뜨리거나
예의 바르거나 바르지 않거나
바른 소견 · 나쁜 소견 · 영리한 머리 · 둔한 머리,
평등하게 가르침의 비 내리되 게으르고 싫은 줄 모르네.
내 가르침 듣는 일체중생
능력 따라 받아 익혀 여러 경지 머물 때에,
혹은 인간 혹은 천신 · 전륜성왕에,
제석 · 범천의 여러 왕에 머무니, 이는 작은 약초이고,
번뇌 여의는 가르침 배워 평안한 경지에 있고
여섯 가지 신통력에 삼명까지 얻은 뒤
산림 속 홀로 있어 선정 항상 닦아
연각의 깨달음 얻은 사람, 이는 중간 약초이며,
'세존 경지 구해서 나도 성불하리라.' 하고
선정 닦기 정진하면, 이는 상품 약초라네.
또는 여러 도 구하는 이가 불도에 전념하고
항상 자비행 베풀고 자기가 성불한다는 것
믿어 의심치 않는 사람, 이는 작은 나무이고,
신통에 머물러 가르침 설하되 뒤로 물러서지 않고

한량없는 백천억 중생 제도하는,
그 같은 보살을 일컬어 큰 나무라.
부처님의 평등한 가르침 한결같은 비의 맛이라,
중생 성품 따라 받아들이는 바 같지 않음은
비의 혜택 받는 초목 저마다 다름과 같다.
부처님은 이 비유로 교묘하게 가르치니,
가지가지 이야기로 하나의 가르침 설하지만
부처님 지혜 바다에 비유하면 한 방울의 물과 같다.
내 이제 가르침의 비 내려 온 세상에 충만케 하니
그 한 맛의 가르침을 능력 따라 수행함이
저 우거진 숲과 약초들과 나무들처럼
크고 작음 따라 자라남과 같다.
모든 부처님들 가르침 항상 한 맛 가지고
모든 세간 중생에게 널리 구족케 해
점차로 수행하여 제 닦은 결과 얻게 한다.
성문이나 연각들 산림 속에 있으면서
다시 나지 않는 경지 되어 가르침 듣고 결과 얻음은
약초가 각기 자라난다고 이름하며,
어떤 보살들 지혜 견고하고
삼계 꿰뚫어 보며 위 없는 가르침 구한다면
그 이름 작은 나무 점점 자란다고 말하며,
또 선정에 머물러 초인간적 힘 얻고
모든 현상 평등함 알아 마음 크게 환희 갖고
무수한 빛 놓아 여러 중생 구제하면
그 이름 큰 나무 점점 자람과 같다 하네.
가섭이여, 이와 같이 부처님 설하는 가르침은

비유컨대 큰 구름이 한 맛의 비 가지고서
성불 위해 닦는 사람 적셔 주어 열매 맺도록 함이다.
가섭이여, 바로 알라. 여러 가지 사연들과
가지가지 비유로써 부처님 지혜 가르침은,
이는 나의 방편이라 여러 부처님 또한 같다.
이제 여러분 위해 최종의 진리 말하니,
"여러 성문과 대중들 아직 참 깨달음 못 얻었으니,
그대들 행할 바는 보살도 뿐이며
점차로 배우고 닦으면 모두 기필코 성불하리."』

제6장

수 기 품

    부처님께서 시를 읊어 마치시자 그곳에 모인 여러 대중에게 다음과 같이 선언하셨다.

    「내 제자인 마하가섭은 미래 세상에서 반드시 3백만억의 여러 부처님을 친견하고 받들며 〈감사의 정성을 바쳐〉 공양하고 존숭하며, 그 덕을 찬양해 널리 그 분들의 한량없는 위대한 가르침을 설하리라. 그리고 최후에는 부처님의 몸이 되니, 그 이름은 〈밝은 빛이라는〉 광명여래·성스러운 분·완전무결하게 깨달으신 분·밝은 지혜와 실천을 두루 갖추신 분·바르게 행하시는 분·세상 일을 다 아시는 분·최고의 분·인간을 길들이는 분·하늘과 인간의 스승·부처님·세상에서 가장 거룩하신 분이라고 하리라. 그 나라의 이름은 〈밝은 빛을 얻은 세상이라는〉 광덕이요, 그 시대의 이름은 대장엄이며, 그 부처님의 수명은 12 소겁이요, 그 부처님 멸도 후에도 그 가르침이 바르

게 남는 시간은 20 소겁이며, 그와 비슷한 가르침이 남는 기간
은 또한 22 소겁이 될 것이다.

그 광덕이란 나라는 국토가 장엄하게 꾸며져 있어, 여러 가
지 보기 싫은 쓰레기나 깨진 기와·돌·가시덤불과 더러운 오
물이 없으며, 땅은 평탄해 높고 낮은 곳과 웅덩이나 언덕이 없
고 바닥은 청보석으로 되었으며, 길에는 보배 나무가 늘어섰고
황금으로 줄을 매어 경계를 삼고, 여러 가지 아름다운 꽃이 흩
어져서 두루 맑고 깨끗하다. 그 나라에는 부처님의 가르침을
실천하며 그 가르침 설해 넓히는 보살이 한량없이 많고, 부처
님의 가르침을 듣고 배우는 성문들도 역시 무수히 있을 것이다.
그리고 부처님의 가르침을 가로막는 일도 일어나지 않으며, 만
일 악마나 악마의 권속이 있다 하더라도 그 나라에서는 도리어
부처님의 가르침을 지키는 역할을 할 것이다.」

세존께서는 이 뜻을 강조하기 위해 시로 말씀하셨다.

『비구들에게 말한다. 내가 부처님 눈으로
가섭을 보니, 무수한 세월 지난 후에 부처님 되리.
그러나 오는 세상 3백만억 부처님
정성들여 섬기면서 받들고
부처님 지혜 구해 깨끗한 보살행 닦으면서
가장 높고 거룩한 분을 정성들여 공양하고
더없이 높은 지혜 모두 닦고 익혀
다시 태어나지 않는 몸 되어야만 부처님 되리.
그 나라는 청정해 땅은 청보석으로 이루어져

여러 가지 보배 나무 길가에 즐비하며
황금줄로 경계하니 보는 사람 환희하고
향기 높은 여러 꽃 항상 흩어 뿌리니
갖가지 아름다운 것들로 장엄됐네.
그 땅은 평탄해 언덕·구렁 하나 없다.
그 수 알 수 없이 많고 많은 보살 대중
마음 부드럽고 큰 신통력도 얻었으며
부처님들의 대승경전 받들어 간직하네.
많은 성문들도 번뇌 모두 끊어 최후의 몸 받아
가르침의 왕 아들 되니 그 수 많고 많아
천안으로 볼지라도 헤아릴 수 없다.
그 부처님 누릴 수명 12 소겁 될 것이며
그 가르침 20 소겁 동안 완전히 전해지고
그와 비슷한 가르침도 20 소겁 남으리니,
광명 세존께서 하시는 일 이렇다.』

그때 대목건련과 수보리와 마하가전연 등이 모두 송구스러워
하면서 오로지 한 마음으로 합장하고 부처님의 거룩한 얼굴을
우러러보며 눈조차 깜빡이지 않고 있더니, 함께 소리 맞추어
시로 여쭈었다.

『큰 용기 가지신 세존이시여, 석씨 집 안의 가르침의 왕이시여,
저희를 불쌍히 여겨 부처님 말씀 베푸소서.
우리 마음 아시고 예언 주신다면
감로수 뿌려 열 내리듯 시원하리다.
굶주린 나라에 와 별안간 대왕의 식탁과 마주한 양

마음에 두려움 품어 감히 곧바로 먹지 못하다가
만일 왕이 먹으라시면 그 때서야 감히 먹듯
우리들도 또한 이 같아 스승의 허물 생각하다
어떡하면 부처님의 위 없는 지혜 얻을지 몰라,
"너희들은 성불한다." 부처님 말씀 들었어도
오히려 마음의 두려움 품어 감히 먹지 못함과 같습니다.
만일 부처님의 예언 받게 되면 즐겁고 평안하리다.
큰 용기 가지신 세존께서는 세상 평안케 하시리니,
원컨대 저희들에게 예언 내리소서.
굶주린 사람 그 한마디 기다림과 같습니다.」

세존께서는 큰 제자들의 마음이 원하는 바를 아시고 비구들에게 말씀하셨다.

「수보리는 기필코 미래세에 3백만억의 방대한 부처님을 찾아 뵙고 받들어 정성껏 섬기고 공경하며 존숭하고 찬양하며, 항상 바르고 깨끗한 행을 닦아 보살의 길을 완전히 실천하고 그것을 마지막의 몸으로 해 부처님 될 것이다. 그 이름은 명상 여래·응공·정변지·명행족·선서·세간해·무상사·조어장부·천인사·불세존이며, 그 시대의 이름은 〈보배 구슬이 밝게 빛난다는〉 유보요, 나라 이름은 〈보배 구슬이 나는 땅이라는〉 보생이다. 그 국토는 평탄하며 수정으로 이루어지고 보배 나무로 장엄돼, 언덕·웅덩이·모래·자갈·가시덤불·대소변 같은 더러운 오물 없으리라. 보배꽃이 땅을 두루 덮어 청정하며, 그 국토에 사는 인민들은 다 보배로 지은 집이나 진귀하고 아름다운 누각에 산다. 성문 제자는 한량없고 가이없어 숫자로나 비유로도 잘 표현할 수 없으며, 구도자들도 무수해 천만억의 방대한 숫자이다. 그 부처님의 수명은 12 소겁이요, 그 가르침은 20 소겁 동안 바르게 전해지며, 또한 형태만 비슷한 가르침도 역시 20 소겁 동안 남게 될 것이다.

그 〈명상여래라는〉 부처님은 항상 허공에 있으면서 중생을 위해 가르침을 설하니 수많은 보살과 성문들을 해탈케 해 구제하리라.」

세존께서는 지금까지 하신 말씀을 다시 시로 읊으셨다.

『여러 비구들이여, 이제 여러분에게 말하니
모두 일심으로 나의 말 잘 들어라.
나의 큰 제자인 수보리는
부처님 꼭 되어 그 이름 명상이라 하리.
무수한 만억의 부처님들 찾아 뵙고 공양하며
부처님 행하신 바 따라 점차 대도 수행해
최후의 몸 되어 서른 두 가지 모습 얻어
단정하고 특수하기 마치 보배로 된 산과 같네.
그 부처님 계신 국토 엄숙하고 깨끗하기 제일이라.
중생이 이를 보면 즐거워 사랑하지 않는 이 없으리니,
부처님은 그 국토에서 한량없는 중생 제도하네.
그 부처님 가르침에 많은 보살들이
모두 소질 뛰어나 그지없이 설법하네.
그 나라는 보살로서 아름답게 꾸몄으며
성문들도 많고 많아 그 숫자 셀 수 없다.

모두 다 삼명 얻고 여섯 가지 신통 갖춰

여덟 가지 해탈 머물러서 큰 위덕 있으리.

그 부처님 설법엔 한량없는 신통 변화로

불가사의한 일 나타나리.

여러 천신 인민 수가 갠지스 강 모래 같은데

모두 함께 합장하고 부처님 말씀 들으리.

그 부처님 수명 12 소겁이며

그 가르침 20 소겁 동안 완전히 전해지고

형태만 비슷한 가르침은 또한 20 소겁 남으리.」

세존께서 많은 비구들에게 다시 말씀하셨습니다.

「내 이제 그대들에게 말한다. 이 대가전연은 반드시 오는 세상에서 여러 가지 방법으로 8천억 부처님을 공양하고 존숭하며, 그 부처님들이 멸도하신 뒤 각기 탑을 세우되, 높이가 1천 유순이며 가로와 세로가 똑같이 5백 유순이리라. 그리고 그 탑은 금·은·청보석·자거·마노·진주·매괴 등 칠보를 모아 이룩하고, 여러 가지 꽃과 목걸이를 바치며 바르는 향·뿌리는 향·사르는 향과 비단 양산·깃발로 그 탑과 절에 공양하고, 이 일을 마친 후에는 다시 2만억의 부처님을 공양하되 전과 같이 하니, 이 모든 부처님들을 공양한 뒤 보살의 길을 갖추고 기필코 부처님이 되리라. 그 부처님의 이름은 〈빛나는 황금이라는〉 염부나제금광 여래·응공·정변지·명행족·선서·세간해·무상사·조어장부·천인사·불세존이다. 그 나라의 땅은 평탄하고 수정으로 되어 있으며 보배 나무로 장엄되고 황금으로 줄을 매어 길을 경계삼고 아름다운 꽃으로 땅을 덮어 두루 청정하니, 보는 사람마다 환희하며 네 가지 악한 갈래인 지옥·아귀·축생·아수라가 없고 많은 천신과 인간 그리고 여러 성문과 만억이 훨씬 넘는 보살들이 그 나라를 장엄하며, 부처님의 수명은 12 소겁이고, 그 가르침은 비르게 20 소겁 동안 완전히 전해지며, 그와 형태만이 비슷한 가르침이 역시 20 소겁 동안 남는다.」

세존께선 다시 시로 말씀하시기를,

『여러 비구들이여 모두 일심으로 들어라.
내가 말하는 것은 진실해 다르지 않다.
가전연은 기필코 여러 가지 아름다운
공양물로써 많은 부처님들 공양하리.
부처님들 멸도 후에 칠보로 이룬 탑 세우고
꽃과 향 바쳐 사리에 공양하며,
최후의 몸으로 부처님의 지혜 얻어
등정각(부처님) 성취하리. 그 나라 땅 청정하니
한량없는 만억 중생 해탈케 해 구제하며
시방의 모든 것들에게 공양받으리.
부처님 밝은 빛보다 더할 이가 있을 손가
그 부처님 이름 일러 염부금광이라 한다.
일체의 미혹을 끊은 보살·성문
한량없고 무수하여 그 나라를 장엄하리.」

또 대중에게 말씀하셨다.

「내 이제 그대들에게 말한다. 대목건련은 기필코 가지가지 공양물로 8천의 여러 부처님께 공양하고 공경하며 존숭하고, 그 분들이 멸도하신 뒤에는 각각 그 탑과 절을 세우되, 높이가 1천 유순이나 되고 길이와 넓이가 똑같이 5백 유순이 되게 하리라. 금·은·청보석·자거·마노·진주·매괴 등 칠보를 모아서 이루고, 많은 꽃과 영락과 바르는 향·뿌리는 향·사르는 향과 비단 해가리개·깃발들로 탑과 절에 공양하며, 이를 다 마친 후에는 2백만억의 부처님을 그와 똑같이 공양한 후 꼭 성불하리니, 그 이름은 〈다마라나무 잎과 전단의 향기가 있는〉 다마라발전단향여래·응공·정변지·명행족·선서·세간해·무상사·조어장부·천인사·불세존이라 한다. 그 시대의 이름은 〈기쁨이 가득 넘친다는〉 희만이요, 나라 이름은 〈마음 즐겁게 하는〉 의락이며, 나라의 땅은 평탄하며 수정으로 이루어지고, 보배 나무로 장엄하며 진주의 꽃을 흩어 두루 청정하게 하거늘, 보는 사람마다 환희하며 여러 천신들과 사람들과 보살과 성문도 그 수가 한량없으리라. 그 부처님의 수명은 20 소겁이요, 그 바른 가르침이 40 소겁 동안 완전히 전해지며, 형태만 그와 비슷한 가르침이 또한 40 소겁 동안 남으리라.」

세존께선 이를 다시 시로 읊으셨다.

『내 제자인 대목건련은
그 몸 여읜 뒤 8천과 2백만억의
여러 부처님 세존 찾아 뵙게 되니,

부처님 지혜 구해 공양하고 공경하며
부처님 계신 곳에서 항상 보살도 닦고
한량없는 세월 동안 그 분의 가르침 지키리.
그 부처님들 멸도 후엔 칠보 탑 세우고
황금 빛 깃발·깃대 높이 꽂고 꽃과 향과 기악으로
여러 부처님 탑과 절에 정성들여 공양하고
점차로 보살의 길 완성해 결국엔
희락이라는 나라에서 부처님 되리.
그 부처님 명호는 다마라발전단향이며
그 부처님 수명은 24 소겁인데
천신·인간 위해 가르침 설하리.
성문들은 한량없어 갠지스 강 모래 같되
3명과 6신통으로 큰 위덕 갖추었고,
무수한 보살들은 의지 굳게 정진하며,
부처님 지혜에서 모두 물러나지 않는다.
부처님 멸도 후 정법이 계속하길
40 소겁 될 것인데 상법 또한 이와 같으리.
나의 여러 제자로 위덕 갖춘 사람
그 수 5백인데 〈언젠가는 그들에게〉 예언해 줄 것이니
오는 세상 빠짐없이 부처님 될 것이다.
나와 그리고 그대들의 전생 사연
내 이제 말하니 그대들은 잘 들어라.』

화 성 유 품

부처님께서 여러 비구들에게 말씀하셨다.

「옛날 아주 옛날 한량없고 끝간 데 없는 아득한 시대에 한 분의 부처님이 계셨으니, 그 이름은 〈위대한 직관과 지혜에 의한 가장 높으신 분이라는〉 대통지승여래·응공·정변지·명행족·선서·세간해·무상사·조어장부·천인사·불세존이라 했으며, 나라의 이름은 〈생탄 또는 기원이라는 뜻인〉 호성이라 했고, 그 시대의 이름은 〈위대한 모습이라는 뜻인〉 대상이라 했다.

많은 비구들이여, 이 부처님이 멸도하신 지가 매우 오래니 〈과연 얼마 만큼의 세월이 흘렀는지〉 상상조차 어렵다.

비유하면, 어떤 사람이 이 우주 전체의 모든 땅을 갈아 먹물로 만들어서 동방으로 날아가며 1천의 국토를 지나서, 그곳에 극히 작은 티끌만하게 그 먹물을 한 점 떨어뜨리고, 또 다시 1

천의 국토를 지나 한 점을 떨어뜨리며, 이와 같이 계속 옮겨가면서 1천의 국토마다 한 점씩 떨어뜨려 모든 땅으로 된 먹물이 다 없어진다면, 얼마 만큼의 여러 국토를 지나왔는지 그대들은 생각할 수 있는가. 이 지나온 여러 국토를, 수학 선생이나 수학을 잘 하는 제자라면 그 끝을 알며 그 수를 알 수 있겠는가.」

「그렇지 않습니다. 세존이시여.」

「여러 비구들이여, 이 사람이 지나간 국토 가운데 점이 떨어진 국토와 아니 떨어진 국토를 다 모아 갈아서 티끌로 만들어, 그 한 티끌을 1겁이라 하더라도 이 〈대통지승〉 부처님께서도 멸도하신 지가 이보다 더 오래되어 한량없고 끝간 데 없는 백천만억 아승기 겁이 지난 것이다. 그러나 나는 부처님의 지혜에 의해 보는 힘으로, 그 아득히 먼 옛날 일을 마치 오늘 일처럼 환희 볼 수 있다.」

세존께서는 이 내용을 다시 강조하려고 시로 말씀하셨다.

『아득히 지난 세상 생각해 보니, 먼 옛날 한 시대에
세상에서 가장 높고 거룩하신 대통지승불 계셨다.
만일, 어떤 사람 힘으로 전 우주 국토 갈아 부숴
이 갈아 부순 갖가지 땅 모두 다 먹물로 만들어
1천 국토 지날 때마다 먹물 한 점 떨어뜨리고
이렇게 옮겨 가며 떨어뜨려, 그 많은 먹물 다 했다.
먹물 떨군 국토, 안 떨군 국토, 이를 합친 모든 국토를
다시 다 부숴 티끌 만들고, 한 티끌이 한 겁이라.
이 많은 미세한 티끌보다 그 시간 더 지난

그 부처님 멸도한 지 한량없는 겁인데,
여래인 나의 걸림 없이 아는 지혜는 그 부처님 멸도와
성문과 보살의 멸도 아는 것을 지금 보는 것과 같다.
비구들이여, 꼭 알아둬라. 부처님의 지혜 청정하고 미묘해
번뇌 없고 걸림 없어 한량없는 겁도 환희 본다.」

부처님께선 계속해서 여러 비구들에게 말씀하셨다.

「대통지승불의 수명은 5백 40만억 나유타 겁이었는데, 그 부처님이 처음 깨달음의 자리에 앉아 명상을 하고 있을 때에 몰려오는 악마의 군대를 남김없이 깨뜨리고 최고의 완전한 진리를 깨달을 수 있는 경지까지 도달했으나, 모든 부처님께서 깨달으신 바와 같은 진리가 현실로 실현되지 않으므로 그대로 명상을 계속했으니, 1 소겁으로부터 10 소겁 동안을 가부좌를 틀고 앉아 몸과 마음을 움직이지 않았지만, 역시 부처님들께서 깨달으신 〈제법실상의〉 진리는 마음에 나타나지 않았다.」

이때 〈욕계 육천의 두 번째인〉 도리의 여러 천신은, 앞서부터 이 부처님을 위해 보리수 아래 부처님의 자리를 만들어 두고 있었으니, 그 높이가 〈사람이 하루 동안 걸어가는 거리인〉 1 유순이었다. 〈그 여러 천신들이〉 "부처님께서는 이 자리에 앉으셔서 기필코 최고의 깨달음을 얻으소서." 하고 여쭈니, 비로소 그 자리에 앉으셨다.

여러 범천왕들은 그 사자좌의 주위 1백 유순에 이르는 넓은 땅에 많은 하늘의 꽃을 비처럼 뿌렸으며, 그 꽃이 시들면 향기

높은 바람을 불어 날려 보내고 다시 새로운 꽃을 내렸으니, 이렇게 끊이지 않고 부처님께서 사자좌에 앉아 깨달음을 얻기까지 10 소겁이 다하도록 꽃비를 내려 부처님을 공양했다.

또 사천왕과 그 권속인 여러 천신은 부처님을 공양하기 위해 하늘 북을 울리고, 그밖의 천신들은 하늘의 연극을 지어 10 소겁 동안 부처님께서 완전한 깨달음을 얻을 때까지 계속했다.

여러 비구들이여, 대통지승불께서는 이렇게 10 소겁을 지나고서야 비로소 모든 부처님과 같은 〈실상의〉 깨달음이 마음에 나타나게 되어 최고의 완전한 부처님의 지혜를 성취했다.

이 부처님께서 아직 출가하기 전에 열 여섯의 왕자가 있었으니, 첫째 아들의 이름은 〈지혜의 광맥을 가진 사람이라는〉 지적이라 했다. 모든 왕자들은 저마다 여러 가지 진귀한 놀이기구들을 가지고 있어 행복한 생활을 하고 있었으나, 아버지가 부처님이 되셨다는 말을 듣자 자기들도 부처님 계신 곳에 가서 수행하겠다며 좋아하던 보배로운 기구들을 버리고 집을 떠나니, 그 어머니들은 〈이별을 서러워하여〉 눈물 흘리며 전송했다. 그들의 할아버지인 전륜성왕도 1백 대신과 백천만억의 백성들에게 둘러싸여 대통지승불께서 깨달음을 얻으신 도량에 나가 귀의와 감사의 정성을 바치며, 공경하며 존숭하고 그 덕을 찬양하며 부처님의 발에 이마를 대고 예배한 뒤, 부처님의 주위를 돌고는 일심으로 합장하고 우러러보면서 시로 찬미하였다.

『큰 위덕 갖추신 세존께서 중생 구제하시려고
한량없는 세월 수행 끝에 모든 서원 성취하여
부처님 되셨으니 더없이 경사롭네.
세존님은 훌륭하서 한 자리에 10 소겁 동안
신체 수족 움직이지 않고 편안히 앉았으되
마음 항상 조용하서 산란한 적 없었으니,
구극 열반 깨달으시어 온갖 미혹 여의시고,
이제 세존님이 안온하게 부처님 경지에 도달하심을 보고
저희들 훌륭한 이익을 얻고 경축하는 마음으로 가득 차 크게 환
희하옵니다.
중생이 항상 괴로워해도, 인도해 줄 이 없는 소경 같아
괴로움 없애는 길 모르고 해탈코자 하는 마음 일으키지 못해
천신·인간 타락하여 악한 갈래 늘어나며
어둠에서 어둠으로 긴 세월 헤매 돌며 부처 이름 못 듣더니
지금 부처님 위 없는 깨달음 얻으시어 안온한 경지 도달하시어
천신·인간 저희 모두는 가장 큰 이익 얻었으니,
거룩한 부처님께 모두 함께 머리 숙여 귀의합니다.』

열 여섯 왕자는 그 때에 세존님께 가르침을 설해 주실 것을
청하며 다 함께 여쭈었다.

"세존이시여, 부디 가르침을 설해 주옵소서. 그 가르침에 의
해 저희들은 평안한 마음을 얻을 것이오니, 여러 천신과 사람
들을 불쌍히 여기시어 풍족한 이익을 베풀어 주소서."

그리고는 다시 시로 말씀드렸다.

『세존은 견줄 이 없네. 백 가지 복으로 장엄하고
위 없는 지혜 얻으셨으니, 세상 위해 설하셔
저희들과 모든 중생 구제해 주소서.
〈저희 기근 알맞도록〉 분별해 가르쳐 부처님 그 지혜 얻도록 하
소서.
만일 저희들도 부처님 지혜 얻은 날엔, 우리 역시 중생에게 그
렇게 하리라.
세존은 중생들의 깊은 마음 아시고
수행하는 길과 지혜의 힘도 분별하시며,
소망과 수행함과 전생에 행한
행위들을 세존님은 다 아시리니, 위 없는 가르침 설하옵소서.』

석가모니부처님께서 다시 여러 비구들에게 말씀하셨다.
「대통지승불께서 위 없는 지혜를 성취하셨을 때 시방의 각각
5백만억 부처님 세계들이 부처님의 성불에 감동해 여섯 가지로
진동했으며, 그 시방세계의 국토 중 해와 달의 위대한 빛이 비
추지 못하던 어두운 골짜기까지 모두 크게 밝아지니, 그곳에
있던 많은 중생들이 서로 얼굴을 마주 보며 말하기를, "지금까
지는 나 혼자인 줄 알았는데, 어찌해 이 속에서 많은 중생들이
홀연히 태어났는가?"」했다.
또 그 모든 세계에 있는 여러 천신의 궁전들은 범천의 궁전
에 이르기까지 여섯 가지로 진동함과 동시에, 큰 광명이 널리
비쳐 온 세계에 두루 가득하니, 모든 천신들이 비추는 광명보
다 더 밝았다.

동방에 있는 5백만억의 국토 가운데 수많은 범천의 궁전들에도 평상시보다 훨씬 밝은 광명이 비췄으므로 여러 범천왕들이 생각하기를, '지금 이 궁전을 비추는 광명은 옛부터 아직 없었던 일인데, 무슨 연유로 이러한 광경이 나타나는가?' 했다.

여러 범천왕들은 각기 서로 찾아가 함께 이 사실을 논의했는데, 그 가운데 〈일체 중생을 구제하는〉 구일체라는 이름을 가진 큰 범천왕이 범천의 대집단에게 시로 말했다.

『우리들의 여러 궁전마다 일찍이 없던 이 광명,
그 사연 무엇인지 서로 함께 찾아보세.
덕 높은 천신 태어났나 부처님 세간에 출현했나,
왜 이렇게 큰 광명 시방을 두루 비추는가.』

그때 5백만억 국토의 범천왕들이 각자의 궁전과 더불어 아름다운 하늘 꽃을 가득 담은 꽃그릇을 가지고 광명이 비춰 오는 서방으로 날아가 이 상서를 찾았더니, 대통지승불께서 깨달음의 장소인 보리수 아래 〈설법의 자리인〉 사자좌에 앉으셔서 여러 천신과 용왕들과 건달바 · 긴나라 · 마후라가 · 사람인 듯 아닌 듯한 것들이 공손하게 둘러서 있는 모습과, 열 여섯 왕자들이 "가르침을 설하소서." 하고 부처님께 청하고 있는 것을 볼 수 있었다.

범천왕들은 즉시 머리 숙여 부처님께 예배하고 그 주위를 수없이 돌며 하늘의 꽃들을 부처님 위에 뿌리니 그 꽃이 수미산의 높이 만큼 쌓였으며, 아울러 부처님 곁에 있는 보리수에도 꽃을 흩어 공양했으니 그 보리수는 높이가 10 유순이었다.

꽃 공양을 마치자 범천왕들은 각각 가지고 온 궁전을 부처님께 바치며 말했다. "저희들을 불쌍히 여기사, 이 궁전을 바치오니 많은 이익 베푸시게 부디 받아 주옵소서."

여러 범천왕들은 소리를 합해 일심으로 부처님 앞에서 시로 말했다.

『세존 출현하심은 매우 드물어, 만나뵙기 어려워라.
한량없는 공덕 갖추시어 일체 중생 구호하니,
천신·인간의 큰 스승으로 세간 모두를 불쌍히 여겨
시방의 여러 중생 모두 널리 이익받네.
5백만억 국토에서 깊은 선정락 버리고
이곳에 온 까닭은 부처님을 공양하기 위함이라.
전생에 쌓은 복덕으로 아름답게 꾸민 이 궁전을 지금 세존께 바치오니 불쌍히 여겨 이를 받아 주옵소서.』

여러 범천왕들은 이렇게 부처님을 찬탄해 마치고 각각 말하기를,

"세존이시여, 부디 가르침을 설하셔서 중생들을 구제하셔서 번뇌에서 해방되어 절대 평안의 길을 열게 하소서."

이때 여러 범천왕은 소리를 합해 일심으로 시를 읊어 거듭 말했다.

『세상에서 가장 훌륭한 분이시여, 부디 가르침 설하셔
큰 자비의 힘으로 고뇌 중생 건지소서.』

이 말을 들으신 대통지승불께서는 말 없이 이를 허락하셨다.
여러 비구들이여, 이때 또 동남방에 있는 5백만억 국토의 여
러 범천왕들은 각기 자기들의 궁전에, 옛날에 아직 없었던 밝
은 광명이 비치는 것을 보고 춤출 듯이 기뻐했다. 이 드문 일이
무엇인가 하는 마음을 일으켜서 서로 찾아가 함께 일을 의논했
는데, 이들 가운데에 〈매우 동정심이 깊은〉 대비라는 이름의
큰 범천왕이 시를 읊어 모두에게 말했다.

『이 일, 무슨 연유로 이런 상서 나타낼까.
우리네 여러 궁전, 전에 없던 광명이라.
덕 높은 천신 나심인가, 세간에 부처님 출현하심인가.
일찍이 못 본 이 상서를 일심으로 함께 찾아보세.
천만억 국토 지날지라도 광명의 근원 찾아가자.
아마도 중생 건지려고 세상에 부처님 나오셨는지?』

5백만억의 여러 범천왕들은 저마다 자기의 궁전과 더불어
갖가지 하늘 꽃을 가득 담은 그릇을 가지고 서북방으로 함께 가
서 이 상서를 찾다가, 대통지승여래께서 깨달음의 장소인 보리
수 아래 설법의 자리에 앉으셔 여러 천신과 용왕과 건달바 · 긴
나라 · 마후라가 · 사람인 듯 아닌 듯한 것들에게 공경받으며 에
워 싸여 있음과 열 여섯 왕자들이 부처님의 가르침을 설하시도

록 청함을 보고, 여러 범천왕들은 곧 머리 숙여 예배하고 수없이 돌면서 하늘 꽃을 부처님 위에 흩으니 그 흩은 꽃이 수미산처럼 높았다. 아울러 그들은 부처님 곁에 서 있는 보리수에도 공양을 했다.

이렇게 꽃 공양을 마치고 나서 제각기 가지고 온 궁전을 부처님께 바치며 이런 말을 했다. "원컨대, 부디 저희들을 불쌍히 여기시고 이익하게 하기 위해 바치는 이 궁전을 받아 주소서."

여러 범천왕들은 곧 부처님 앞에 나아가서 일심으로 소리합해 시를 읊어 말했다.

『성인 중의 성인이시며 천신들의 왕이시여, 저희들은 깊이 공경합니다.
중생을 불쌍히 여기시어 꾀꼬리의 목소리로 가르침 설하시네.
세존은 매우 드물게 세상에 나오시니 오랜 세월에 한 번 출현하셨도다.
1백 80 겁 동안을 부처님 안 계시니
삼악도는 가득히 늘고 천신의 무리 줄었으나
이제 부처님 출현하셔 중생들의 눈 되니,
세간 모두 귀의하는 바 되어 일체 중생 구호하며
중생의 아버지라 불쌍히 여겨 이익 있게 하는 분이시니,
우리들은 전생에서 쌓은 복덕 있어
오늘날 세존님을 만나뵙게 되었으니 기쁘기 한량없네.』

시를 읊어 부처님을 찬탄한 여러 범천왕들은 저마다 "원컨대 세존이시여, 일체 중생을 불쌍히 여기시어 가르침을 설하셔 중

생을 구제해 주옵소서." 하고 말했다.

그리고 여러 범천왕들은 일심으로 소리를 합해 시로 말했다.

『가르침 설하옵소서, 큰 성인이시여,
모든 현상 속에 겹쳐 있는 참 모습 가르쳐
고뇌하는 중생 구제해 중생들로 하여금 환희토록 하옵소서.
중생들, 이 가르침 듣고 깨달음을 열거나 천상에 태어나며
여러 가지 악한 갈래 떨어짐이 줄어들고 번뇌 여읜 지혜 얻는
이 늘으리다.』

그때 대통지승불께서는 무언으로 허락하셨다.

여러 비구들이여, 또 남방에 있는 5백만억 국토의 여러 범천
왕들도 각각 자기들의 궁전에서 옛날에 없었던 광명이 비치는
것을 보자 뛸 듯이 기뻐하며 이상하게 생각하는 마음이 생겨,
곧 서로 찾아가서 "무슨 사연으로 우리들의 궁전에 이런 광명
이 비치는가?" 하고 이 일을 함께 의논했다.

그들 가운데 〈좋은 법을 가졌다는〉 묘법이라는 큰 범천왕이
있어 범천의 집단을 향해 시로 말했다.

『우리들의 궁전은 훌륭한 광명으로 매우 밝아
무슨 사연 없지 않으리니, 상서의 실마리 찾아보세.
백천 겁이 지나도록 이런 상서 못 보았는데,
덕 높은 천신 태어났나, 세간에 부처님 출현하셨나?』

5백만억의 범천왕들은 궁전과 갖가지 하늘꽃 담은 그릇을 가지고 북방으로 함께 가서 이 상서를 찾으니, 대통지승불께서 깨달음의 장소인 보리수 아래 설법의 자리에 앉아 여러 천신들과 용왕과 건달바·긴나라·마후라가·사람인 듯 아닌 듯한 것들에게 공경받으며 둘러싸여 계심을 보며, 또 열 여섯 왕자들이 부처님께 "가르침을 설하소서." 하고 간청함을 보았다.

여러 범천왕들은 머리 숙여 부처님께 예배하고 그 주위를 수없이 돌고는, 곧 하늘 꽃을 부처님의 몸 위에 뿌리니 그 뿌린 꽃이 수미산 높이 만큼 쌓였으며, 부처님 곁에 서 있는 보리수에도 아울러 공양했다.

꽃 공양을 마치고 저마다 가져 온 궁전을 부처님께 바치며 이렇게 말했다.

"저희들의 마음을 불쌍히 여기시어, 이익 있도록 하기 위해 바치는 이 궁전을 받아 주소서."

여러 범천왕들은 부처님께 나아가 일심으로 소리 합해 시로 말했다.

『세존은 매우 뵙기 어려워라. 모든 번뇌 깨뜨려 주시는 분이시여.
1백 30겁 지나고 이제 한 번 만나뵐 수 있어
마음이 메마른 중생에게 가르침의 비 흡족하게 내리시는 분이시여.
예전에 보지 못했던 한량없는 지혜 가지신 분이시여,
우담바라꽃 피듯이 오늘에야 겨우 만나뵙네.
저희들의 궁전들은 부처님의 빛 받아 아름답게 빛납니다.
세존이시여, 대자비를 가지고 이 궁전 받으소서.』

그들은 또한 이런 말을 했다.

"원하옵나니, 세존께서는 가르침을 설하시어 일체 세간의 여러 천신과 악귀와 선신과 스님과 바라문들을 다 안온 얻게 하시고 해탈하도록 해 주소서."

여러 범천왕들은 일심으로 소리를 합해 시로 말했다.

『원하옵나니 세존이시여, 위 없는 가르침 설하시어
큰 가르침의 북 울리시고 큰 가르침의 고동 부시며,
큰 가르침의 비 널리 내려 한량없는 중생 구하소서.
저희들 다 함께 귀의하고 청하옵나니, 깊고 미묘한
가르침 들려 주소서.』

그때 대통지승여래께서는 무언으로 이를 허락하셨다. 또한 서남방과 하방에도 이와 같은 일이 있었다.

상방의 5백만억 국토에 있는 여러 큰 범천왕들도 예전에 볼 수 없었던 밝은 광명이 자기들의 궁전에 비치는 것을 보고 환희하고 춤출 듯이 기뻐하며, 이상한 생각을 마음에 일으켜 각각 서로 찾아가 이 상서를 의논했다.

"무슨 사연이 있어 우리들의 궁전이 이같이 빛나는가?" 하고

그들 가운데 〈정수리에 털송이를 가진〉 시기라는 큰 범천왕이 있어 여러 범천의 집단을 향해 시로 말했다.

『지금 무슨 사연 있어, 우리들의 여러 궁전마다
위엄과 덕 있는 광명이 아름답게 빛나는 것은 예전에 없던 일

이라.
이와 같은 훌륭한 서상은 듣지도 보지도 못했거늘,
큰 덕 있는 천신 태어났음인가, 세간에 부처님 출현하셨음인가?」

5백만억의 범천왕들은 궁전과 갖가지 하늘 꽃 담은 그릇을 가지고 함께 하방으로 내려가 이 상서의 근원을 찾더니, 대통지승불께서 깨달음을 열으셨던 보리수 아래 설법의 자리에 앉아 여러 천신·용왕·건달바·긴나라·마후라가·사람인 듯 아닌 듯한 것들에게 둘러싸여 공경받고 계심을 보며, 또한 열여섯 왕자들이 부처님께, "가르침을 설하소서." 하고 청하는 것을 보자, 여러 범천왕들은 머리 숙여 부처님을 예배하고 주위를 수없이 돌며, 하늘 꽃을 부처님의 몸에 흩으니 그 흩은 꽃이 수미산처럼 높았으며, 또 부처님 곁에 있는 보리수에도 공양했다. 꽃 공양을 마치자 저마다 가지고 온 궁전을 부처님께 바치며 여쭙기를,

"저희들을 불쌍히 여기시고 공덕을 내리시는 마음으로 이 궁전을 받아 주옵소서." 하고 간청했다.

여러 범천왕들은 부처님 앞에서 일심으로 소리를 같이해 시로 말했다.

『오! 좋구나, 세상을 구제하시는 부처님 뵈니,
삼계의 지옥에서 부지런히 중생 나오게 하시네.
모든 것 다 아시는 세존께서 수많은 어린 중생 불쌍히 여겨
부처님의 가르침 설하셔 널리 일체 중생 지도하시네.

옛날의 한량없는 겁은 부처님 안 계셔서 헛되이 보내
세존 아직 나오시지 않아 시방은 항상 어두워서
삼악도는 늘어나고 아수라 또한 성하므로
천신 무리 줄어들고 죽어, 많은 이 악도에 떨어지네.
부처님의 가르침 따르지 않고 항상 좋지 못한 일 행해
몸의 힘과 지혜의 힘 모두 다 줄어드네.
죄업의 인연으로 모든 즐거움 다 잃고서
삿된 가르침에 걸려 좋은 규범 알지 못해
부처님 교화 받지 못하고 나쁜 갈래로 떨어지네.
부처님은 세간의 눈이 되시려고 오랜만에 나오셨네.
모든 중생 불쌍히 여겨 세간에 출현하셔
괴로운 세상 넘고 나와, 바른 깨달음 이루셨네.
저희들 즐거워하고 일체 중생 기뻐해 예전에 없었다며 찬양하네.
우리들의 여러 궁전들 빛을 받아 장엄되어
이제 세존께 바치오니 부디 받아 주옵소서.
바라옵나니, 이 공덕 널리 일체에 미치게 하셔,
저희들과 모든 중생 다 함께 부처님의 깨달음 성취케 하옵소서.」

5백만억의 여러 범천왕이 시로 부처님의 덕을 찬미하고 나서
이와 같이 말했다.
"원합니다. 세존이시여,
부디 가르침을 설하시어 많은 사람들의 마음을 안온케 하시
고 괴로움의 세계에서 해탈케 하옵소서."
모든 범천왕들은 또 다시 시로 여쭈었다.

『세존이시여, 가르침 설하소서.
죽지 않는 생명 가지도록 가르침의 북을 쳐
고뇌하는 중생 지도하셔 큰 깨달음의 길 보여 주소서.
부디 저희들의 간청 받으셔 아름다운 목소리로
불쌍히 여겨 한량없는 과거세에 수행으로 깨달으신 진리 알기
쉽게 설하소서.』

이에 대통지승여래께서는 시방의 모든 범천왕들과 열 여섯 왕자의 간청을 받아들여, 즉시 〈사제의 가르침을 시·권·증으로〉 세 바퀴 돌려 열 두 가지 수행의 가르침을 설하셨으니, 그것은 어떤 사문이나 바라문이거나 혹은 천신·마군이나 범천 및 그 어느 누구도 설하지 못하니, 이른바 "이것이 괴로움이며 이것이 괴로움의 모임이며, 이것이 괴로움의 멸이고, 이것이 괴로움이 멸하는 길이다."

그리고 12인연의 가르침도 자세히 설했으니, "무지로 말미암아 갖가지의 착각을 일으키고 그 착각에 기인한 행위를 오랫동안 행해왔으며, 그러한 경험이 쌓이고 쌓여서 그 대상을 식별하는 〈근원적인 작용인〉 의식이 비뚤어진 형태로 생겨났고, 그것이 발달해 현상으로서의 자기라는 존재, 즉 명칭과 형상을 식별하게 되었으며, 이 명색이 〈의지하는 시각·청각·후각·미각·촉각의〉 오관과 〈그 오관으로 느끼는 존재를 판별하여 아는〉 의로 나누어지니 이를 육입이라고 한다.

〈또 그 육입이 있기 때문에〉 식과 명색과의 접촉에 의해 사

물을 이것저것 식별하게끔 되며, 이렇게 식별하게 되면 〈갖가지의 감정 즉〉 수가 일어난다. 그런데 이런 감정이 생기면 자연히 사물에 대한 애, 즉 애착이 생겨, 애착이 일어나면 그것을 끝까지 추구하는 욕망과 그것을 꼭 붙잡아 두고자 하는 마음, 즉 취가 생긴다. 이 취가 있기 때문에 〈저마다 다른 감정·다른 생각·다른 주장, 즉 차별심인〉 유가 생기며, 이러한 차별심이 있기 때문에 〈사람과 사람 사이에 대립이 생기고 다툼이 일어나니, 괴로움의 인생 즉〉 삶이 생긴다. 그리고 생이 있기 때문에 온갖 근심·슬픔·고뇌가 일어나며, 이렇게 하고 있는 사이에 늙음이 살며시 다가와 결국에는 죽음이 찾아온다.

따라서 이것을 반대로 생각하면, 무명을 멸하면 행도 멸하며, 행이 멸하면 식도 멸하며, 식이 멸하면 명색도 멸하고, 명색이 멸하면 육입도 멸하며, 육입이 멸하면 촉도 멸하고, 촉이 멸하면 수가 멸하며, 수가 멸하면 애가 멸하고, 애가 멸하면 취가 멸하며, 취가 멸하면 유가 멸하고, 유가 멸하면 생도 멸하며, 생이 멸하면 노사·우비·고뇌도 멸해진다."

부처님께서 천상과 사람의 큰 집단에게 이 가르침을 설하실 때 6백만억 나유타의 사람들은 일체의 잘못된 사상을 받아들이지 않았기에 모든 번뇌를 여의고 마음에 해탈을 얻었으며, 모두 깊고 미묘한 선정과 삼 명과 육 신통을 얻고, 팔 해탈을 위한 수행을 할 수 있게 되었다. 두 번째와 세 번째와 네 번째로 가르침을 설하실 때에도 천만억 갠지스 강의 모래알 같은 나유타 중생들이 또한 일체 세간의 잘못된 사상을 받지 않았기 때문에 갖가지 번뇌를 여의고 마음에 해탈을 얻었으니, 그 후로 많은 성문들은 한량없고 끝이 없어 그 수를 헤아릴 수 없게 되었다.

열 여섯 왕자는 다 어린 동자로서 출가해 사미가 되었는데, 여섯 가지 감각 기관이 영리하고 지혜가 밝았다. 이것은 전생에 백천만억의 여러 부처님을 섬기며 깨끗한 행을 닦아 최고의 깨달음을 구하려 했기 때문이다. 그 때에 그들은 함께 부처님께 여쭙기를,

"세존이시여, 여기 있는 한량없는 천만억의 성문들은 모두 미혹을 여의고 높은 덕을 성취했습니다. 세존이시여, 저희들을 위해 기필코 최고의 깨달음에 도달할 가르침을 설해 주소서. 저희들이 그 가르침을 듣는다면 모두 함께 배우고 닦겠습니다. 세존이시여, 간절한 마음으로 여래의 지견을 얻고 싶어하는 저희들의 마음을 잘 아시리다."

할아버지인 전륜성왕이 거느린 대중 가운데 8만억의 사람들은 열 여섯 왕자가 출가한 것을 보고 자기들도 출가하겠다고 여쭈니, 왕은 곧 이를 허락했다.

부처님께서는 사미들이 청하는 것을 받아들여, 2만 겁을 지나서 사부 대중들에게 모든 사람들을 최고의 깨달음으로 인도하는 경인 묘법연화·보살을 가르치는 법·부처님께서 보호하신다는 가르침을 설했다.

이 가르침을 설해 마치자, 열 여섯 사미는 최고의 완전한 깨달음을 얻기 위해 모두 다 함께 믿고 받아들여 마음 속에 간직하고 외우며 읽어 깊은 뜻을 통달했다.

이 가르침을 설하실 때에 열 여섯 보살사미는 다 빠짐없이 믿고 받았으며 많은 성문들 가운데도 역시 믿고 이해하는 사람이 있었지만, 그밖의 천만억 종류나 되는 중생들은 모두 그 가르침에 대해 의혹을 가졌다.

부처님께서는 8천 겁 동안을 쉬지 않고 이 가르침을 설했으며, 이 가르침을 다 설하고는 곧 조용한 방에 들어가 8만 4천 겁 동안 선정에 드셨다.

이때 열 여섯 보살사미는 부처님이 고요한 방에서 선정에 드신 것을 보자 제각기 설법의 자리에 올라 역시 8만 4천 겁 동안 출가 · 재가의 남녀수행인을 위해, 묘법연화의 가르침을 듣는 사람들의 근기에 맞추어 갖가지 방법으로 나누어서 널리 설하여 6백만억 나유타 갠지스 강의 모래알 같은 중생 하나하나를 모두 구제해 가르쳐 인도하고 이롭게 하니, 기쁜 마음으로 최고의 완전한 깨달음을 성취하겠다는 마음을 일으키게 했다.

대통지승불께서는 8만 4천 겁을 지나서 명상에서 일어나 가르침의 자리에 나아가 편안히 앉으시고 여러 대중에게 말씀하셨다.

"이 열 여섯의 보살사미는 드물게 보이는 훌륭한 사람들이라 가르침을 받아들이는 힘이 예민하고 지혜가 밝아 철저하며, 전생에 한량없는 천만억의 여러 부처님을 섬기고 부처님 아래서 항상 맑은 행을 닦아 부처님의 지혜를 받아 간직했으며 그것을 중생들에게 가르쳐서 그 속으로 들어오도록 하므로, 그대들은 이 보살들을 자주자주 친근하고 공양해야 한다. 왜냐하면 만일 성문과 벽지불과 보살들이 훌륭하게 이 열 여섯 보살이 설하는 가르침을 믿고 마음에 간직한 그대로 깨뜨리지 않는다면, 기필코 이 세상 모든 현상의 실상을 완전히 아는 부처님의 지혜를 얻을 수 있기 때문이다."

석가모니 부처님께서는 계속해서 여러 비구들에게 말씀하셨다.

『이 열 여섯 보살은 항상 자진해서 즐거이 이 묘법연화경을 설하니, 하나하나 보살이 교화한 6백만억 나유타 갠지스 강의 모래알 같은 중생들은 세세생생 보살들과 함께 태어나 그들을 섬기고 가르침을 들어 모두 다 믿고 이해한 인연으로 4만억의 여러 부처님 세존을 만나볼 수 있으므로, 그것이 현재까지도 계속되고 앞으로도 계속되리라.

여러 비구들이여, 내 지금 여러분에게 말하겠는데 그 부처님의 제자인 열 여섯의 사미는 지금 모두 최고의 완전한 부처님의 깨달음을 얻어 시방국토에서 현재 가르침을 설하고 있어, 헤아릴 수 없는 백천만억의 보살과 성문이 그들의 제자가 되었다.

그런데 두 사미는 동방에서 부처님이 되셨으니, 한 분의 이름은 〈부동이라는 뜻을 가진〉 (1)아촉으로 환희국에 계시고 둘째 분의 이름은 〈수미산이라는 뜻에서〉 (2)수미정이라 한다.

또 동남방에 두 분의 부처님이 계시니, 그 한 분을 (3)사자음이라 하고 둘째 분을 (4)사자상이라 하며, 남방에 두 분의 부처님이 계시니 한 분을 (5)허공주라 하고 둘째 분을 (6)상멸이라 한다.

서남방의 두 부처님은 첫째 분의 이름이 (7)제상이요, 둘째 분의 이름은 (8)범상이며,

서방에 계시는 두 부처님은 첫째 분의 이름이 〈무량수라는 뜻을 가진〉 (9)아미타요, 둘째 분의 이름은 (10)도일체세간고뇌이다.

서북방의 두 부처님은 첫째 분의 이름이 (11)다마라발전단향신통이요, 둘째 분의 이름은 (12)수미상이며

북방의 두 부처님은 그 첫째 분의 이름이 (13)운자재요, 둘째 분의 이름이 (14)운자재왕이며

동북방에 계시는 부처님의 이름은 (15)괴일체세간포외며,

열 여섯째는 나, 석가모니불이니 이 사바세계에서 부처님의 깨달음을 성취했다.

여러 비구들이여, 〈앞서 말했듯이〉 우리가 전생에서 사미로 있을 때 제각기 한량없는 백천만억 갠지스 강의 모래알 같이 많은 중생을 교화했으나, 〈그 중생들이〉 우리를 따라 가르침을 들은 것은 〈자신들은 그 사실을 알지 못했지만 실제로는 모두〉 최고의 완전한 깨달음을 얻기 위함이었다. 이 중생들 중에는 지금도 역시 성문의 경지에〈서 내 설법을 듣고〉 있는 사람도 있으나, 나는 그들에게 계속해서 최고의 완전한 깨달음을 얻도록 교화하고 있으므로, 지금 여기서 내 가르침을 듣고 〈부처님의 지혜에 도달하겠다는 뜻을 일으키면〉 점차로 깨달음을 더 깊게 하고 드디어 이를 달성할 것이다. 왜 그런 〈시간과 노력이 필요한〉가 하면, 부처님의 지혜란 〈참으로 깊고 아득하여〉 믿

기 어렵고 이해하기도 어렵기 때문이다.

그때 내가 교화한 갠지스 강의 모래알 같은 한량없는 중생이란 바로 그대들이며, 또 내가 멸도한 후의 미래세에서 나의 가르침을 배우는 성문의 제자들이다.

내가 멸도한 후의 미래세에 내 가르침을 배우는 사람이 이 법화경의 가르침을 〈들을 수 있는 기회를 얻지 못해, 보살이 행해야 할 행법을〉 알지 못하고 또 그것을 스스로 깨닫지도 못해, 오직 자기가 배운 가르침에 의해서만이 미혹을 여의고 안심의 경지에 도달할 수도 있을 것이다.

나는 〈미래세에는〉 다른 이름의 부처님이 되어 다른 나라들에 출현할 것이나, 지금 말한 사람들은 안심의 경지에 도달했을지라도 〈그에 만족하지 않고〉 최고의 완전한 깨달음을 구하는 마음을 일으켜 마침내 나의 국토에서 이 법화경을 들을 것이다.

최고의 완전한 깨달음은 〈모든 사람이 완전히 구제되기 위한 가르침인〉 불승에 의하지 않고는 얻어질 수 없다. 〈그것이 바로 부처님의 가르침이며〉 달리 부처님의 가르침이 있을 수 없다. 여러 부처님이 갖가지의 가르침을 설하심은 결코 다른 가르침이 아닌, 그 오직 하나의 가르침을 교묘한 수단으로 〈사람에 따라 경우에 따라 분별해〉 설하는 것에 불과함을 알아야 한다.

여러 비구들이여, 여래가 스스로 열반에 들 때가 가까워짐을 알고, 대중들도 〈또한 견혹과 사혹을 끊어〉 마음이 맑아 가르침에 대한 믿음과 이해가 견고하며, "공"의 진리를 뚜렷이 깨닫고 더욱이 선정에 대한 수행이 깊어졌음을 알면, 그 때에 여러 보살과 성문들을 모아 놓고 이 가르침을 설하는 것이다.

세간이란 〈사람과 사람과의 관계의 의해 성립되어 있는 곳이므로〉 개인의 깨달음인 성문·연각의 경지에 도달했다 해서는 그것으로 완전한 평안을 얻었다고 할 수 없으며, 오직 〈모든 사람을 깨우쳐 구제하는〉 부처님의 지혜를 얻어야만이 완전한 평안을 얻었다고 할 수 있다.

비구니들이여, 꼭 알아야 한다. 여래의 방편은, 중생들이 가지고 있는 성질을 깊이 꿰뚫어 보아 그들이 오관의 욕망에 사로잡혀 소승의 가르침을 원하고 있음을 알고 있기 때문에, 〈현상에 대한 집착에서 벗어남에 의해서〉 마음의 평안을 얻는 길을 설하시니, 이런 사람들이 들으면 곧 믿고 마음에 간직하게 되는 것이다.

비유하면, 5백 유순이나 되는 험난하고 사나운 길에 인적마다 끊어져 두렵고 무서운데, 진귀한 보물을 구하기 위해 지나가고 있는 많은 사람들이 있다고 하자. 이 일행들 가운데 한 사람의 도사가 있으니, 그는 지혜가 총명해 모든 일에 통달하고 험난한 길의 뚫리고 막힌 모양까지 잘 알고 있어 많은 사람들을 거느리고 인도해 이 길을 통과하려고 했다.

그런데 이끌려 가고 있는 사람들은 도중에서 피로함과 게으름이 생겨 도사에게 말하기를,

"우리들은 극도로 피곤할 뿐더러 겁이 나고 두려워서 더이상 앞으로 나갈 수도 없으며, 앞길은 아직도 멀기 때문에 이제부터라도 왔던 길을 되돌아가고 싶습니다." 했다.

이때 도사는, 여러 가지 많은 방편을 가지고 있으나 이렇게 생각을 했다. '매우 불쌍한 사람들이구나. 왜 많고 진귀한 보물을 버리고 되돌아가려고 하는가.' 마음 속으로 생각한 도사는 곧 방편의 힘으로써, 그 험난한 길 가운데 3백 유순을 지나 하나의 도성을 환상으로 만들고 여러 사람들에게 말하기를,

"여러분, 이제 두려워 말고 되돌아가지도 마라. 저 큰 성 안에 들어가서 당신들 마음대로 하라. 저 성에 들어가면 몸과 마음이 즐겁고 안온할 것이니 피곤함이 없어지며, 또한 앞에 보물이 있는 곳에 가려고 하면 능히 갈 수 있을 것이다." 했다.

극도로 피로해진 사람들은 마음으로 크게 기뻐하며 "이렇게 기쁜 일은 처음 있는 일이다." 하고 찬탄하며, "우리들은 조금만 참으면 이 험난한 여행을 마치고 안락하게 살 수가 있다."고 말했다. 그러자 이 많은 사람들은 앞에 있는 그 환상의 성에 들어가 이미 구제되었다는 확신 아래 안온하다고 생각했다.

그때 도사는 이 사람들이 피곤함을 풀고 휴식 취했음을 알고, 곧 그 환상의 성을 지워 없앤 뒤 그들에게 말하기를,

"그대들은 따라오라. 보물이 있는 곳은 가깝다. 앞에 있던 큰 성은 그대들을 휴식시키려고 내가 거짓 환상으로 만들었던 것에 불과하다."고 했다.

여러 비구들이여, 여래는 이같이 이제 그대들을 위해 큰 도사가 되어, 나고 죽고 하는 현상의 변화에 사로잡혀 일어나는 여러 가지의 번뇌는 〈험난하고 길고 먼 산 길처럼〉 험한 길이기는 하지만, 그것은 반드시 멸해 없앨 수 있는 것임을 잘 알고

있다.

그러나 만일 중생들에게 최초부터 〈부처님의 지혜라고 하는〉 최고의 경지를 가르치면, 도리어 부처님을 만나뵈려 아니 하며 친근하게 가르침을 들으려 하지 않게 되어, '부처님의 지혜를 성취한다는 것은 매우 멀고 멀어서 오래도록 부지런히 괴로운 수행을 하지 않으면 도달하지 못하는 것이다.' 하고 생각할 것이므로, 부처님께서는 중생이 이렇듯 약하고 졸렬한 마음을 가지고 있음을 아시고 교묘하게 인도하는 수단으로 수행 도중의 휴식을 위해 〈성문과 연각에 대한〉 두 가지 안심의 경지를 설하는 것이다.

만일 중생이 가르침대로 수행해 성문·연각이 갖는 안심의 경지에 도달하면, 여래는 이때 그들을 위해 설하기를,

"그대들은 아직 자기가 하고 있는 것이 어떤 것인지 진실로 알지 못하고 있다. 그대들이 현재 머물러 있는 경지는 이미 부처님의 지혜에 가까우니 잘 관찰하고 잘 생각해 보아라. 그대들이 얻고 있는 안심은 참 열반이 아니요, 다만 여래가 그대들을 인도하기 위한 수단으로 오직 하나의 깨달음에 이르는 길을 셋으로 나누어 설한 것이다. 그것은 마치, 저 도사가 휴식을 시키기 위해 환상의 성을 만들었다가 그들의 피로가 풀린 것을 알고 '보물은 가까운 곳에 있다. 앞에 있는 이 성은 진실한 것이 아니며 내가 임시로 환상을 만들었다.'고 말한 것과 같다."」

그때 세존께서 이 뜻을 다시 한 번 시로써 말씀하셨다.

『대통지승불께선 깨달음 얻기 위해 10 소겁 동안 도량에 앉아 있었으나

부처님의 깨달음이 마음에 나타나지 않아 성불치 못했거늘,

여러 천신·용왕들과 아수라의 무리들이

하늘 꽃비 항상 내려 그 부처님 공양하고 〈성도하기를 도왔으며〉

여러 천신, 북 치고 많은 연극 연출하며

향기로운 바람 불어 시든 꽃은 날리고 새 꽃 또 내렸도다.

10 소겁 지난 후에야 겨우 부처님 지혜 성취하니,

여러 천신과 세상 사람들 모두 다 춤추었다.

그 부처님의 열 여섯 왕자 모두 그 권속들의

천만억에게 둘러싸여 부처님 계신 곳 찾아가

머리 숙여 예배하고 가르침 설하실 것 간청했다.

"성스러운이여, 법비 내려 나와 모두에게 충만케 하소서."

세존님 만나뵙기 매우 어려우니 오랜 세월에 한 번 출현하셔,

중생을 깨우치기 위해 일체를 진동하시네.

동방의 여러 세계 5백만억의 국토마다

범천의 궁전에 비친 광명 예전에 미처 없었던 일.

여러 범천 이 상서 보고 부처님 계신 곳 찾아가

꽃 뿌려 공양하고 궁전 바치며

부처님의 가르침 청하며 시로써 찬탄하네.

그러나 때 아직 아니라고 청 받고도 말 없이 앉아 계셨도다.

서·남·북과 동남·동북·서남·서북과 상·하에도 역시 같은 일 있었으니

꽃 뿌리고 궁전 바쳐 가르침 설하시기 청했다.

"세존님 만나뵙기 매우 어렵나니 본래의 자비로써

감로의 법문 넓게 열어 위 없는 가르침 설하옵소서."

한량없는 지혜 가지신 세존께서 뭇사람들의 간청 받으시고
그들 위해 갖가지 가르침인 사제 · 십이 인연 설하셨네.
"무명에서 늙고 죽음에 이르기까지에는 이 결과 낳게 하는 원인
과 조건 있어야만 하니
이와 같은 모든 환난 그 원인 잘 알아야 한다."
이 가르침 널리 설하실 때 6백만억 수없이 많은 중생
삼계의 괴로움 끝까지 다 없애고 아라한의 경지 모두 되었네.
두 번째의 설법 때도 천만 갠지스 강 모래 같은 중생들
모든 그릇된 사상 받아들이지 않아 또한 아라한 얻었으며,
이후에도 깨달음 얻은 사람 그 수 너무 많아
만억 겁을 헤아려도 끝간 데를 알 수 없다.
그때 열 여섯 왕자는 출가해 사미 되어
다 같이 부처님께 "대승의 가르침 설하소서." 하고 청하기를,
"우리들과 따라 온 사람들 모두 기어코 성불하려 하오니
세존처럼 청정하기 으뜸가는 지혜의 눈 얻게 하옵소서.
부처님은 사미들의 마음과 전생에 행한 일들 다 아시고
한량없는 사연들과 가지가지 비유로써
육바라밀과 여러 가지 신통한 일들 설하시어,
가장 깊은 진리와 보살의 수행 분별해
이 법화경의 갠지스 강 모래 같은 시 설하셨다.
설법 마친 그 부처님 고요한 데서 선정에 들어
일심으로 한 자리에 앉아 8만 4천 겁 지나셨다.
이 모든 사미들도 부처님께서 아직 선정에서 안 나오심 알고
무량억의 중생 위에 위 없는 부처님 지혜 설하려고
저마다 법의 자리에 앉아 대승경 설했으며
부처님 열반 후에는 가르침 널리 설해 중생 교화 도왔다.

하나하나의 사미들에게 구제된 여러 중생
6백만억 갠지스 강 모래 같은 무리 있었는데,
그 부처님 열반 후에 이 가르침 듣는 사람
여기저기 부처님 국토마다 항상 스승과 함께 태어나리.
이 열 여섯의 사미는 불도 수행 완수해
지금 각기 시방에서 깨달음 모두 성취했고.
그 때에 설법 들은 사람 있어 각각 부처님 계신 곳에서
성문의 경지 얻었으나
그들에게 점차로 부처님의 깨달음 가르쳐 줬다.
나도 열 여섯 가운데 한 사람이라 일찍이 너희 위해 설했으니,
이런 일로 방편 써서 너희를 이끌어 부처님의 지혜로 행하게
한다.
이 본래의 인연으로 지금 법화경 설해
불도에 너희들 들게 하리니 놀라움과 두려움 품지 말라.
비유하면, 험하고 사나운 길에 인적 끊어지고 맹수 많아
물도 풀도 없어 사람들에게 무섭고 두려운 곳,
무수한 천만의 대중들이 이 험한 길 지나려고 하지만,
그 길은 매우 멀어 5백 유순 되었다.
그 때에 한 도사 있어, 지식 많고 지혜 있으며
현명하고 결단심 있어 위태로울 적엔 구제할 수 있는 그런 사람
이라.
모든 사람 피로해 도사에게 하는 말,
"우리들은 지금 지치고 괴로워 돌아가려 합니다."
그 말 들은 도사 생각하기를, '이 무리는 불쌍하다.
저 진귀한 보물 두고 어찌 돌아가려 하는가.'
이 때에 방편 생각했다. '신통력을 부려야지.'

환상으로 큰 성 짓고 많은 집을 장엄하고
빙 둘러서 동산 수풀 맑은 시내 연못하며
솟을 대문 높은 누각 남녀 모두 가득 찼다.
이런 신통 다한 뒤, 위로하며 하는 말이 "두려워하지 마라.
이 성 안에 들어가서 마음껏 즐겨라."
모든 사람 성에 들어가 마음 크게 환희하고
안온한 생각으로 구제되었다 생각거늘
도사는 휴식 마침 알고 대중 모아 하는 말이
"그대들이여, 전진하라. 이것은 환상의 성일뿐,
피로 극한 그대들에게 중도에서 돌아서려는 것 알고
방편의 큰 힘으로써 임시로 만들어 내었으니,
부지런히 정진해 보물 있는 곳 함께 가자."
나 또한 이와 같이 일체 중생의 도사 되어
부처님의 지혜 구하는 도중에서 게으름 피우고 그만 두는 많은
사람
생·사와 번뇌와의 험난한 길 헤쳐갈 수 없음 보고
하나의 수단으로 마음 평안 얻도록 해탈을 설하되
"괴로움 멸한 그대들은 수행 이미 다 마쳤다."고.
이 말 들은 그 중생들 참 열반 얻고 아라한 된 줄 알았지만,
그 때에 대중 모아 진실한 가르침 설하리라.
부처님들 방편력으로 각기 다른 세 가지 가르침 설하지만
오직 하나의 가르침뿐인데, 잠깐 쉬도록 이승을 설한다.
이제 그대들 위해 진실한 가르침 설하리라.
"그대들이 얻은 바는 참 열반이 아니다.
부처님의 일체 지혜 얻어서 가지려면 부지런히 정진해라.
너희들이 일체지와 십력 등을 갖추고서 부처님 법 깨달았음을

스스로 실증하고

32 상 갖춘다면 이것이 진실한 열반 얻었다고 함이로다.

도사이신 부처님들이 안심 얻게 해탈 설하나, 그 해탈 이루면

그 때서야 비로소 부처님 지혜로 인도하리."」

제8장

오 백 제 자 수 기 품

그때, 부루나 미다라니자는 방금 부처님께서 부처님의 지혜에 의한 교묘한 수단으로 사람 따라 설하신 가르침과 몇 사람의 큰 제자들에게 성불의 예언을 내리시는 것을 들었고, 아울러 부처님과 자기들과는 지난 세상에서부터 계속 스승과 제자였다고 하는 인연에 관한 가르침을 들었으며, 또 모든 부처님들께서는 자유자재한 신통력도 갖추고 계신다는 것을 듣고 나서, 아직까지 한 번도 경험치 못한 감사를 느껴 맑고 깨끗한 기쁨에 가득 차 춤출 듯이 기뻐하며, 자리에서 일어나 부처님 앞에 나아가서 머리 숙여 예배하고 한쪽으로 물러나 부처님의 거룩한 얼굴을 눈도 깜빡이지 않고 우러러보았다. 그리고 생각하기를,

'세존은 매우 거룩하시어 헤아릴 수 없을 만큼 훌륭하신 분이라 어떠한 일이라도 무난히 해결해 주시는, 세상에서 극히 드문 분이다. 세간 사람들의 각가지 종류와 성질에 따라 그들

에게 꼭 알맞도록 인도하시는 수단과 방법을 아시는 지혜로써 가르침을 설하시어, 중생들의 모든 탐욕과 집착을 뽑아내어 해방케 해 주시니, 우리들은 그 부처님의 넓고 크신 공덕을 말로 다할 수가 없구나. 그러니 오직 부처님 · 세존만이 우리들의 마음 속 깊이 본래 원하고 있는 바를 아시고 계시리라.'

이때 부처님께서는 여러 비구들에게 말씀하셨다.

「그대들은 이 부루나 미다라니자를 보라. 나는 항상 나의 가르침을 설하는 사람 가운데서 그가 으뜸이라고 칭찬했으며, 또 가지가지의 뛰어난 덕과 행을 찬양해 왔다. 그는 부지런히 정진해 나의 가르침이 세상에서 바르게 행해지도록 지켜 왔으며, 나를 도와 가르침을 널리 전하고 남녀 출가 · 재가 수행인들에게 점차로 보이고 가르치고 이롭게 하고 기쁘게 해 부처님의 가르침을 믿고 간직하는 마음이 깊어지도록 인도해 주었으며, 부처님의 바른 가르침을 알기 쉽게 해석해 동행하는 수행자들에게 큰 이익을 주어 왔다. 그리고 여래를 제외하고는 부루나만큼 말의 능력에 있어 위대함을 발휘할 수 있는 사람은 없다. 그대들은 부루나가 다만 이 세상에 있어서만 나의 가르침을 지키고 나를 도와 널리 전한다고 생각지 마라. 그도 또한 지난 세상에서 90억의 여러 부처님 아래서 부처님의 바른 가르침을 지키고 널리 전하는 데 있어, 가르침을 설하는 사람 가운데서 그가 역시 으뜸이었다.

그는 또한 부처님께서 설하신 공의 진리를 뚜렷이 깨닫고 통달해 네 가지의 자유자재한 이해와 표현의 능력을 얻어 항상 깊이 살펴 명료하고 알기 쉽게 청정한 마음으로 가르침을 설하니, 사람들은 조금도 의혹을 일으키지 않았다.

그는 보살로서 여러 가지의 신통력도 갖추고 있었지만, 수명을 다하도록 항상 맑고 깨끗한 행을 닦았으므로 그 부처님의 세상 사람들은 모두 다 그를 성문이라고 생각했다.

부루나는 그와 같은 태도를 취함으로써 한량없는 백천 중생을 이익 있게 하며 헤아릴 수 없는 아승기 사람들을 교화해 최고의 깨달음을 얻고자 하는 마음을 일으키게 했고, 온 세상을 맑고 아름답게 하기 위해 부처님의 사업을 도와 중생을 교화했다.

여러 비구들이여, 부루나는 〈과거의 비바시·시기·비사부·구루손·구나함모니·가섭·석가모니 등〉 일곱 부처님 아래서 설법하는 사람 가운데 가장 으뜸이었으며, 지금 내 아래서도 설법하는 사람 가운데 제일이고, 이 현겁 중 앞으로 올 여러 부처님들 아래의 설법하는 사람 가운데서도 또한 제일로서, 부처님의 가르침을 지켜 유지케 하고 부처님을 도와 가르침을 설하여 넓힐 것이다. 또 〈이 우주가 완성되어 주겁에 이르기까지의〉 미래에도 한량없고 끝간 데 없는 무수한 부처님들 아래서 부처님의 가르침을 지켜 유지케 하며 부처님을 도와 설해 넓혀 한량없는 중생을 교화하고 이익 있게 해 최고의 깨달음을 얻고자 하는 뜻을 세우게 할 것이다. 그리고 부처님의 국토를 깨끗하고 아름답게 하기 위해 항상 부지런히 정진하며 중생들을 교화할 것이다.

이렇게 점차로 보살의 길을 구족해 가서 그가 한량없는 아승

기 겁을 지나 그 땅에서 최고의 깨달음을 얻을 것이니, 그 이름
은 〈가르침이 밝게 빛난다는〉 법명 여래 · 응공 · 정변지 · 명행
족 · 선서 · 세간해 · 무상사 · 조어장부 · 천인사 · 불세존이라고
하리라.

　그 부처님께서는 갠지스 강의 모래알 같이 많은 삼천대천의
세계를 하나의 불국토로 만들 것이니, 그 땅은 일곱 가지 보석
으로 되고 손바닥처럼 평평해 산이나 계곡이나 구렁이 없으며
칠보로 된 누각이 가득하고, 많은 하늘의 궁전이 땅에서 아주
가까운 허공에 있어 인간과 하늘이 서로 볼 수 있으리라. 그리
고는 그 곳에는 〈분노 · 탐욕 · 우치 · 투쟁심과 같은〉 여러 악
도가 없고 여자도 없으며 일체 중생은 모두 자연적으로 태어날
것이므로 음욕이 없다. 또한 큰 신통들을 얻어 몸에서 밝은 광
명이 나고 공중을 자유자재로 날아다니며 〈부처님에의 길을 행
하고자 하는〉 뜻이 견고하고 〈바른 길에 일심으로〉 정진하여
뛰어난 지혜를 가지게 되며, 모든 사람들이 황금 빛의 32 상을
스스로 갖추고 있으리라.

　또 그 나라 중생은 항상 두 가지 것밖에 먹지 않으니, 하나는
〈부처님의 바른〉 가르침을 듣는 기쁨이라는 음식과 또 하나는
선정에 들어 〈바른 가르침을 온 정신에 사무치게 함으로써〉 느
끼는 기쁨이라는 음식이다.

　그리고 그 나라에는 한량없는 아승기 천만억 나유타의 보살
이 있어, 모두가 큰 신통과 네 가지의 자유자재한 이해와 표현
의 능력을 가지고 중생을 교화하리라. 또 성문들도 숫자로 헤

아릴 수 없이 많이 있어 모두가 여섯 가지의 신통력과 〈과거·현재·미래의 일을 뚜렷이 아는〉 세 가지 밝음과 해탈을 위한 여덟가지의 선정에 드는 능력을 갖추니, 그 법명부처님의 국토는 이와 같이 한량없는 공덕이 그 나라를 장엄하는 완전한 정토가 만들어질 것이다. 그 시대의 이름은 〈보배 구슬이 빛난다는〉 보명이고, 나라의 이름은 〈극히 청정하다는〉 선정이라 하며, 부처님의 수명은 한량없는 아승기 겁으로써, 그 가르침도 매우 오랫동안 전해지리라. 그 부처님이 멸도하신 뒤에는 〈그 분의 덕을 사모해〉 칠보로 만든 탑이 온 나라에 가득히 세워지리라.」

세존께서는 이 내용을 다시 강조하시려고 시로 말씀하셨다.

『여러 비구들이여, 똑똑히 들어라.
부처님 제자가 〈깨달음을 얻기 위해〉 수행하는 것은
교묘한 수단에 의해 훌륭하게 배워졌으므로,
보통사람의 머리로는 생각할 수 없다.
중생은 〈쉽고 편한〉 소승의 가르침 좋아하고
깊고 큰 지혜 두려워해,
보살은 이 때문에 성문·연각이 되어
무수한 수단과 방법으로써 많은 대중 교화할 때
"나는 아직 성문이라 위 없는 깨달음에는 먼 사람이라." 말하며,
한량없는 중생 제도하여 깨달음 성취케 한다.
소승의 가르침 원하고 대승 구함을 게을리 해도
점차로 인도해 부처님의 깨달음 이루게 한다.
안으로는 보살의 행을 하면서도 겉으로는 성문으로 행세하며
소송의 가르침 원하고 생사에 얽혔지만

실제로는 대승으로써 온 세상을 깨끗하고 맑게 한다.

어느 때는 〈탐·진·치의〉 삼독을 갖춘 〈범부의〉 몸 나타내 보이고,

어느 때는 그릇된 사상 가진 외도 모습 나타낼 때도 있다.

내 제자들은 이와 같이 방편으로써 중생 제도한다.

내가 만일〈보살로서 중생 제도하기 위해〉

여러 가지 모습 바꾸어 세상에 나온다 말한다면, 이 말 들은 모든 중생 틀림없이 당혹하고 의심을 품으리라.

지금 여기 있는 부루나는 옛날 천억의 부처님의 가르침 전하고 지켜,

위 없는 지혜 구하기 위해 여러 부처님 계신 곳에서

항상 제자들의 윗 자리에 있으며 가르침 많이 들어 지혜 있었으며,

가르침 설할 때엔 두려움 없어 능히 중생으로 하여금 환희케 했다.

아직 한 번도 피곤하거나 권태로움 없고 부처님의 중생 교화 잘 도우며,

이미 큰 신통 얻고 네 가지 자유자재한 이해와 표현의 능력 갖추었으니,

중생의 근기 영리함과 우둔함 알고서 항상 청정한 가르침 설해

진리의 바른 뜻 널리 펴 천억의 많은 중생 잘 이해토록 가르쳐

대승의 가르침에 머물게 하여 불국토를 아름답게 정화해 왔다.

미래에도 역시 한량없고 무수한 부처님 공양하고

부처님 도와 바른 가르침 지켜 널리 펴서 온 세계를 정토로 바꾸어 가리.

항상 여러 가지 방편 써서 가르침 설함에 두려움 없이

헤아릴 수 없는 많은 중생 구제해 모든 현상의 실상 아는 지혜 성취케 하리.

모든 여래님 공양하고 가르침의 보배 창고 지키고 유지하여

다음 세상에 성불하리니, 그 이름 일러 법명이라 하리.

그 나라 선정이라 이름하니 칠보를 모아 이루었고,

그 시대 이름 보명이라, 보살 대중 매우 많아

그 수가 한량없는 몇억 될 것이나 모두 큰 신통 얻고 덕으로써

감화시키는 힘 갖춘 그들, 나라 안에 충만하네.

성문 또한 무수한데 세 가지 밝은 능력과 해탈 위한 여덟 선정

이해와 표현에 자유자재한 능력 가진 이러한 사람들이 승단이루고

그 나라 중생들은 이미 음욕 다 버려

〈정신적인 인간으로〉 다시 태어난 사람이라 서른 두 가지 복상으로 몸을 장엄하며

법 듣는 기쁨과 선정에 드는 기쁨만을 먹되 다른 음식 바라지 않아,

남·녀의 구별 없고 또 모든 악덕 존재치 않는다.

부루나 비구는 공덕 원만하게 다 이루어

이 정토에서 부처님 되어 많은 성현들 거느리게 되리.

이같이 한량없는 부루나의 일을 내 지금 간략하게 설한다.」

마음이 자유로운 1천 2백의 아라한들은 이러한 생각을 가슴에 품었다. '우리들은 매우 즐겁고 기쁘다. 이러한 기쁨은 아직한 번도 경험하지 못했다. 만일 세존께서 다른 큰 제자들처럼우리들에게도 성불의 예언을 하신다면 얼마나 기쁘겠는가.'

그들 마음을 아신 부처님께서는 마하가섭에게 말씀하셨다.

「여기 있는 1천 2백의 아라한들에게 나는 지금 차례로 성불의 예언을 하리라.

우선 이 가운데 있는 나의 큰 제자인 교진여 비구는 앞으로 6만 2천억의 부처님을 공양한 뒤에 성불할 것이니, 그 이름은 〈널리 빛나는 분이라는〉 보명 여래 · 응공 · 정변지 · 명행족 · 선서 · 세간해 · 무상사 · 조어장부 · 천인사 · 불세존이라 하리라.

1천2백 인 중의 5백의 아라한인 우루빈나가섭 · 가야가섭 · 나제가섭 · 가루다이 · 우다이 · 아누루다 · 이바다 · 겁빈나 · 박구라 · 주타 · 사가타 등도 모두 반드시 부처님의 깨달음을 얻으리니, 그 이름은 한결같이 보명이라 하리라.」

세존께서는 이 뜻을 강조하시기 위해 시로써 말씀하셨다.

『교진여 비구니는 앞으로 한량없는 부처님 뵙고
아승기 겁 지나 최고의 완전한 깨달음 얻으리니,
몸에서는 항상 큰 광명 놓고 여러 가지 신통 두루 갖춰
그 이름 시방에 널리 알려져 일체 중생 공경하니,
항상 위 없는 깨달음 설하므로 그 이름 보명이다.
그 국토의 모든 보살 청정하고 용맹스러워〈거리낌 없이 법설하며〉
아름다운 누각에 올라 수행도 하고 시방의 여러 국토 유행도 하되
더 없는 공양물로 여러 부처님께 공양 바치고,
이런 공양 다 마치면 마음에 큰 기쁨 안고
순식간에 본국으로 돌아오는 그런 신통 갖추었다.

부처님 수명 6만 겁이오, 두 배의 기간 동안 바른 가르침 남게 되고

다시 그 두 배의 기간, 그와 형태가 비슷한 가르침 남을 것이며

가르침이 사라질 때에는 천신·인간 모두 함께 괴로워하리.

5백의 비구들도 차례로 부처님 될 것이니

보명이라는 한 가지 이름으로 차례차례 예언하며 말하기를,

"내가 멸도한 후에는 아무개가 성불하리라."

그 부처님 교화하는 세상도 지금 내가 말한 것 같이 말할 것이며

국토의 엄정함과 여러 가지 신통력에 관한 것이며

보살과 성문의 많은 사람들 이야기나 바른 가르침이나 그에 준하는 형태나

수명과 겁의 많고 적은 것 등 모두 내가 앞에 말한 것 같이 예언하리라.

가섭이여, 그대 알 듯이 여기 있는 5백 인은 〈이미 예언 받아〉 마음에 자유자재 얻었으며

그 밖의 성문들도 역시 이와 같으리라.

지금 이 자리에 없는 사람들에게는 그대 가섭에서부터 그 일 전해 주어라.』

5백의 아라한은 부처님 앞에서 성불의 예언을 받고 춤출 듯이 기뻐하며 자리에서 일어나 머리 숙여 부처님께 예배하고 자기들의 잘못을 뉘우치며 자책하여 말씀드렸다.

「세존이시여, 저희들은 지금까지 〈다만 번뇌를 제거한 것으로〉 최종적인 평안의 경지에 도달했다고 생각해 왔습니다. 그러나 이제 비로소 그것이 틀린 것이었음을 알았습니다. 왜냐하

면 저희들에게는 〈본래부터 불성이 있었으므로 수행에 따라〉 여래의 지혜를 얻을 수 있는 데도 〈다만 번뇌를 제거한다는〉 작은 지혜만으로 충분하다고 생각했기 때문입니다.

세존이시여, 비유하면 어떤 사람이 친구의 집을 찾아가 음식 대접을 받고 술에 취해 잠들어 버렸는데, 그때 그 집 친구는 급히 공무로 출장을 가게 되어, 잠들어 있는 벗을 깨운다는 것이 옳지 못하다고 생각해, 가난하게 지내고 있는 그 친구를 위해 값을 매길 수 없을 정도의 비싼 보배 구슬을 그의 저고리 안쪽에 매달아 두고 떠났습니다. 술에 취해 잠들어 있던 친구는 그것을 전혀 알지 못한 채 잠이 깨어 일어나자 친구가 없기 때문에 그 집에서 떠났습니다. 그리고 방랑의 길에 올라 다른 나라에 이르러 먹을 것·입을 것을 구하기 위해 많은 고생을 하면서, 적은 돈이 생겨도 그것으로 만족하며 살았습니다.

그 후 얼마가 지난 뒤에 그 친구와 만나게 되었는데, 그 친구는 이 사람의 가련한 모습을 보고,

"이 무능한 친구야, 훌륭한 사내가 어찌해 먹고 입는 것 때문에 그렇게 초라해져 버렸나. 나는 자네가 안락하게 지내도록 어떤 욕망이라도 만족시키는 데 흡족한, 값을 매길 수 없는 비싼 보배 구슬을 어느 해 어느 달 어느 날 자네가 찾아왔을 때, 자네 저고리 안쪽에 매달아 두었으니 지금도 그대로 있을 것이야. 자네는 그것도 모르고 의·식을 구하기 위해 고생하고 걱정하며 구차하게 살고 있으니, 참으로 어리석구먼. 자네는 이제 그 보물로 소용되는 것들을 사들인다면 항상 무엇이든지 뜻대로 되

어 가난하거나 부족함이 없을 것일세." 하고 말했습니다.

부처님께서도 역시 이와 같아 〈전생에서 부처님이〉 보살로 계실 때에 저희들을 교화하시어, 〈이 세상의 모든 현상에 대한〉 진실을 아는 지혜를 얻고자 하는 뜻을 세우게 해 주셨지만, 〈현세에 다시 태어나면서〉 우리들은 그것을 잊어버렸기 때문에 알지도 깨닫지도 못한 채 온갖 번뇌를 송두리째 없앤 몸이 되어 참다운 안심의 경지를 얻었다고 스스로 생각했습니다. 말하자면, 생활하기 위해 힘겨운 품팔이를 하며 적은 수입을 얻고서도 이에 만족하고 있었지만 일체의 〈현상을 완전히 아는〉 지혜를 구하겠다는 서원은 아직도 마음 속에 남아 있어 없어져 버리지는 않았던 것입니다.

지금 세존께서는 저희들을 깨닫게 하시려고,

"비구들이여, 그대들이 얻은 안심의 경지는 진실한 열반이 아니다. 내가 전생에서 오랫동안 그대들로 하여금 부처님이 되기 위한 선행의 뿌리를 심도록 했고, 현세에 와서는 그 뿌리에서 싹이 트게 하는 수단으로 안심의 경지를 가르쳤으나 그대들은 그것을 가장 진실한 평안의 경지라고 생각해버린 것이다."

하고 말씀하셨습니다.

세존이시여, 이제야 비로소 저희들이 보살이었음을 확실히 알았습니다. 그렇기 때문에 지금 여기서 성불의 예언을 받을 수 있었습니다. 이러한 사연으로 저희들은 아직 한 번도 없었던 매우 커다란 기쁨을 얻었습니다.」

아야교진여등은 이 뜻을 강조하기 위해 다시 시로 말씀드렸다.

『저희들은 이 위 없이 안온한 예언의 말씀 듣고

일찍이 없었던 기쁨에 가득 차, 한량없는 지혜 가지신 부처님께 예배하며,

세존님 앞에서 지금까지의 허물을 스스로 참회합니다.

한량없는 부처님의 보배 가운데 조그마한 안심의 경지 겨우 얻고

지혜 없어 어리석은 사람처럼 스스로 만족하게 생각했으니,

비유하면, 빈궁한 어떤 사람 있어 친구의 집 찾아 갔던 일이라.

그 친구는 매우 큰 부자로 여러 가지 음식 차려 환대해 주며

값 매길 수 없는 보배 구슬을 속옷 안에 매달아 주고

알리지 못한 채 여행 떠나니, 그 사람은 잠이 들어 알지 못했다.

얼마 후 깨어난 그는 방랑하며 타국에 이르러

입고 먹는 것 해결키 위해 품팔아가며 고생스런 생활을 해,

적은 수입 있으면 그것으로 만족하고 더 좋은 것 바라지 않고

속옷 안의 값진 보배 구슬 있는 줄도 몰랐다.

구슬 준 친구가 어느 날 이 가난한 사람 만나 보고

친절하게 책망한 뒤 매어준 구슬 보여 주거늘,

가난한 그 사람 구슬 보고 마음 크게 환희하며

풍부한 여러 가지 재물로써 온갖 욕망 뜻대로 채웠다네.

저희들 또한 이와 같아 세존께서 긴 세월 걸쳐

항상 불쌍히 여겨 교화하서 위 없는 지혜 얻고자 하는 서원의 씨를 심도록 하셨으나,

저희들은 무지하여 알지도 못하고 깨닫지도 못해

작은 열반의 한 조각 얻어 그것으로 만족하고 더 이상의 것 구하지 않으니,

지금 부처님께서는 저희들을 깨닫게 하시려고, "그것은 아직 진실한 열반 아니며,

부처님의 위 없는 지혜 얻어야만 참 열반에 도달했다고 한다."
하시니
저희들은 지금 부처님에게서 예언과 부처님이 될 나라를 장엄하
는 일과
〈무수한 사람들이〉 차례차례 성불의 예언 받음을 듣고, 몸과 마
음 두루 기쁨으로 가득 차 있습니다.」

수 학 무 학 인 기 품

아난과 라후라는 이런 생각을 하고 있었으니, '우리들도 만일 예언을 받을 수 있다면 얼마나 기쁠까, 하고 늘 생각해 왔는데.'

그래서 두 사람은 곧 자리에서 일어나 부처님 앞으로 나아가 머리 숙여 예배하고 여쭈었다.

「세존이시여, 저희들도 성불의 예언을 받을 자격을 나누어 가졌다고 생각합니다. 저희들은 오직 여래께 귀의하고 있으며 또 저희들은 일체 세간의 천신 · 인간 · 아수라들에게도 부처님의 제자로서 잘 알려져 있습니다. 아난은 항상 부처님 곁에서 시중들어 모든 가르침을 똑똑히 기억하고 있으며 라후라는 부처님의 친아들이므로, 만일 성불의 예언을 하신다면 저희들의 소망이 성취될 뿐만 아니라 대중들도 기뻐해 줄 것입니다.」

그때 아직 배우고 있는 성문들과 이미 배움을 다 마친 성문 제자 2천 인이 모두 자리에서 일어나 오른쪽 어깨를 벗어 드러내고 부처님 앞에 나아가 합장하고 일심으로 세존님을 우러러보며 아란과 라후라와 같은 소원을 가슴 속에 품은 채 한쪽으로 물러나 서 있으니, 부처님께서 아난에게 말씀하셨다.

「그대는 오는 세상에 반드시 성불할 것이니, 그 이름은 〈큰 바다와 같은 지혜에 통달한 분이라는〉 산해혜자재통왕여래·응공·정변지·명행족·선서·세간해·무상사·조어장부·천인사·불세존이라 하며, 앞으로 6십 2억의 많은 부처님을 공양하고 그 가르침을 굳게 지키고 간직한 뒤에 최고의 깨달음을 얻어 20천만억 갠지스 강의 모래알 같이 많은 구도자들을 교화하여 그들도 최고의 깨달음을 얻게 하리라. 그 나라의 이름은 〈내려질 줄 모르는 승리의 깃발이라는〉 상립승번이라 하며, 국토는 청정해 그 땅은 청보석으로 되었고, 그 시대의 이름은 〈유쾌한 목소리를 울려 퍼지게 한다는〉 묘음변만이라 하리라.

그 부처님의 수명은 한량없는 천만억 아승기 겁으로 만일 사람이 천만억 한량없는 아승기 겁 동안에 걸쳐 그 숫자를 계산해 봐도 알 수 없으며, 그 가르침이 바르게 전해지는 기간이 그 부처님 수명의 두 배이고, 다음에 그 가르침이 비슷한 형태로 전해지는 기간이 다시 그 정법의 두 배가 될 것이다.

아난이여, 이 산해혜자재통왕불은 시방세계의 한량없는 천만억 갠지스 강의 모래알 같이 많은 부처님·여래에 의해 그 공덕을 찬탄받을 것이다.」

세존께서는 이 뜻을 강조하는 시로써 다시 말씀하셨다.

『내 이제 여기 모인 스님들에게 말한다. 가르침을 지키고 간직
하는 아난은
앞으로 많은 부처님 공양한 뒤 완전한 깨달음 이루리니,
그 이름 일러 산해혜자재통왕 부처님이며,
그 부처님 국토 청정해 이름은 상립승번,
많은 보살 교화하니 그 수가 항하의 모래 같네.
부처님에게 큰 위덕 있어 그 이름 시방에 가득 들리고,
수명 한량없으심은 중생 불쌍히 여기는 까닭이다.
바른 가르침 전해지는 기간은 수명의 두 배이고
형태만 비슷한 바른 가르침은 다시 두 배가 되며
갠지스 강 모래 같은 무수한 중생들
그 부처님의 가르침에 의해 부처님 될 종자 심으리라.』

그때 이 법회 가운데 새롭게 부처님의 지혜 구하려는 뜻을
세운 구도자 8천 인은 '우리들은 큰 보살들도 부처님이 된다는
예언을 받았다는 말을 아직 듣지 못하였는데, 무슨 사연이 있
어 많은 성문들이 이런 예언을 받은 것일까?' 하고 다같이 생각
했다.

세존께서는 〈새로 뜻을 세운〉이 여러 보살들의 마음 속에서
생각하고 있는 바를 아시고, 그들에게 말씀하셨다.

「소질이 훌륭한 남자들이여, 나와 아란과는 〈옛날 가르침의
천공에 오른 왕이라는〉 공왕불 아래서 동시에 최고의 완전한
깨달음을 얻으려는 뜻을 일으켰다. 아란은 항상 많은 가르침을
듣고싶어 했고, 나는 들은 가르침을 부지런히 수행하고 깨달음

을 얻고자 해 정진한 까닭에, 나는 이미 최고의 완전한 깨달음을 얻었으며 아란은 〈지혜가 많으므로 훌륭히 가르침을 기억하고 외울 순 있지만 마음을 몰아 잡을 수 없었기에 지혜와 선정이 고르지 못해 번뇌를 모두 없애는 지혜를 일으키지 못했다.〉 그러나 나의 가르침을 지키고 간직하며 또한 장래 여러 부처님들의 가르침도 잘 지켜 그 가르침에 의해 많은 보살들을 교화하고 부처님의 깨달음을 성취케 되리니, 그것이 아란의 본래 서원이기도 했으므로 오늘 이렇게 예언을 받게 되었다.」

아란은 자기가 부처님에게서 직접 성불의 예언을 받았고 부처님으로서 태어날 국토가 아름다우리라는 말씀도 듣게 되자, 원하던 바가 달성되었으므로 마음은 크게 환희하여 일찍이 없었던 감사한 생각을 가지게 되었다. 그와 동시에 과거 한량없는 천만억의 많은 부처님들의 가르침을 기억하고 생각함에 통달하고 자유자재함이 마치 지금 들은 것과 같았고, 또 과거세에서 세운 일체 중생을 구제하겠다는 서원도 역력히 생각났다.

아난은 시로 감사의 말씀을 드렸다.

『세존님은 〈매우 거룩하신〉 보기 드문 분이시라. 지금 저에게 지난 세상
한량없는 부처님의 가르침을 오늘 듣는 것 같이 생각케 하시니
내 이제 다시 의심 없어 부처님의 깨달음 얻을 수 있는 확신 가져
방편으로써 시중드는 이 되어 여러 부처님의 가르침 지켜 나아가리.」

그때 부처님께서는 라후라에게도 말씀하셨다.

「그대는 미래 세에서 부처님이 되리니, 이름은 〈일곱 가지 보석으로 된 빨간 연꽃을 밟고 넘는 이라는〉 도칠보화여래 · 응공 · 정변지 · 명행족 · 선서 · 세간해 · 무상사 · 조어장보 · 천인사 · 불세존이라 하며, 시방세계를 이루고 있는 가는 티끌〈슥미립자 수〉 같은 많은 부처님을 앞으로 공양하고, 현재와 같이 세세에 부처님의 큰 아들로 태어나리라.

도칠보화불의 국토는 아름답게 꾸며지고, 이 부처님의 수명과 교화될 제자들과 가르침이 바르게 남을 기간과 정법과 비슷한 형태로 남을 기간 등은 모두 산해혜자재통왕여래와 똑같으며, 또한 부처님의 맏아들로 태어나 열심히 수행한 후에 기필코 부처님의 깨달음을 얻게 되리라.」

세존께서는 이 뜻을 다시 시로써 말씀하셨다.

『내가 태자일 때 라후라는 맏아들로 태어났고,
내 이제 깨달음 얻어 성불하니 가르침 받아 가르침의 아들 되었구나.
오는 세상 가운데 그가 뵈올 부처님들은 한량없는 억만 분이라.
그 모든 분들의 맏아들 되어 일심으로 깨달음 구하리.
라후라가 격 낮추어 은밀하게 덕 쌓은 것 오직 나만이 알고 있다.
현재 나의 맏아들이면서도 그러한 밀행을 중생들에게 보여주니
한량없는 공덕 헤아릴 수 없고,
부처님의 가르침을 굳게 믿고 위 없는 깨달음 구하고 있다.』

세존께서는 아직 배우는 사람과 다 배운 사람들 2천 인이 마음 부드럽고 순진하며 조용하게 가라앉아 청정해 일심으로 부처님을 우러러 보고 있는 모습을 보고 아란에게 말씀하셨다.

「그대는 이 배우고 있는 사람과 배움을 마친 사람들 2천 인을 보느냐?」

「네, 보고 있습니다.」하고 아란은 대답했다.

그러자 부처님께서 말씀하셨다.

「아란이여, 이 사람들도 앞으로 50의 세계를 잘게 부수어서 가는 티끌로 만든 만큼의 많은 부처님·여래를 공경하고 존숭하며 그 가르침을 지켜 간직하고 최후의 몸이 되면 동시에 시방의 나라에서 각기 성불하리니, 그 이름은 모두 똑같은 〈보배 구슬이 빛난다는〉 보상여래·응공·정변지·명행족·선서·세간해·무상사·조어장부·천인사·불세존이라 하리라. 그 부처님들의 수명은 1겁이며, 국토의 아름다움도 성문과 보살들도 그리고 정법과 상법이 머무는 기간도 모두 똑같으리라.」

세존께서는 이 뜻을 강조하기 위해 시로 말씀하셨다.

『지금 내 앞에 머물고 있는 2천의 성문에게
한 사람 빠짐 없이 미래세에 성불한다고 기별 준다.
공양할 부처님들은 위에서 말한 티끌 수와 같으며,
그 가르침 지키고 간직한 뒤엔 기필코 완전한 깨달음 이룩하리라.
각각 시방의 국토에서 다 같은 하나의 이름으로
같은 시각에 각자의 도량에 앉아 위 없는 지혜 깨닫고
모두가 보상이라는 부처님 되니, 그 국토도 제자들도

정법과 상법이 남는 기간도 모두 다 똑같으리라.
이 부처님들 모두 다 여러 가지 신통으로 시방의 중생들 구제하니
그 이름 널리 가득하고, 이와 같이 머물다가 점차 세상 떠나가
리.」

그때 아직 배우고 있는 사람과 배움을 마친 사람 2천 인이
부처님에게서 친히 예언을 받고 마음이 환희해 춤출 듯이 기뻐
하며 시로 말씀드렸다.

『세존께선 지혜의 등불이시니, 저희들 예언 주시는 말씀 듣고
죽지 않는 감로수를 받아 마신 것 같아 마음 속에 기쁨 충만합
니다.」

새 우리말 법화경

제10장

법 사 품

세존께서는 위대한 뜻을 가진 구도자 약왕보살을 비롯해 8만의 구도자들에게 말씀하셨다.

「약왕이여, 그대는 이 대중 가운데 한량없는 여러 천신과 용왕·야차·건달바·아수라·가루라·긴나라·마후라가와, 사람과 사람이 아닌 것들과 비구·비구니·우바새·우바이의 성문을 구하는 사람들이나 연각의 경지를 구하는 사람이나 부처님의 깨달음을 구하는 구도자들이 모두 부처님에게서 직접 이 묘법연화경을 듣는 것을 보는가. 이들이 내가 설하는 묘법연화의 가르침 가운데 한 시구나 한 구절을 듣고서 한 순간이라도 〈실상의 진리에 대해〉 '참으로 감사하다' 는 마음을 일으키는 사람이 있다면, 나는 그에게 "기필코 성불하리라." 하는 예언을 줄 것이다.」

다시 약왕보살에게 말씀하시기를,

「이것은 현재 뿐만 아니라 여래인 내가 멸도한 후라도 만일 어떤 사람이 이 묘법연화경의 한 시구나 한 구절을 듣고서 한 순간이라도 감사하다는 마음을 일으킨다면, 나는 또한 이 사람에게 성불의 예언을 주겠다. 또 만일 어떤 사람이 이 묘법연화경의 한 시구나 한 구절이라도 마음 속에 깊이 믿고 기억해 다른 사람에게 입으로 되풀이해서 읽어주고 외워 들려 줄 뿐만 아니라 알기 쉽도록 해설해 주며, 또 손으로 글을 쓰거나 베껴서 널리 세상에 전하거나 이 경전을 부처님같이 생각해 여러 가지의 꽃과 향·영락·가루향·바르는 향·사르는 향·비단 양산·깃발·의복·기악 등으로 공양하고 합장해 공경하는 마음을 나타낸다면, 약왕이여 반드시 알아라. 이런 사람은 일찍이 10만억의 부처님을 공양하고 그 부처님들 아래서 많은 중생을 구제하겠다는 큰 서원을 성취한 사람들이면서도 그것으로 만족하지 않고 괴로워하는 중생을 불쌍히 생각하는 마음에서 다시 이 인간 세계에 태어난 것이다.

약왕이여, 만일 '어떤 중생이 미래세에서 부처님이 될 수 있느냐.'고 묻는 사람이 있거든, 지금 말한 바와 같은 사람들이 오는 세상에서 기필코 성불한다고 가르쳐 주어라. 무엇 때문인가 하면, 만일 소질이 훌륭한 남·녀 신앙인이 법화경의 한 구절만이라도 깊이 믿어 마음에 기억하고 읽어주고 외워서 들려주며 해설하여 세상에 널리 알리기 위해 쓰거나 베끼거나 하고 이 경전에 가지가지 좋은 물건을 바쳐 공양하되 꽃·향·영락·말향·도향·소향·증개·당번·의복·기악 들로써 공경·합장한다면, 이는 일체 세간이 우러러보는 훌륭한 사람이기 때문에 응당 여래에 대한 공양과 똑같은 공양을 받아야 하기 때문이다.

또 이런 사람은, 큰 보살로서 이미 부처님의 깨달음을 성취했건만 중생을 불쌍히 여기는 마음에서 이 가르침을 설해줘야겠다는 전생의 서원력에 의해 자진해서 사람들 사이에 태어나 널리 묘법연화경을 분별하여 설할 뿐만 아니라 이 가르침을 철저히 믿고 마음 속 깊이 간직하며 가지가지로 공양하기 때문에, 내세에서 기필코 부처님이 될 사람임을 알아야 한다.

약왕이여, 꼭 알아두어야 한다. 이 사람은 스스로 쌓아 온 청정한 행위에 대한 과보를 버리고 내가 멸도한 후에도 중생을 불쌍히 여겨 악세에 태어나서 이 가르침을 널리 펼 것이다.

만일 이 선량한 남녀 신앙인들이 내가 멸도한 후에 단 한 사람을 위해서라도 은밀히 법화경의 한 구절을 설해 준다면, 참으로 여래의 심부름꾼인 줄 알아야 한다. 이 사람은 여래가 보낸 사람으로 여래가 행할 것을 대신 행하는 사람일진대, 하물며 대중 가운데서 널리 이 가르침을 설하는 사람이야 말해 무엇하겠는가.

약왕이여, 만일 나쁜 사람이 있어 악한 마음으로 부처님 앞에서 1겁 동안 계속 부처님을 헐뜯고 욕하더라도 그 죄는 오히려 가볍지만, 혹 어떤 사람이 단 한 마디의 나쁜 말로 법화경을 읽어 주고 외우며 들려주는 재가나 출가의 수행인에 대해 헐뜯고 비방하면 그 죄는 대단히 무겁다.

약왕이여, 반드시 알아라. 이 법화경을 믿고 기억하거나 읽어주고 외우며 들려주는 사람은 부처님과 같은 아름다움으로 자기 몸을 아름답게 하고 있음과 같으며, 그와 같은 사람은 항상 여래를 어깨에 떠메고 다니므로, 그가 어디에 있더라도 그대들은 그를 향해 예배해야 할 것이니 일심으로 합장하고 공경하며 감사의 정성을 바치고 존숭하고 찬양해야 하며 꽃·향·영락·말향·도향·증개·당번·의복·음식과 여러 가지 기악으로 인간으로서는 최대의 정성을 바쳐 공양하지 않으면 안 된다. 하늘의 보배를 이 사람의 주위에 뿌리고 그 보배를 하늘 높이까지 쌓아서 바쳐야만 한다.

왜냐하면, 이런 사람이 마음으로부터 기꺼이 가르침을 설할 때에 잠깐만 이를 듣더라도 곧바로 위 없이 완전한 깨달음에 도달하기 때문이다.」

세존께서는 이를 다시 시로 말씀하셨다.

『부처님의 경계 머물고 싶어 자연히 솟아나는 위 없는 지혜 원한다면
항상 부지런히 법화경 믿고 간직한 이 정성들여 섬겨야 한다.
일체의 현상 꿰뚫어 보는 위 없는 지혜 얻고자 하면
참으로 이 가르침 믿어 기억해야 하고 기억하는 이 공양해야 한다.
만일 법화경 믿고 지키는 사람 있다면
부처님의 심부름꾼으로 많은 중생 가엾이 여긴다고 알아야 한다.
법화경의 가르침을 훌륭히 믿고 기억하는 사람
중생 불쌍히 여겨 청정한 땅 버리고 이 사바세계에 태어났다.

그와 같은 사람 자재로와 제 맘대로 태어나므로
위 없는 가르침 널리 설하려고 악한 세상에 태어났음 알라.
이와 같은 설법자에겐 하늘 꽃과 하늘 향과
하늘의 보배 의복이며 천상의 아름다운 보배로써 공양해야 한다.
내가 멸도한 후 악한 세상에 이 가르침 간직한 사람에게
합장하고 공경함을 세존 공양하듯 해야 한다.
맛있고 훌륭한 음식과 여러 가지 의복 바쳐
이 부처님의 아들 공양하고, 잠시라도 듣기 원해야만 한다.
만일 후세에서 이 가르침 믿고 간직하는 이 있다면
내가 〈사람들에게〉 보내 여래의 일 행하도록 함이다.
만일 1겁 동안 항상 착하지 못한 마음 품고
얼굴 빛 변해가며 부처님 비방하면 한량없는 무거운 죄 짓는 것
되지만,
이 법화경 독송하고 간직하는 사람에게
잠깐 사나운 말 했어도 그 죄는 더욱 크다.
어떤 사람 부처님의 경지 구하는 마음으로 1겁 동안
내 앞에서 합장하고 무수한 시로써 찬탄하면
부처님 찬탄한 까닭에 한량없는 공덕 얻겠지만,
이 가르침 간직한 이를 찬미하면 그 복은 더욱 크다.
80억 겁 동안 가장 아름다운 형식과 아름다운 음성으로
향기 높은 향과 맛있는 음식이며 부드러운 옷바쳐
이 가르침 간직하는 사람에게 공양해야 한다.
이런 공양 다 마치고 이 법화경 듣더라도
"나는 큰 이익 얻었다."고 기뻐해야 한다.
약왕이여, 그대에게 말하겠다. 내가 이미 많은 가르침 설했지만
그러나 이 가운데 법화경 가장 으뜸이다.』

부처님께서는 다시 위대한 구도자인 약왕보살에게 말씀하셨다.

「내가 설하는 가르침은 한량없는 천만억으로, 이미 설했거나 현재 설하고 있거나 앞으로 설할 가르침 가운데 이 법화경이 가장 이해하기 어렵고 믿기 어려운 가르침이다.

약왕이여, 이 가르침은 모든 부처님들이 마음 속에 숨긴 채 따로 설한 적이 없었던, 모든 가르침의 가장 중요한 부분이 되는 깊고 오묘한 뜻이기 때문에 아무렇게나 나누어서 남에게 말해서는 안 된다. 또 이는 모든 부처님이 지극히 소중하게 지켜 온 가르침으로써 옛날부터 지금까지 완전히 밝혀 설한 적이 없었던 것으로, 여래가 살아 있는 현재에 있어서도 무지한 사람들의 원한이나 질투를 초래해 배척을 받고 있는 바, 하물며 내가 멸한 후에는 더 말해 무엇하겠는가.

약왕이여, 여래가 멸도한 뒤에도 이 법화경을 믿어 기억하고 쓰거나 읽어주고 외워서 들려 주며 공양하고, 다른 사람을 위해 설하는 사람은 여래께서 곧 옷으로 덮어 준다고 알아야 한다. 또 타방 세계에 계신 여러 부처님으로부터 보호를 받을 것이다. 이런 사람은 위대한 신앙의 힘과 부처님의 깨달음을 기어코 성취하고야 말겠다는 의지력과 여러 가지 훌륭한 행위의 근본이 되는 마음을 기르는 힘을 가지고 있으니, 이들은 여래와 같은 집에 살며 여래께서 손으로 그의 머리를 어루만지고 계신다는 것을 알아야 한다.

약왕이여, 어떠한 곳일지라도 그곳에서 법화경의 가르침이

설해지고 혹은 읽고 외우고 쓰며 혹은 경전이 머물러 있는 곳이
거든, 모두 칠보의 탑을 세우되 그 탑은 극히 높고 넓게 해 아
름답게 꾸며야 한다. 그런데 그 탑에는 부처님의 사리를 봉안
할 필요가 없으니, 왜냐하면 그 탑 속에는 이미 여래의 전신이
있기 때문이다.

그러므로 이 탑에는 일체의 꽃·향·영락·증개·당번·기
악·노래 등으로 공양하고 공경하며 존숭하고 찬탄해야 한다.
만일 어떤 사람이 이 탑을 보고 예배하고 공양하면, 이들은 모
두 부처님의 깨달음에 한 걸음 가까워진 것이라고 알아야 한다.

약왕이여, 많은 재가의 사람들이거나 출가한 사람이거나 보
살의 길을 행하는 사람들에 있어 만일 이 법화경의 가르침을 보
고 듣고 읽고 외우며 쓰고 간직하며 공양하지 않으면, 그 사람
은 아직 보살의 길을 충분히 행할 수 없는 사람임을 알아야 한
다. 그러나 이 가르침을 얻어 듣는 사람은 바로 훌륭하게 보살
의 길을 행할 수 있는 사람이다.

만일 중생 가운데 부처님의 깨달음을 구하는 이가 있어 이
법화경을 보고 듣고 잘 이해하여 믿고 간직한다면, 그 사람은
최고의 완전한 깨달음에 가까이 갈 수 있다고 말한다.

약왕이여, 비유하면 어떤 사람이 목이 말라 물을 구하려고
높은 들판에 우물을 판다고 하자, 자꾸 파도 마른 흙이 아직 나
오는 것을 보면 물이 먼 곳에 있는 줄은 알지만, 부지런히 쉬지
않고 땅을 파서 점점 젖은 흙이 나오고 드디어 진흙이 나오는
것을 보면 그 마음은 분명히 물이 가까운 줄을 아는 것과 같다.

보살과 법화경과의 관계도 이와 같아서, 이 법화경의 가르침을 아직 듣지 못했거나 이해하지 못하거나 닦고 익히지 못한 사람은 부처님의 깨달음에 아직 거리가 먼 것이요, 만일 이 법화경을 듣고 이해하며 사색하고 되풀이해 닦고 익히는 사람은 부처님의 깨달음에 가까운 줄을 아는 것이다. 왜냐하면 일체의 보살들이 소원하는 부처님의 깨달음은 모두 이 경 속에 설해져 있기 때문이다.

이 경전은 가지가지 방편에 의해서 가르침의 문을 열어 그 진실한 모습을 나타내 보이니, 법화경에 담겨 있는 가르침의 그 뜻이 깊고 굳으며 아득히 멀어서 능히 거기에 도달할 사람이 없으므로, 이제 부처님은 보살을 교화해 부처님의 깨달음을 성취케 하려고 방편의 문을 열어 알기 쉽게 설해 진실을 보이도록 한다.

약왕이여, 만일 보살의 몸이면서 이 법화경의 가르침을 듣고, 놀라고 의심하며 무서워하고 두려워하면, 그 사람은 새롭게 뜻을 세운 보살이라고 해야 한다. 만일 성문을 구하는 사람이 이 법화경을 듣고 놀라고 의심하며 무서워하고 두려워한다면, 이런 사람을 증상만이라고 이름함을 알아야 한다.

약왕이여, 만일 소질이 훌륭한 남녀 신앙인이, 여래인 내가 멸도한 후에 많은 사부 대중을 위해 이 법화경을 설하려 할 때는 과연 어떻게 하면 좋은가. 이 선남자·선여인은 여래의 방에 들어가 여래의 옷을 입고 여래의 자리에 앉아 사부 대중을 위해 이 경을 널리 설해야 하니, 여래의 방이란 일체 중생에 대한 큰 자비심이고, 여래의 옷이란 부드럽고 서로 조화하는 인욕심이며, 여래의 자리란 일체의 물질적 현상은 〈실상이 나타내는 그림자에 지나지 않으므로 모든 인간은 우주의 대생명력에 의해 평등하게 살리어지고 있다는〉 공의 진리를 말함이다.

즉, 〈이 대자대비심과 유화인욕의 마음과 근본적인 진리를〉 가슴 속에 굳게 기억하고, 언제나 게으른 마음 없이 여러 보살과 사부 대중을 위해 이 법화경을 널리 설해야만 한다.

약왕이여, 나는 멸도한 후에도 다른 나라에서 인간의 모습을 한 변화인을 보내어, 그를 위해 가르침 들을 사람들을 모이게 하며 변화한 비구·비구니·우바새·우바이 들을 보내어 그 설법을 듣도록 하겠다. 이 여러 변화인들은 이를 듣고 훌륭히 믿어 기억하며 그 가르침을 거역하지 않고 순종해 따를 것이다.

만일 설법하는 이가 아무도 없는 고요하고 한적한 곳에 있으면 그때 내가 널리 천신·용신·귀령·건달바·아수라 등을 보내어 그 설법을 듣게 할 것이며, 비록 내가 다른 나라에 가서 있을지라도 설법하는 이로 하여금 나의 몸을 볼 수 있도록 하고, 만일 설법을 하다가 이 경의 구절을 잊어버리는 경우가 있더라도 내가 다시 그 사람을 위해 설해주어, 그로 하여금 모든 것을 갖추도록 하겠다.」

세존께서는 이 내용을 다시 시로 말씀하셨다.

『게으른 마음 버리려거든 응당 이 가르침 들어라.
이 가르침 듣기 어렵고, 받아 믿기 또한 어렵다.

목마른 사람 물 얻기 위해 고원에 우물 파되

마른 흙 보게 되면 물 아직 먼 줄 알지만

점차 진흙 보게 되면 결정코 물 가까운 것 앎과 같이

약왕이여, 그대 바로 알라. 모든 사람들

법화경 듣지 못하면 부처님 지혜 아주 멀다.

이 깊은 가르침이 성문의 가르침도 뚜렷이 밝히니

여러 경전 중에 왕이로다. 듣고 나서 사유하면

이 사람들, 부처님 지혜에 가깝다고 알아라.

누구든지 이 경전 설하려면 응당 부처님 방에 들어가

부처님 옷 입고 여래의 자리에 앉아

대중 모인 데 두려움 없이 널리 분별해 설해라.

큰 자비를 방으로 삼고 유화인욕으로 옷을 삼아

제법이 공성임을 자리로 하여, 그러한 마음으로 설법하라.

만일 이 경전 설할 때에 어떤 사람 나쁜 말로 헐뜯고 욕하며,

칼·막대기·기와·돌멩이 던져도, 부처님 생각하고 참아야 한다.

나는 천만억의 국토에서 깨끗하고 견고한 몸 나타내어

한량없는 억 겁에 걸쳐 중생 위해 법 설하리.

내가 만일 멸도한 후에도 이 가르침 설하는 사람 있으면

나는 변화된 사부 대중인 비구와 비구니와

청신사·청신녀 보내어 법사 공양하게 하고

모든 중생 인도해 이들 모아 설법 듣게 하리.

어떤 사람 미워해 칼·막대기·기왓장·돌멩이로 때리려 하면

곧바로 변화된 사람 보내 그들 지키게 하리.

설법하는 어떤 이 홀로 고요한 곳에서

사람 소리 없어 적막한데 이 경전 독송하면

나는 그때 그를 위해 청정한 광명의 몸 나타내리.

만일 한 구절 잊게 되면 그를 위해 다시 설해 막히지 않게 통해
주리.

어떤 사람, 덕 갖추어 사부대중 위해 법 설하고

인적 없는 곳에서 경 읽고 외우면 모두 내 몸 보게 되리.

어떤 사람, 고요한 곳에 있으면 내가 천신·용왕·야차·귀신
등 보내어, 그를 위해 법 듣는 대중 되게 하리.

이런 사람 자진해서 법 설하되 걸림 없이 쉽게 함은

여러 부처님 호념하기 때문이라 대중들로 하여금 기쁘게 한다.

만일 법사 친근하면 보살도 빨리 얻고,

이 스승 따라 배우면 갠지스 강 모래 같은 무수한 부처님 뵙게
되리라.」

제11장

견 보 탑 품

그때, 부처님 앞에 일곱 가지 보배로 된 탑이 하나 있었는데 높이가 500 유순이며 세로와 가로가 모두 250 유순으로, 땅에서 솟아 나와 공중에 머물러 있었다. 그 탑은 여러 가지의 보배로 장식되었으며 5천의 난간에 천만 개의 방이 있고 무수한 깃발로 엄숙하게 꾸며졌으며, 보배로 된 영락을 드리우고 만억의 보배 방울이 그 위에 달려 있었다. 사면에는 모두 다마라 나뭇잎의 향과 전단의 향을 피워 그 향기가 온 세계에 가득하고, 여러 가지 깃발과 일산은 금·은·청보석·자거·마노·진주·매괴 등 일곱 가지의 귀금속과 보석을 모아 만들었으며 높이가 사천왕궁에 이르렀다.

33의 천신은 만다라꽃을 비처럼 내려 그 보배탑에 공양하고, 그 밖의 여러 천신·용왕·야차·건달바·아수라·가루라·긴나라·마후라가·사람인 듯 아닌 듯한 천만억의 중생들도 꽃·향·영락·번개·기악을 바쳐 그 보배탑에 공양하고 공손하게 받들며 존숭하고 찬탄했다.

이때 보배 탑 안에서 큰 음성이 울려 퍼지면서 찬탄하는 말이,

「오! 훌륭하시다, 석가모니 세존이시여, 〈모든 중생이〉 평등하게 불성을 가지고 있다는 진리에 의해 〈모든 사람들에게〉 보살의 길을 가르치는, 모든 부처님들께서 지키고 보호하는 이 묘법연화의 가르침을 대중을 위해 설하시니, 이와 같은 석가모니 세존께서 설하시는 것은 모두 진실입니다.」

이 자리에 있던 〈남녀출가·재가 수행자인〉 사부 대중은 공중에 떠 있는 이 큰 보배탑을 보고, 또 그 탑 안에서 울려 나오는 말소리를 들으니, 모두 감사의 기쁨을 얻고 전에 없던 일이라 이상하게 생각하며 자리에서 일어나 공손하게 합장하고 한쪽에 물러나 서 있었다.

〈위대한 웅변가인〉 대요설이라는 이름의 위대한 뜻을 가진 구도자는, 일체 세간의 천신·인간·아수라 등이, 이 알 수 없는 신비한 일에 대해 마음에 품고 있는 의심스러운 생각을 알고 부처님께 여쭈었다.

「세존이시여, 무슨 사연이 있어 이 보배탑이 땅에서 솟아났으며 또 그 안에서 그와 같은 음성이 나오게 됐습니까?」

부처님께서 대요설보살에게 대답하셨다.

「이 보배탑 안에는 여래의 전신이 계신다.

아득한 과거에 동방으로 한량없는 천만억 아승기 세계를 지나 〈보석에 의해 청정한 국토인〉 보정이라는 이름의 나라가 있

었으며, 그 나라에 〈많은 보배를 가진〉 다보라는 부처님이 계셨는데, 그 부처님께서 아직 보살로서 수행하고 계실 때에 큰 서원을 세우기를,

'만일 내가 부처님이 되고 나서 멸도한 후에 시방세계의 어떠한 곳이라도 법화경이 설해지면, 나의 탑은 법화경을 듣기 위해 그 앞에 솟아나 그 가르침이 진실함을 증명하고 훌륭하다고 찬양하리라.' 하셨다.

다보부처님께선 완전한 깨달음을 이루고 나서 멸도할 때에 이르러 천신·인간의 대중 가운데서 여러 비구들에게 말씀하기를,

"내가 멸도한 후 〈진리의 완전한 모습인〉 나의 전신을 공양하려면, 하나의 큰 탑을 세워라."고 하셨는데, 그 부처님께서는 신통한 원력을 가지고 시방세계의 어떤 곳이라도 그곳에서 법화경이 설해지면 그 앞에 보배탑을 솟아나게 하고 전신이 그 탑 안에 계시면서 "아! 훌륭하다." 하고 찬양하리라 했다.

대요설이며, 이런 인연으로 지금 다보여래의 탑이 법화경의 설법을 듣기 위해 땅에서 솟아올랐으며 그 안에서 "오! 훌륭하시다." 하고 칭찬하는 것이다.?

대요설보살은 여래께서 가지신 신통력으로써 부처님께 여쭈었다.

「세존이시여, 저희들은 이 다보부처님의 전신을 뵙기 원합니다.」

그러자 부처님께서는 위대한 뜻을 가진 대요설보살에게 말씀하셨다.

「이 다보부처님께서는 깊고 중대한 서원이 있으니, '만일 나의 보배탑이 법화경을 듣기 위해 모든 부처님 앞에 출현할 때 그 부처님이 나의 전신을 사부대중에게 보이려고 한다면, 그 부처님의 분신으로서 시방세계에서 설법하고 있는 모든 부처님들을 빠짐없이 한 곳에 불러모은 뒤에야만 나의 전신을 출현시키리라.' 했다.

대요설이여, 시방세계에서 설법하고 있는 나의 분신인 모든 부처님들을 지금 이곳에 모이게 하겠다.」

대요설은 부처님께 여쭈었다.

「세존이시여, 저희들은 세존의 분신불들을 뵙고, 예배드리며 공양하고자 합니다.」

그러자 부처님께서는 두 눈썹 사이의 백호에서 한 줄기의 빛을 놓으시니, 곧 동방 5백만억 나유타 갠지스 강의 모래알 같은 수많은 국토에 계시는 여러 부처님을 볼 수 있었다. 그 국토들은 땅이 모두 수정으로 되었으며 보배 나무와 보배 옷으로 장엄되고, 무수한 천만억의 보살이 가득히 있었으며, 보배 장막이 널리 둘러쳐 있고 그 위에는 보배 그물이 덮여져 있었다. 각각 그 국토의 부처님들께서는 아름답고 거룩한 목소리로 여러 가지의 가르침을 설하고 계셨으며, 또 한량없는 천만억의 보살이 국토마다 가득해 중생을 위해 가르침을 설하고 계셨다. 그리고 남·서·북방과 사간방과 상하 어느 곳이나 백호상의 빛이 비치는 곳은 모두 이와 똑같았다.

그때 시방에 계시는 여러 부처님들은 보살들에게,

「바탕이 훌륭한 남자들이여, 나는 이제 사바세계의 석가모니불이 계신 곳에 가서 석가모니불과 다보여래의 보배탑에 공양하겠다.」고 말씀하셨다.

이에 사바세계는 곧 청정하게 변하니, 땅은 청보석으로 되고 보배나무로 상엄되며 팔방으로 뻗은 길은 모두 황금줄로 경계를 했고 모든 작은 마을이나 거리나 성읍이나 큰 바다·강·내·산·수풀이 없어지며, 큰 보배와 같은 향이 피워지고 만다라꽃이 그 땅 위에 두루 덮이며 보배 그물과 보배 장막이 그 위에 쳐져 여러 가지 보배 방울이 달리어졌다. 다만 이 설법의 자리에 모인 사람들만을 남기고 그밖의 여러 천신·인간들은 다른 국토로 옮겨져 버렸다.

여러 부처님들께서는 각각 한 사람의 큰 보살을 시자로 거느리고 사바세계에 와 보배나무 아래 앉으시니, 그 보배나무들의 높이는 500 유순이나 되며 나무 가지와 잎·꽃·열매가 모두 차례차례 아름답게 번성해 갔다. 그 보배나무 아래에는 모두 〈설법의 자리인〉 사자좌가 있어 높이가 5 유순에 이르렀고, 또 큰 보배로 꾸며져 있었다.

모든 부처님께서는 각각 자기 자리에 이르러 가부좌를 틀고 차례차례로 앉으시니, 삼천대천 세계가 가득 찼다. 그러나 석가모니불의 분신불은 아직 한쪽 방위에서도 오시지 않았다.

석가모니불께서는 자기의 분신을 맞아들이기 위해 팔방의 2백만억 나유타 국토를 다시 청정한 국토로 변하게 했으니, 그 국토에는 분노·탐욕·우치·투쟁 등 악한 갈래에 떨어질 사람은 모두 없어지고, 또 〈진리를 듣고자 하지 않는〉 천신과 인간은 다른 땅으로 옮겨졌다. 이처럼 부처님에 의해 청정하게 변화된 나라들은 그 땅이 청보석으로 되었고 보배나무로 장엄되었는데, 그 보배나무의 높이가 500 유순으로 가지 · 잎 · 꽃 · 열매가 차례로 아름답게 번성해 갔다. 나무 아래에는 높이가 5유순이 되는 보배로 된 설법의 자리가 마련되어 갖가지의 보배로 장식되었으며, 또 큰 바다 · 강 · 하천과 그리고 목진린타산과 대목진린타산과 철위산과 대철위산과 수미산 등의 여러 큰 산들이 없이, 온통 하나로 연결된 아름다운 불국토였다. 이 보배의 땅은 평탄하고, 보배를 서로 얽어 꾸민 장막이 널리 그 위를 덮었으며 많은 번개를 달았고 큰 보배로운 향을 피우며, 여러 가지 하늘의 보배꽃이 그 땅을 두루 덮었다.

석가모니불께서는, 그대로 아직 자기 분신의 여러 부처님들이 앉으실 자리가 모자라기 때문에 다시 팔방으로 각각 2백만억 나유타 국토를 모두 청정한 땅으로 변하게 했으니, 그곳에는 분노 · 탐욕 · 우치 · 투쟁과 같은 악한 갈래가 없고 또 여러 천신과 인간을 다른 나라에 옮겨 두었다. 그리고 이 변화된 국토의 땅은 청보석으로 되고 보배 나무로 장엄되었으며, 이 보배 나무의 높이는 500 유순으로 가지?잎?꽃?열매의 순으로 차례차례 아름답게 번성해 갔다. 나무 아래에는 높이가 5 유순에 이르는 설법의 자리가 설치되었고, 여러 가지의 보배로 장식되었다. 또 큰 바다 · 강 · 하천과 목진린타산 · 대목진린타산 · 철위산 · 대철위산 · 수미산 등의 큰 산들이 없어 온통 하나로 이어진 아름다운 불국토가 되었다. 땅은 평탄하고 보배구슬을 서로 얽어 장식한 장막이 두루 그 위에 펼쳐 있고 또 많은 깃발과 일산이 세워졌으며 큰 보배스러운 향이 피워져 여러 하늘의 보배꽃이 그 땅에 두루 깔렸다.

그 때에 동방의 백천만억 나유타 갠지스강의 모래같이 많은 국토에서 각각 가르침을 설하고 계시던 석가모니불의 분신인 많은 부처님들이 이곳에 모여 왔다. 이렇게 차츰 시방의 여러 부처님들이 다 모여 와서 팔방에 앉으시자, 하나하나의 방위에 있는 4백만억 나유타 국토에는 많은 부처님·여래가 가득 찼다.

그런데 이 부처님들은 각기 보배나무 아래의 사자좌에 앉아 계시면서 각자가 데리고 온 시자를 보내 석가모니불을 방문케 하며 각기 보배꽃을 두 손에 가득 가져 가도록 하고 이들에게 이르기를,

「소질이 훌륭한 남자여, 그대는 영축산에 계시는 석가모니불께 가서 내 말대로 전해라. "세존께서는 병도 없으시고 걱정도 없으시어 기력이 안락하시며, 아울러 보살들과 성문 대중도 모두 안온하십니까?" 하고, 이 보배꽃을 부처님께 뿌려 공양한 뒤에 "저 아무 부처님은 이 보배탑을 열어 주십사 하고 희망합니다." 해라.」

또한 다른 많은 부처님들께서도 각기 시자를 보내 이와 같이 했다.

석가모니불께서는 자기의 분신인 많은 부처님이 모두 다 모여와 각각 사자좌에 앉아 있는 것을 보시고, 또 그 여러 부처님

이 다 같이 "보배탑을 열어 주십시오." 하고 원하는 것을 들으시자 곧 자리에서 일어나 허공 중에 올라 보배탑 앞에 머무시니, 일체의 〈비구·비구니·우바새 우바이의〉 사부 대중이 일어서서 합장하고 일심으로 부처님을 우러러 봤다.

석가모니불께서 오른 손가락으로 칠보탑의 문을 여시니, 마치 빗장을 뽑고 쇠사슬을 벗겨 큰 성문을 밀어 젖히듯 육중한 소리가 났다.

이 순간 여기 모인 일체 대중들의 눈에는 다보여래께서 보배탑 안의 사자좌에 마치 선정에 들어계시는 것 같이 전신이 조각조각 흩어지지 않으신 완전한 모습으로 앉아 계시는 것이 보였다. 그리고 또 그 다보여래께서,

「오! 훌륭하여라. 석가모니불께서는 시원하게 이 법화경을 설해 주었습니다. 저는 이 가르침을 듣기 위해 이곳에 왔습니다.」 하고 말씀하시는 것도 들렸다.

이 자리에 모인 사부 대중들은 한량없는 천만억 겁의 오랜 과거에 멸도하신 다보부처님께서 이와 같이 말씀하시는 것을 듣고 전에 없는 일이라고 감탄해, 하늘의 보배꽃을 다보불과 석가모니불 위에 흩어 공양했다.

그러자 다보불께서는 보배탑 가운데 계시다가 자리를 반으로 나누어 석가모니불께 드리면서,

「석가모니불께서는 이 자리에 앉으소서.」 하고 말씀하셨다.

그 말을 들은 석가모니불께서는 탑 안에 드시어 그 반으로 나뉜 자리에 가부좌를 틀고 앉으셨다.

대중들은 두 분의 여래께서 칠보탑 가운데 있는 사자좌에 가부좌를 틀고 앉아 계시는 것을 보고 마음 속으로 이런 생각을 했다. '부처님들께서는 높고 먼 곳에 앉아 계시는데, 바라옵나니 여래시여, 신통력으로 저희들도 함께 허공에 오르게 해 주소서.' 하니, 석가모니불께서는 이 대중들의 마음을 아시고 즉시 신통력으로 대중들을 모두 허공으로 끌어올리고 큰 음성으로 사부대중에게 말씀하셨다.

「그대들 가운데 누가 이 사바세계에서 널리 묘법연화경을 설하겠는가, 지금이 바로 이 가르침을 설할 때이다. 여래는 오래지 않아 열반에 들 것이니, 이 묘법연화경을 누군가에게 단단히 맡겨 언제까지라도 남기고자 한다.」

세존께서는 다시 이 뜻을 강조하기 위해 시로 말씀하셨다.

『진리의 주인이신 다보불께선 멸도하신 지 오래인데
보배탑 안에 계시면서 가르침 들으려고 오시거늘,
어찌해 여러 사람들은 가르침 들으려 않는 건가.
이 부처님 멸도하신 지 아승기 겁 되었건만
곳곳에 가서 법 들으시려는 것은
법화경 만나기 어렵기 때문.
이 부처님 전생의 서원 '내가 멸도한 후라도
법화경 듣기 위해 어디든지 찾아가리' 하고.
또 내 분신으로 갠지스 강의 모래 같은
한량없는 많은 부처 법화경 들으러 여기 오고,
아울러 멸도하신 다보여래도 뵈옵고자 해

각기 아름다운 국토와 제자들과
천신 · 인간 · 용신들의 모든 공양 다 버리고
이곳에 온 것은 영원토록 이 가르침 머물게 하기 위함이다.
모든 부처 앉게 하려고 신통한 힘 부려서
무량 중생 옮기고 국토 청정케 하니
보배나무 아래마다 계시는 많은 부처님,
시원한 연못 위에 무수한 연꽃 피어 있음 같다.
그 보배나무 아래마다 사자의 자리 있었으니
부처님 그 위에 앉아 밝은 빛 놓으심은
한밤중에 큰 횃불 잇달아 켜는 것 같다.
몸에서는 묘한 향기 뿜어 시방세계에 두루 하니,
중생들은 향기 맡고 기쁨으로 어쩔 줄 몰라.
이를테면, 큰 바람 불어 작은 나무 가지 흔듦처럼
이런 방편 가지고서 가르침 영원히 머물게 한다.
여러 대중께 말하리라. 내 멸도한 후에
누가 이 가르침 간직해 읽고 외우고 할 것인가.
지금 부처님 앞에 나와 스스로 서원해라.
다보여래 비록 오래 전에 멸도했지만
큰 서원 세웠기에 사자후를 하시거늘,
다보여래와 그리고 더불어 나의 몸과
여기 모인 화신불만이 이 뜻 참으로 안다.
많은 여러 불자들아, 누가 이 가르침 지킬 건가.
참으로 큰 서원 세우고 오래 머물도록 하여라.
이것이 바로 나와 그리고 다보불을 공양함이다.
다보여래께서 보배탑 안에 계시면서
시방세계 다니는 것은 이 법화경 듣기 위함이요.

또 여기 오신 여러 화신불께서 시방세계 장엄하되
빛으로써 꾸미는 것도 이런 공양하기 위함이다.
만일 이 가르침 설한다면 이것이 바로 나와
다보여래와 여러 화신불을 다 함께 보는 것 된다.
소질이 훌륭한 사람들아, 이것은 매우 어려운 일,
깊이깊이 생각해 큰 서원 세우도록 하라.
세상에는 많은 가르침 있어 갠지스 강 모래 같아
그 수많은 가르침 다 설해도 이보다는 어렵지 않다.
수미산을 손에 쥐고 타방의 무수한 불토에
던져 옮겨 놓더라도 이것 역시 어렵지 않다.
만일 발가락 하나로 삼천 대천세계 움직여
먼 타국에 던질지라도 아직 어렵다 할 수 없다.
하늘 꼭대기 올라가 한량없는 여러 경전을
중생 위해 설함은 어려울 것 없지만,
부처님 멸도 후의 악한 세상 가운데서
이 법화경 설하는 것, 이것이 가장 어렵도다.
가령, 어떤 사람이 모든 허공 휘어잡고
자유자재로 거닐어도 어려운 일 그 아니고,
내가 멸도한 후에 있어 스스로 써서 간직하거나
다른 사람 시켜 쓰게 하면 이것이 바로 어려우며.
만일 이 큰 땅덩이를 발톱 위에 올려 놓고
범천까지 오른다 해도 어려운 일 아니지만,
부처님 멸도 후의 악한 세상 가운데서
이 법화경 잠시 읽는 일, 이것이 어렵다.
가령, 큰 불 나서 대천세계 무너질 때에 마른 풀 등에 메고
그 가운데 들어가도 타지 않는 것 어렵지만,

내가 멸도한 후 이 법화경 간직하고
단 한 사람 위해서라도 가르침 설하는 것, 이것이 어렵다.
8만 4천 나의 가르침, 12부경 간직하고
많은 사람들 위하여 널리 펴 설해
이를 들은 여러 사람 여섯 가지 신통 얻게 하는 것
이와 같이 하는 것도 어렵다 할 것이나,
내가 멸도한 후에 이 가르침 듣고 믿어
그 뜻을 묻는 것이 더욱더 어렵다.
한량없고 무수한 항하사 중생에게 가르침 설해
여섯 가지 신통 구족하고 아라한 얻게 한,
비록 그 공덕 있다 해도 이런 일 어렵지 않고,
내가 멸도한 후 이 법화경의 가르침
우러러 받들고 굳게 간직하는 일이 보다 더 어려운 일이다.
내 한량없는 국토에서 부처님의 깨달음 위해
성불한 이후 지금까지 널리 여러 가르침 설했지만
참으로 그 가운데서도 이 법화경이 으뜸이다.
만일 법화경 굳게 간직하면 곧 부처님 몸 간직함이니
훌륭한 사람들아, 내가 세상 떠난 뒤에
누가 이 법화경 믿고 간직하며 읽고 외울 건가.
지금 부처님 앞에 나와 스스로 서원 말하라.
법화경 간직하기 어려우니 잠시 간직하는 이 있다면
나와 모든 부처님 다 함께 환희하리니.
이와 같은 사람 모든 부처님께 칭찬받으리라.
이것이 바로 용맹이며 이것이 바로 정진이요,
이름하여, 지계이며 두타를 행하는 이라 한다.
이런 사람 위 없는 깨달음 더욱 빨리 얻을 것이며,

앞으로 오는 세상 이 법화경 믿고 간직하면
이 사람은 참된 불자 좋은 경지에 머무르며,
부처님 멸도 후에 훌륭하게 그 뜻 이해하면
이런 사람 천신과 인간의 세간에서 진리의 눈 뜨게 하리니
두려운 말세에서 잠깐만이라도 이 법화경 설하면,
일체의 천신과 인간이 모두 다 공양하리라.」

제12장

제 바 달 다 품

부처님께서는 계속해서 많은 보살과 그리고 천신과 인간과 〈남녀 출가·재가 수행자인〉 사부 대중들에게 말씀하셨다.

「내가 과거 한량없는 겁 동안 〈완전한 진리의 가르침인〉 법화경을 싫증내지 않고 계속 구해 왔으며, 또 많은 겁 동안 국왕으로 있으면서도 이에 만족하지 않고 위 없는 깨달음을 구하겠다고 발원하여 마음은 조금도 물러나지 않았다.

깨달음에 이르는 여섯 가지의 수행을 완성하려고 우선 그 첫째인 보시를 부지런히 행할 때 인색한 마음 하나 없이 〈국왕이 타고 다니는〉 코끼리와 말과 값진 일곱 가지 보배와 살고 있던 국성과 사랑하는 처자와 소중한 남녀의 종들과 나의 머리·눈·얼굴·몸·손발 뿐만 아니라 목숨까지도 아끼지 않았다.

그 당시 세상 사람들의 수명은 한량없었는데, 나는 진리를 얻기 위해 국왕의 자리를 버리고 태자에게 정사를 맡긴 뒤에 북

을 치며 온 나라에 포고하기를,

"누가 나를 위해 〈세상의 모든 사람들을 구제하는〉 대승의 가르침을 설해 주겠는가? 〈만일 그런 사람이 있으면〉 나는 그의 몸종이 되어 평생토록 받들어 모시겠다."고 했다.

바로 그때 한 선인이 왕인 나에게 찾아와서,

"저는 〈세상의 모든 사람들을 구제하는〉 대승의 가르침을 알고 있는데, 그 이름을 묘법연화경이라 합니다. 만일 대왕께서 그 약속을 어기지 않으신다면 그 가르침을 설해 드리겠습니다." 하고 말했다.

선인의 말을 들은 왕은 춤출 듯이 크게 기뻐하며 〈약속한 대로〉 곧 그를 따라 몸종이 되었다. 나물 캐고 과일 따고 물 긷고 땔나무도 해 오며 밥 짓고 때로는 몸으로 그의 의자가 되기도 했으나, 〈가르침을 배우는 기쁨 때문에〉 몸과 마음이 권태롭지 않았다. 이렇게 받들어 모시기 천 년 동안 계속했으면서도, 가르침을 구하는 마음이 간절했기 때문에 오히려 부지런히 시중 들어 모자람이 없게 했었다.」

세존께서는 이를 다시 시로 말씀하셨다.

『지난 과거 생각하니, 큰 가르침 얻고자 해
비록 세상의 국왕 되었건만 다섯 가지 애욕 탐내지 않고
종을 치며 사방에 고하기를, "큰 가르침 아는 이 그 누군가.
나를 위해 해설해 주면 이 몸 그의 몸종 되리."
그 때에 아사라는 선인이 대왕께 와 하는 말
"세상에 다시 없는 거룩한 가르침을 아는 이 나뿐이라.

훌륭히 수행하겠다면 그대 위해 설해 주리."
이 말 들은 임금님은 마음 크게 기뻐해
곧바로 몸종 되어 선인 받들고 섬겼으니
땔감 장만하고 나무 열매·풀 열매 따, 때 맞추어 공경하며
뛰어난 가르침 듣는 기쁨에 몸과 마음 가벼워라.
부지런히 큰 가르침 구함은 많은 중생 위함이요,
오관의 기쁨이나 자기 몸 위함이 아니네.
큰 나라의 왕이면서 부지런히 큰 가르침 구해
마침내 성불하니, 이러한 지난 사연 지금 그대들 위해 설한다.」

부처님께서는 여러 비구들에게 말씀하셨다.
「그 때의 왕이란 바로 지금의 나 석가모니요, 그 때의 선인이
란 지금의 〈부처님의 사촌으로 처음에는 교단에 들어와 수행하
다가 후에 반역한 조달이라고도 하는〉 제바달다이다.

〈부처님의 연을 맺게 해 준〉 제바달다로 말미암아 내가 〈보
살로서 갖추어야 할〉 여섯 가지의 덕을 완성하고 한량없는 중
생을 사랑해, 그들의 괴로움을 없애 주고 기쁨을 함께하며 일
체의 은혜와 원수를 미련 없이 다 버리는 마음을 갖추었으며,
서른 두 가지의 길한 모습과 여든 가지의 복된 모양을 얻었고,
〈몸은〉 보랏빛을 띤 황금색으로 빛나며 〈세상의 모든 사물을
바르게 꿰뚫어 보는〉 열 가지 지혜의 힘과 〈두려워하지 않고
가르침을 설하는〉 네 가지의 용기와 중생을 따뜻하게 거두어서
교화하는 〈(1)보시 (2)애어 (3)이행 (4)동사의〉 네 가지 덕행
과 〈부처님만이 가지고 계시는〉 열 여덟 가지의 특질과 자유자

재한 신통력과 시방세계의 모든 인간을 구제하는 힘을 모두 갖추고, 완전한 깨달음을 이루어서 널리 중생을 제도할 수 있는 것도 모두 제바달다라고 하는 〈부처님의 연을 맺어 준〉 좋은 벗이 있었기 때문이다.

여러 〈비구·비구니·우바새·우바이의〉 사부 대중에게 말하겠는데 제바달다는 이 세상을 떠난 후 한량없는 세월을 지나서 기필코 부처님의 깨달음을 성취할 것이니, 그 이름은 〈하늘의 왕이라는〉 천왕여래·응공·정변지·명행족·선서·세간해·무상사·조어장부·천인사·불세존이라 하며, 그 세계의 이름은 〈하늘의 계단이라는〉 천도라 하리라.

천왕불께서는 20 중겁 동안 세상에 계시면서 널리 중생을 위해 뛰어난 가르침을 설할 것이며, 그 가르침에 의해 갠지스 강의 모래 같이 수많은 중생들이 모든 미혹을 여읜 경지에 도달할 수 있고 한량없는 중생이 혼자 스스로 사색과 수행을 통해 깨달음을 얻겠다는 결심을 일으키며 갠지스 강의 모래 같이 많은 중생이 최고의 깨달음을 구하려는 뜻을 세워 사물이 본래 공이므로 생하고 멸하는 것이 없다는 진리를 얻어 다시는 미혹한 몸으로 되돌아가지 않는 경지에 머물게 될 것이다.

그리고 이 천왕불께서 세상을 떠나신 후에도 그 가르침은 20 중겁 동안 바르게 남을 것이며, 전신의 유골을 모시기 위해 칠보탑을 세우니 높이가 60 유순이며 세로와 가로가 40 유순이 되리라. 여러 천신과 사람들은 모두 다 갖가지의 꽃과 가루향·피우는 향·바르는 향·의복·목걸이·깃발·보배로 된

해가리개를 바치고, 재주 부리고 음악을 연주하며 노래부르고 시 읊으면서 아름답고 거룩한 칠보탑을 예배하고 공양하니, 한량없는 중생이 〈모든 번뇌를 여읜〉 아라한의 경지를 얻고, 무수한 중생이 〈혼자 스스로 수행해 해탈의 깨달음인〉 벽지불의 경지에 도달할 것이며 생각지 못할 만큼의 많은 중생이 최고의 깨달음을 구하려는 뜻을 세워 끝까지 수행을 관철해 뒤로 되돌아가지 않는 마음의 경계에 도달하게 될 것이다.」

부처님께서 〈남자 출가 수행자인〉 비구들에게 말씀하셨다.

「앞으로 오는 세상에 만일 훌륭한 신앙심을 가진 남자와 여인이 있어 묘법연화경의 이 제바달다품을 듣고 티없이 맑고 깨끗한 마음으로 믿고 공경해 의심치 않고 당혹하지 않는 사람은 지옥·아귀·축생의 악한 갈래에 떨어지지 않고 시방의 부처님 앞에 태어날 것이며 그 태어나는 곳에서 항상 이 가르침을 들을 것이다. 만일 사람이나 천신으로 태어나면 매우 높고 거룩한 정신적인 즐거움이 가득 찬 생활을 할 것이며, 부처님 앞에 태어날 경우에는 〈부모의 몸을 의탁지 않고도 완전한 신체를 갖추어〉 자연히 연꽃에서 보살로 태어나리라.」

그런데 이때, 앞서 땅 밑에서 솟아나온 보배탑 속의 다보여래를 따라온 〈진여의 이치와 이것을 이해하는 지혜가 산처럼 높이 쌓인〉 지적이라 이름하는 보살이 다보여래께 여쭈었다.

「지금부터 본토에 돌아갈까 합니다.」

그러자 석가모니불께서 지적보살에게 말씀하시기를,

「훌륭한 남자여, 잠깐만 기다려다오. 여기에 문수사리라고 이름하는 한 보살이 있으니, 서로 만나보고 〈불성평등이라는〉 최고의 진리에 관해 여러 가지 이야기를 나누고 나서 본토에 돌아가도록 하라.」

그때 문수사리가 큰 수레바퀴 같은 일천 잎의 연꽃 위에 앉고 함께 오는 보살들도 역시 보배처럼 아름다운 연꽃 위에 앉아 큰 바다의 한 가운데 있는 사가라 용궁에서 저절로 솟아올라 허공 속에 머물더니 영축산에 다다르자, 연꽃에서 내려와 부처님 앞에 이르러 머리 숙여 석가모니불과 다보여래의 두 분 세존께 경례하고 난 후, 지적보살이 있는 곳에 가서 서로 인사를 나누고 한쪽으로 물러가 앉았다.

그러자 지적보살이 문수사리에게 물었다.

「어진이여, 용궁에 가서 교화하신 그 중생의 수가 얼마 만큼 됩니까?」

문수사리가 말하기를,

「그 수가 한량없어 헤아릴 수 없으며 입으로도 말할 수 없거니와 마음 속으로 계산해 볼 수도 없지만 잠깐 기다려 주시면 이제 그 증거가 자연히 나타날 것입니다.」

문수사리의 이 말이 아직 끝나기도 전에 무수한 보살이 보배 연꽃 위에 앉아 바다 속에서 솟아나와 영축산에 이르러 허공 속에 머물렀다. 이 보살들은 모두 문수사리에 의해 교화된 사람들로서 보살로서의 행을 갖추고 다 함께 육바라밀에 대한 여러 가지의 이야기를 서로 나누었으며, 또 본래 성문이던 사람들은 성문에 대한 이야기를 서로 했으나, 지금은 모두 대승의 육바라밀을 수행하며 모든 것이 공이라 하는 진리를 터득한 사람들이었다.

문수사리가 지적보살에게,

「내가 바다에서 교화한 결과가 이와 같습니다.」하고 말했다.

지적보살이 이를 시로 찬양하기를

『큰 지혜와 덕 갖추고 참된 용기 굳은 의지로 무량 중생 교화함을
지금 여기 모인 사람들과 나는 모두 보았으니,
모든 현상의 참 모습을 자세히 설명해 많은 중생 인도하고
속히 깨달음 이루게 할 진실 열어 밝힌 그 가르침은 무엇인가.』

그러자 문수사리가 대답했다.

「나는 바다 한가운데서 오직 '묘법연화경'만을 설했습니다.」

지적보살이 또 문수사리에게 물었다.

「이 묘법연화경은 매우 깊고도 뛰어나게 거룩하여 모든 경전 중의 보배로 세상에서 만나기 어려운 가르침인데, 과연 어떤 중생이 부지런히 이 가르침대로 수행해 속히 부처님의 깨달음을 얻을 수 있습니까?」

문수사리가 대답했다.

「네, 있습니다. 사가라용왕의 딸은 나이는 겨우 여덟 살이나 지혜가 있고 영리해 중생이 〈몸과 입과 뜻에 의해〉 짓는 여러 행위를 잘 알아 빈 틈이 없고 〈가르침을 잘 기억해 선은 굳게 간직하고 악은 눌러 일어나지 못하게 하는 능력인〉 다라니를

얻었으니, 모든 부처님께서 설하신 가르침의 깊은 뜻을 완전히 이해하고 굳게 믿어 간직해 이 세상에 존재하는 모든 현상을 꿰뚫어볼 수 있는 명상도 한 순간에 깊이 들어갈 수 있습니다. 〈그 용왕의 딸은〉 최고의 깨달음을 구하는 마음을 세워 물러서지 않는 경지를 얻었으며 〈법을 설함에 있어〉 자유자재한 웅변력을 얻고, 중생을 사랑하는 마음은 마치 자기가 낳은 갓난애를 대하듯이 변함없는 애정을 쏟음과 같습니다.

이렇듯 공덕을 구족하니, 마음 속으로 생각하고 입으로 말하는 것은 모두가 더없이 높고 거룩하며 넓고 크며 자비스럽고 공손하며 그 마음씨는 온화하고 우아해 위 없는 깨달음에 도달할 수 있습니다.」

지적보살이 다시 말했다.

「그러나 내가 석가여래를 뵈옵건대, 한량없는 세월 동안 어렵고 괴로운 수행을 하시면서 많은 공덕을 쌓았으며 항상 보살의 길을 구해 수행하시되 잠시도 쉬는 일이 없었으니, 넓은 삼천 대천세계를 둘러보아도 전생의 석가모니께서 보살로 계실 때에, 이 보살이 중생을 제도하기 위해 목숨을 바치지 않았던 땅은 겨자씨만큼도 없는 바이며, 석가모니께서도 이렇게 하신 뒤에야 겨우 부처님의 깨달음을 얻었거늘, 더욱이 이 작은 여자 아이가 잠깐 동안에 부처님의 깨달음을 얻는다는 것은 잘 믿어지지 않습니다.」

이 말이 채 끝나기도 전에 용왕의 딸이 홀연히 부처님 앞에 나타나 머리 숙여 예배하고 한쪽에 물러나 있더니 시를 읊어 찬양하고 감탄했다.

『죄와 복을 깊이 통달한 지혜의 광명으로
시방세계 두루 비추시는
높고 거룩한 청정 법신은 32 상 구족하고
80가지 복된 모습으로 법신을 장엄하니,
천신과 인간 우러러보고 용신들이 공경하며
일체 중생 무리 중에 받들지 않는 이 하나 없네.
설법 듣고 깨달음 이루는 일 부처님만 아시리라.
나 또한 대승의 가르침 밝혀 고뇌 중생 구제하리.』

그때 사리불이 용녀에게 말했다.
「그대는 머지 않아 위 없는 높은 깨달음을 얻겠다고 말하지만 그런 일은 믿을 수 없다. 왜냐하면 여자의 몸은 때 묻고 더러워 부처님의 가르침을 받아들일 수 있는 그릇이 아니기 때문이다. 그런데 너는 어찌 위 없는 높은 깨달음을 얻을 수 있다고 말하는가?

부처님의 깨달음에 도달하는 길은 아득히 멀기 때문에 한량없는 세월 동안 부지런히 고행을 쌓고 육바라밀을 완전히 수행한 뒤에야 겨우 성취하는 것이요, 더욱이 여자의 몸은 다섯 가지의 장애가 있으니, 그 첫째는 범천왕이 될 수 없는 것이요, 둘째는 제석이며 셋째는 마왕이요, 넷째는 전륜성왕이요, 다섯째는 부처님의 몸인데, 어떻게 여자의 몸으로 속히 성불할 수 있다고 하는가?」

용녀에게는 보배구슬이 한 개 있어, 그 값은 삼천 대천세계와 같았다. 그것을 부처님께 바치니 부처님께서 곧 받으셨다. 그러자 용녀가 지적보살과 사리불존자에게 말했다.

「제가 지금 보배구슬을 세존께 바치니, 곧 받으셨습니다. 이 일이 빠르지 않습니까?」

그들이 대답했다.

「매우 빨랐다.」

다시 용녀가 말했다.

「저의 성불은 그보다 더 빠릅니다. 그대들의 신통력으로 저의 성불함을 보십시오.」

여기 모인 대중이 모두 용녀를 보니 눈 깜짝할 사이에 남자의 몸으로 변해 보살의 행을 완성한 거룩한 모습이 되어 남방의 〈더러움이 없는〉 무구세계에 가서 아름다운 보배연꽃 위에 앉아 완전한 깨달음을 성취하니, 32의 길상과 80가지의 복된 모습을 나타내고, 널리 시방세계의 일체 중생을 위해 법화경의 가르침을 설하고 계셨다.

그때 시바세계의 보살·성문·천신·용 등 여덟 무리와 인간과 인간이 아닌 것들은 그 용녀가 성불해 그곳에 모인 사람들과 천신에게 가르침을 설하는 모습을 보고 마음이 크게 환희해 모두 멀리 경례했다.

또 한량없는 중생은 가르침을 듣고 이해하여 위 없이 높은 깨달음을 구해 물러서지 않는 의지를 가지게 되었으며 어떤 한량없는 중생은 깨달음을 얻을 것이라는 예언을 받으니, 무구세계는 여섯 가지로 진동했고 사바세계의 삼천 중생은 물러서지 않는 경지에 머물렀으며 삼천 중생은 부처님의 깨달음을 구하겠다는 마음을 일으켜 성불의 예언을 받았다.

지적보살과 사리불 그리고 이곳에 모인 일체 대중은 아무 말 없이 〈이 거룩한 사실을 마음 속 깊이〉 받아들였다.

제13장

권 지 품

위대한 구도자인 약왕보살과 대요설보살은 그들이 거느리는 2만의 보살과 더불어 부처님 앞에 나와 이렇게 맹세했다.

「원하옵나니 세존이시여, 부디 염려치 마소서. 저희들은 부처님께서 멸도하신 후에도 이 법화경전을 기필코 굳게 간직해 읽고 외우며 설하겠습니다.

미래 악한 세상의 중생들은 〈탐냄과 성냄과 어리석음이 없는〉 선근이 점점 줄어들고 아는 체하는 증상만의 사람들만 늘어나며 이익과 세간의 칭찬만을 탐내고 〈남을 원망하고 미워하며 시기하는〉 불선근의 마음이 많아져 〈번뇌를 말끔히 없앤 맑은 심경인〉 해탈을 얻고자 하는 마음은 멀리 떠나 버려, 교화하기 어려울지라도 저희들은 인욕의 힘을 크게 일으켜 이 가르침을 읽고 외우며 굳게 간직하고 설하며, 쓰고 베껴서 가지가지로 공양해 몸과 목숨도 아끼지 않겠습니다.」

대중 가운데 앞서 성불의 예언을 받은 5백의 아라한들이 부처님께 여쭈었다.

「세존이시여, 저희들도 역시 다른 국토에 가서 널리 이 가르침을 설할 것을 자진해 맹세합니다.」

그러자 앞서 성불의 예언을 받은 8천의 배우고 있는 이와 다 배운 이가 자리에서 일어나 부처님을 향해 합장하고 이렇게 다짐했다.

「세존이시여, 저희들도 역시 다른 국토에 가서 널리 이 가르침을 설하겠습니다. 왜냐하면 이 사바국토의 사람들은 나쁜 습관이 많아 교만한 마음을 품고, 덕에 의해 사람들을 행복하게 하는 일이 극히 적고 성내기 잘 하며 정신이 흐려서 삿된 견해에 빠지기 쉽고 아첨하고 발림 말을 잘 해 정직하지 못하기 때문입니다.」

이때 부처님의 이모인 마하바사바제 비구니는 아직 배우는 사람과 다 배운 사람 6천 인과 더불어 자리에서 일어나 일심으로 합장하고 부처님의 거룩한 얼굴을 우러러보며 눈도 깜빡이지 않고 있었다.

세존께서는 〈마하바사바제인〉교담미에게 말씀하셨다.

「어찌해 근심스러운 얼굴로 여래를 보십니까?

당신이 성불의 예언을 받기 원한다면 알려 주겠습니다. 내가 당신을 뚜렷이 지명해 최고의 완전한 깨달음을 얻으리라는 예언을 주지 않는다고 생각하고 있지만, 〈고오타마 집 안의 여자인〉교담미여, 앞서 나는 일체의 성문들에게 모두 성불의 예언을 준다고 말하지 않았습니까. 그러나 이제 당신이 성불의 예언을 받기 원한다면 알려 주겠습니다.

당신은 장차 미래세에서 6만 8천억의 여러 부처님들 아래서 〈그 가르침을 설하는〉 큰 법사가 될 것이며, 아울러 아직 배우는 이와 다 배운 6천의 비구니들도 함께 법사가 될 것입니다.

당신은 이와 같이 점점 보살의 수행을 쌓아가서 이를 완성해 부처님의 깨달음을 얻을 것이니, 그 이름은 〈일체 중생의 눈에 기쁨을 준다는〉 일체중생희견여래 · 응공 · 정변지 · 명행족 · 선서 · 세간해 · 무상사 · 조어장부 · 천인사 · 불세존이라 할 것입니다. 교담미여, 이 일체중생희견불과 6천의 보살들은 서로 차례차례 이어가며 예언해 각기 위 없는 높은 깨달음을 얻을 것입니다.」

그때 라후라의 어머니 야수다라비구니는 이런 생각을 했다.

'세존께서는 예언을 하시면서 내 이름만 말씀하지 않는구나.'

부처님께서는 그것을 바로 살피셔 야수다라에게 말씀하셨다.

「그대는 미래의 세상에서 백천만억의 여러 부처님께 가르침을 받고 보살의 행을 닦아 큰 법사가 되어 점차로 부처님의 깨달음을 완성해 〈축복받은 땅인〉 선국에서 성불할 것이니, 이름은 〈수많은 반짝이는 깃발을 가진 이라는〉구족천만광상여래 · 응공 · 정변지 · 명행족 · 선서 · 세간해 · 무상사 · 조어장부 · 천인사 · 불세존이라 하며, 그 부처님의 수명은 한량없는 아승기 겁이리라.」

이에 마하바사바제비구니와 야수다라비구니와 아울러 그 권속들이 모두 크게 환희하며 전에 없는 감격을 느꼈다.

그리고 즉시 부처님 앞에 나아가 시로 찬양했다.

『세존께서는 일체 중생의 스승이시라, 하늘과 사람들을 안온케
하시네.
저희들 예언의 말씀 듣고 모든 소원 성취되어 마음의 평안얻었네.』

여러 비구니들은 이 시를 읊고 나서 부처님께 여쭈었다.

「세존이시여, 저희들도 역시 타국에 가서 이 가르침을 널리
설하겠습니다.」

세존께서 80만억 나유타의 여러 위대한 뜻을 가진 보살들을
굽어보니, 그 보살들은 〈불퇴전의 경지인〉 아비발치에 머물러
조금도 쉬거나 물러서지 않고 가르침을 설해 넓히며, 여러 가
지의 〈선한 것을 간직하고 악은 눌러서 일어나지 않게 하는 능
력인〉다라니를 얻고 있었다.

그들은 자리에서 일어나 부처님 앞에 나아가 일심으로 합장
하고 이런 생각을 했다.

'만일 세존께서 이 가르침을 굳게 간직하고 설할 것을 분부
하신다면, 우리들은 부처님의 가르침대로 이 법을 널리 설하리
라.' 하며 다시,

'지금 부처님께서 침묵하고 계시면서 분부가 없으니 우리들
은 과연 어떻게 해야 좋을까' 하고 생각했다.

이때 여러 보살들은 부처님의 뜻에 경건히 따르고 아울러 스

스로 자기 본래의 서원을 채우려고 부처님 앞에 나와 사자가 울부짖는 것 같은 우렁찬 목소리로 맹세했다.

「세존이시여, 저희들은 여래께서 멸도하신 후에는 시방세계를 두루 돌며 몇 번이고 오가면서 중생으로 하여금 이 법화경을 쓰고 베끼며 믿고 간직해 읽고 외우게 해, 그 뜻을 자세히 알기 쉽게 설하게 하고 가르침 그대로 수행케 하며 그리고 바르게 기억시키겠습니다. 그렇지만 〈이것은 저희들의 힘이 미치는 바가 아니며〉 오직 부처님의 위덕에 의해서만이 할 수 있는 일입니다. 오직 원하니 세존께서는 다른 국토에 계실지라도 멀리서 보시고 저희들을 지켜 주십시오.」

여러 보살들은 소리를 합해 함께 시로 여쭈었다.

『염려치 마소서, 세존이시여, 부처님 멸도 후
무서운 악세 중에 저희들은 널리 가르침 설하겠습니다.
여러 가지 무지한 사람 욕하고 빈정대며
칼?막대기 휘둘러도 저희들은 가만히 참으리다.
악한 세상의 비구는 삿된 지혜에 마음 굽어 아첨하며
못 얻고도 얻은 체하고 아만심만 가득 차네.
고요한 데 있으면서 누더기옷 걸쳐 입고 속세를 떠났으니
참된 길 행한다고 세상 사람을 아래로 보네.
재물·권세 탐착해 속인 위해 설법하고,
세상에서 공경받음이 신통 얻은 아라한 같아
이런 사람 시커먼 마음, 세상 일만 생각하고
아란야란 이름 빌어 남의 허물 끌어내되,
이런 말을 한다. "이 여러 비구들은

이익만을 탐착해 외도의 이야기 설하며
스스로 이 경전 만들어 세상 사람 현혹해
명예를 얻기 위해 이 경 분별해 설한다.”
항상 대중 가운데서 우리를 헐뜯고자 하기 때문에
국왕과 여러 대신 바라문 거사들과
다른 비구 대중들게 비방하고 우리 흠 말하되,
“저들은 삿된 사상 가진 이라 외도의 가르침 논의한다.” 그러나
저희들은 부처님 공경하니 이런 악 다 참으며
그들이 빈정대며 “너희들 모두 부처님이다.” 하는
이와 같은 깔보는 말도 모두 참고 받으리.
시절 오래 되고 흐려 악한 세상 무서움 많이 있어
야차 모습 비구들이 우리를 욕하고 비방해도,
부처님 믿는 우리 인욕의 갑옷 입고
법화경 설하기 위해 이 어려움 다 참으며
목숨도 아끼지 않고 다만 위 없는 깨달음 구해
앞으로 오는 세상 부처님 분부대로 지키고 간직하리다.
세존께선 아시리, 흐린 세상 악한 비구는
부처님의 방편이라는 근기 따라 설하는 것인 줄 몰라
욕하고 빈축하며 자주 우리를 내몰아
절과 탑에서 멀게 하니, 이러한 사나운 일도
부처님 분부 생각하고 모두 다 참으리라.
어떤 마을 어떤 도시라도 가르침 구하는 이 있으면
우리 모두 찾아가서 부촉하신 법 설하리라.
우리들은 부처님 심부름꾼, 어디 가나 두려움 없어
훌륭한 설법 하리니 부처님께선 안심하소서.
시방에서 오신 여러 부처님과 세존님 앞에
이와 같이 맹세하니 저희 마음 아소서.」

안 락 행 품

그때, 가르침의 아들인 문수사리보살마하살이 부처님께 여쭈었다.

「세존이시여, 이 여러 구도자들은 참으로 보기 어려운 사람들입니다. 이들은 부처님을 존경하고 따르기 때문에 큰 서원 세우기를 〈부처님께서 멸도하신〉 뒤의 험악한 세상에서 이 법화경을 수호하며 읽고 외워 배우고 남에게 전해 주겠다고 했습니다.

세존이시여, 이 큰 뜻을 세운 초심의 구도자들이 뒤의 험악한 세상에서 법화경을 설할 때에 어떻게 해야 되겠습니까?」

부처님께서 문수사리에게 대답하셨다.

「만일 큰 뜻을 가진 구도자가 후대의 험악한 세상에서 이 법화경을 설하려면, 기필코 다음 네 가지의 수행 방법을 익혀서 완전히 자기 것으로 만들어야 한다.

첫째, 구도자로서의 행동과 교제하는 대상 또는 범위를 배워 익혀서 자기 것으로 만든 다음에 비로소 중생을 위해 널리 이 법화경을 설해야 한다.

무엇이 큰 뜻을 세운 구도자로서의 행동인가 하면, 항상 〈어떤 모욕과 박해에도 성내지 않고〉 참고 견디며 온순하고 고운 마음씨로 〈고집을 버리고〉 바른 이치에 따라야 하며, 침착성 있게 행동하되 놀라거나 당황하지 말아야 한다.

또 모든 〈사물은 본래 공에 의해서 이루어진 것임을 관찰하되, 이것에 집착하고 분별해서〉 사물이 있다고 생각지 말며, 그렇지만 모든 사물은 〈꼭 생겨나야 하기 때문에 생겨난 것이므로〉 그 개별적인 특징도 인정해야 하는 것이니, 있다 · 없다 하는 그 어느 것에도 집착해 행동해서는 안 된다.

이것이 큰 뜻을 세운 구도자로서의 행동이라 말한다.

그러면 어떤 것이 큰 뜻을 세운 구도자들의 교제하는 대상이며 범위인가 하면, 우선 높은 지위나 권세가 있는 국왕 · 왕자 · 대신 · 관청의 장을 가까이 해서는 안 된다.

또 여러 가지의 이교도와 바라문교의 수행자와 〈자이나교를 믿는〉 니건자와 세속적인 문필가나 시와 노래를 짓는 사람과 타종교의 글을 쓰는 사람과 〈유물론적 쾌락주의자인〉 로가야타와 〈무당이나 점쟁이 등 주문의 신봉자인〉 역로가야타의 사람들과도 가까이 해서는 안 된다.

또한 투기꾼이나 사기꾼과 주먹을 서로 휘두르는 경기 · 씨름 및 힘자랑 등과 광대 · 마술사처럼 여러 가지로 모습을 바꾸는 직업을 가진 사람과도 가까이 해서는 안 된다.

그리고 〈막되어 먹은 인간인〉 전다라와 돼지·양·닭·개를 기르는 사람이나 사냥꾼이나 고기잡이 하는 등 자기의 생활을 위해 악업을 쌓지 않을 수 없는 사람들과도 가까이 해서는 안 된다.

그러나 혹시 이와 같은 사람들이 찾아와서 가르침을 듣고자 하면 친절하게 설해주어라. 하지만 이러한 경우에도 〈오직 큰 자비심만 가지고 설해야 하며〉 마음에 어떤 이익을 바라고 설해서는 안 된다.

또 〈오직 자기만 구제받으면 된다는 마음으로 부처님의 가르침을 구하고 있는〉 성문의 비구·비구니·우바새·우바이들과도 가까이 해서는 안 되며 〈이들에게 가르침에 대해〉 질문하지도 말아야 하며 승방이나 경행하는 장소나 강당 안에서도 그들과 대등한 교제를 해서는 안 된다.

그러나 만일 〈가르침을 들으려고〉 찾아오는 때에는 상대방과 경우에 따라 가르침을 설해 주되, 마음에 어떤 이익을 바라고 설해서는 안 된다.

문수사리여, 또 큰 뜻을 세운 구도자는 〈남녀 간의 관계에 특히 주의해야 하는 바〉 여인에게 가르침을 설할 때에 그 여인으로 하여금 음욕을 품도록 하는 태도를 취해서는 안 되며 또 여인과 자주 만나기를 원하는 마음도 삼가야 한다.

만일 남의 집에 들어갔을 경우에는 소녀와 처녀 그리고 과부와 지껄이는 것은 옳지 않으며, 또한 〈태어날 때부터 불능인 자 등〉 다섯 가지 불완전한 남자와 가까이 지내는 것도 피해야 한다.

그리고 혼자서 남의 집에 들어가지 마라. 만일 부득이한 경우에는 〈들어갈 때부터 나올 때까지〉 오직 부처님과 함께 있다는 생각을 계속 가지고 있어야 한다.

만일 여인에게 가르침을 설할 기회가 있을지라도 이가 보이도록 웃어서는 안 되며, 가슴이 드러나 보이는 옷차림을 해서도 안 된다.

비록 가르침을 설하기 위한 경우일지라도 너무 허물없이 친해진다는 것은 옳지 않으니, 하물며 그밖의 다른 일이야 더욱 그렇다 할 것이다.

나이 어린 제자나 〈아직 득도하지 못한〉 사미나 예쁜아이를 신변에 가까이 두는 것은 좋지 못하며, 그런 아이들과 한 스승 아래서 함께 배우려고 하는 마음을 가져서도 안 된다.

항상 좌선하기를 좋아해 조용한 곳에서 정신을 통일하는 데에 마음을 두어야 한다.

문수사리여, 이것이 〈큰 뜻을 세운 초심의 구도자가 지켜야 할〉 구도자로서의 교제하는 대상 또는 그 범위이다.

큰 뜻을 세운 구도자들이여, 이 세상에 존재하는 일체의 현상에 대해 그 진실한 모습을 꿰뚫어 볼 때 그 모든 것은 오직 하나의 공에 의해서 이루어져 있음을 깨달을 수 있다. 그것이 일체의 현상에 있어서 있는 그대로의 모습이다. 〈즉 인간의 착각에 바탕을 두고〉 거꾸로 보지 않는 진실한 모습이다. 〈우리들의 눈으로 보는 현상의 세계에서는〉 사물이 움직이고 있다든가 혹은 쇠퇴해 가며 다른 모습으로 변해 가고 있는 것처럼 보이지만, 〈실상의 세계에서는 그 같은 변동은 일체 없고〉 마치 진공과 같아 고정적인 실재성이 없는 것이다.

이 실상은 말로써 설명되거나 표현할 수도 없는 것이며, 그 것은 어떤 것에서 생한 것도 아니고 어디에서 나온 것도 아니며 그렇다고 없는 곳에서 불쑥 솟아난 것도 아니다.

그러므로 그 자체는 이름도 없고 모습도 없으며, 실재이기는 하지만 고정된 실재성을 가지고 있지 않는 것이다.

그리고 이 실상은, 한량이 없어 헤아릴 수가 없기 때문에 〈어디까지는 있고 그 밖에는 없다, 하는 것처럼〉 끝이 있는 존재가 아니고 어떤 것에 의해 가로막히는 일이나 방해 받는다고 하는 부자유성이 전혀 없으며, 이 우주에 두루 가득하게 있는 것이다.

〈그렇다면 현실에 있어 우리들의 주위에 있는 사물을 어떻게 생각해야 할 것인가.〉

우선은 어떤 원인이 어떤 조건을 만나서 생긴 일시적인 현상임을 깨닫는 것이요.

그 다음엔 〈그것은 인류의 오랜 역사 동안에 걸쳐 만들어진 착각의 습성에 의해〉 실상을 휘어 꺾어서 보고 있는 것임을 깨닫는 것이다.

그러므로 나는 '항상 자진해서 그 사물 속에 있는 실상을 보아라.' 하고 설한다.

이것이 큰 뜻을 세운 구도자의 두 번째의 교제하는 대상과 범위이다.」

세존께서는 이를 다시 시로 말씀하셨다.

『만일 어떤 구도자가 훗날의 험악한 세상에서
두려움 없는 마음으로 이 법화경 설하려면
보살로서의 행동과 교제 범위를 알아야 한다.
권세 있는 국왕의 아들이며,
대신과 관청의 장, 흉한 놀음하는 이와
전다라와 이교도와 그리고 바라문의 수행자들을 멀리하고,
깨닫지 않고서도 깨달은 체하는 사람들과
소승의 삼장에 탐착하는 학자들과
파계한 비구니들과 이름뿐인 아라한들과
잘 웃으며 희롱하는 그 모든 비구니를 가까이 하지 말며,
깊이 오욕에 탐착해 제 몸 열반 구하려는
이러한 우바이도 모두 친근치 말라.
그러나 이런 사람이 아름다운 마음으로
구도자에게 찾아와 부처님의 길 묻거든,
구도자는 반드시 거리낌 없는 마음으로
바라는 이익 품지 않고 그들 위해 설법하라.
과부와 처녀들과 사내 아닌 여러 남자
모두 다 친근 말고 정도 주지 말 것이며,
도살하는 칼잡이와 사냥꾼과 어부들로서
이익 위해 죽이는 이들 친근치 말며,
살코기 팔아 먹고 살며 여색 팔아 살아가는
이와 같은 사람들도 모두 다 친근 말며,
위험한 힘 자랑이나 가지가지 놀음 등에 종사하는 사람이나
음탕한 여자들과도 모두 친근치 마라.
남이 볼 수 없는 곳에서 홀로 여인 위해 설법 말고,
만일 피치 못할 경우 웃고 농담 말 것이며,

마을에서 탁발할 때는 비구 하나 데려가고,
함께 갈 비구 없으면 일심으로 부처님 생각하라.
이것을 이름하여 구도자로서의 행동이며 교제 범위라 하는 바,
이 두 가지 마음가짐으로 안락하게 설해라.
또 성문 · 연각 · 보살의 가르침과 세간의 법,
출세간의 법, 모든 현상 있다 · 없다 사로잡히지 말며,
이건 남자 저건 여자 분별치 말며,
모든 현상에 사로 잡혀 깨달았다 · 알았다 · 꿰뚫어 본 체 하지
말고,
현상 속에 있는 본질을 깨달아야 한다.
이것이 보살이 행동함에 있어 지켜야 할 마음 가짐이다.
일체의 현상은 본래 공이라서 고정된 실체 아니므로
변치 않는 것 없거니와 일어남도 멸함도 없나니,
지혜 있는 사람들은 이런 깨달음 가져야 한다.
사람들은 착각해 여러 사물 '있다 · 없다,
실제이다 · 비실재이다, 생한다 · 생하지 않는다' 분별하지만
고요한 곳에 있으면서 그 마음 잘 다스리어
수미산처럼 흔들림 없이 편안하게 머무르며
모든 사물 꿰뚫어 보면, 실재하는 것 하나 없고
마치 허공 같아 고정된 것 없으며
생하는 것 아니며 나온 것도 아니며 변하거나 쇠퇴하는 것도 아
니며
항상 존재하는 하나의 모습이니, 이것이 교제 범위이다.
만일 어떤 비구, 내가 멸도한 후에
이 행동과 교제 범위 지킨다면
이 법화경 설할 때에 비겁하게 약한 마음 조금도 없으리라.

구도자는 어느 때든지 고요한 집에 들어가
바른 기억 불러 일으켜 참뜻을 명상하고
명상에서 일어나면 여러 국왕과 왕자들과
신하들과 국민들과 바라문들 위해
참뜻 알기 쉽게 이 가르침 설한다면,
그 마음 편안하여 망설이지 않으리라.
문수사리여, 이것이 구도자로서 지녀야 할 첫번째의 마음 가짐
이니,
후세에서 이 마음 가지고 법화경 설해라.」

「또 문수사리여, 여래가 멸도한 뒤의 〈바른 가르침이 쇠퇴하
는〉 말법의 세상에서 이 법화경을 설하려거든 다음의 행법을
잘 지켜 안락하게 설해라.

입으로 가르침을 설할 때나 또는 경전을 읽을 때에 즐겨 남
의 허물을 파헤치거나 경전의 허물을 들추어 내어서 말하지 마
라. 가르침을 설하는 다른 법사들을 경멸해서는 안 되며 또 다
른 사람의 좋고 나쁜 장단점을 비판해서도 안 된다.

성문들이 가진 허물을 그 이름 들어 말하지 말며, 그렇다고
좋은 점도 말하지 마라. 그리고 그들에게 혐오하는 마음이나
적대심을 가지지 마라.

이와 같이 편안한 마음으로 가르침을 설하는 길을 닦아 자기
것으로 한다면, 이 가르침을 듣는 모든 사람들이 그 뜻을 거역
하지 않고 순수하게 들을 것이며, 혹 어려운 질문을 받더라도
소승의 가르침에 의해 대답하지 말고 오직 대승의 가르침에 의

해 자세히 설명해 그들로 하여금 〈모든 사물이 가지고 있는 평등상과 차별상을 뚜렷이 밝히는 지혜인〉 일체종지를 얻도록 인도해야 한다.」

세존께서 이를 다시 시로 말씀하셨다.

『구도자는 항상 몸과 마음 편안한 경지에 두고 법을 설해라.
맑고 깨끗한 땅에다 앉을 자리 만들고
먼지와 때 깨끗이 씻고 향유 몸에 바른 후
깨끗한 새 옷 입어 안팎을 다 맑게 하고
가르침의 자리에 편히 앉아 질문 따라 알맞게 설해라.
만일 비구와 비구니와 우바새와 우바이와
국왕과 왕자의 많은 신하와 백성들이 모이거든,
깊고 뛰어난 뜻에 의해 온화한 얼굴로 그들에게 설해라.
만일 어려운 질문이거든 그 뜻에 알맞도록 대답하되
사연과 비유 가지고 자세히 덧붙여 설명해라.
이런 방편으로 모두 다 보리심을 일으키게 해
점차로 수행하여 공덕 쌓아 부처님의 깨달음 얻도록 해라.
게으르고자 하는 마음과 싫증내는 마음 버리며
여러 근심·걱정 여의고 자비심만 가지고 가르침 설해라.
밤낮 없이 항상 최고의 가르침 설하되
여러 사연과 한량없는 비유 가지고
중생에게 알기 쉽도록 가르쳐, 모두 다 환희케 하라.
의복이며 침구며 음식이며 의약품이며
그 가운데 하나라도 바라는 마음 없게 하고
오직 일심으로 '이 설법을 인연으로 해
원컨대 나와 중생들이 성불케 하소서.' 하고 생각하면

이것이바로 공덕이며 자기를 안락하게 하는 공양이다.

내가 멸도한 후에 만일 어떤 비구가 이런 마음 가지고, 훌륭하
게 이 법화경을 많은 사람에게 설한다면

마음의 질투나 성냄 등의 여러 가지 고뇌와 장애 없고

근심과 걱정 그리고 욕하고 빈정대는 사람 없으며,

협박이나 칼·막대기 등으로 박해 받지 않고

쫓겨남도 없으리니, 이것은 인욕의 경지에 머물고 있기 때문이다.

지혜 있는 사람 이같이 훌륭한 마음 닦으면

위에서 말한 대로 안락하게 보살의 길 행할 수 있다.

그런 사람 얻는 공덕, 천만억 겁 오랜 동안

산수와 비유로써 다 말할 수 없다.」

「또 문수사리여, 부처님의 가르침이 잊혀지려는 뒤의 말세에
서 큰 뜻을 세운 구도자들이 이 가르침을 믿어 간직하기 위해
읽고 외우며 배우고자 한다면, 질투하거나 아첨하며 속이는 마
음을 가져서는 안 되며 또 부처님의 깨달음을 구하여 수행하는
사람을 경멸하거나 욕하거나 그 사람의 장단점을 논해서는 안
된다. 만일 비구·비구니·우바새·우바이 들이 성문의 경지나
벽지불의 경지나 보살의 경지를 구하는 것을 보고 '그대들은
참다운 깨달음에서 매우 먼 곳에 있어 끝내 최고의 깨달음에 도
달하지 못하리라. 왜냐하면 그대들은 방일하여 참다운 깨달음
을 구하기를 게을리 하기 때문이다.' 하고 말해, 그들을 혼란케
하거나 의심과 불안을 불러일으키게 해서는 안 된다. 또한 여
러 가르침에 대해 장난으로 말하지 말며 다투지 말며, 오직 일

체 중생에게 괴로움을 없애 주겠다는 큰 서원을 세우고 모든 부처님에게는 사랑이 넘쳐 흐르는 자상한 아버지라 생각하며, 모든 구도자에게는 자기의 소중한 스승이라는 생각을 가져야 한다. 그리고 시방에 있는 여러 큰 보살들에게는 항상 깊이 공경하고 예배하지 않으면 안 된다.

일체 중생에게는 평등하게 가르침을 설해야만 된다. 가르침에 따르게 하기 위해서는 특히 많거나 적지 않게 설하는 것이 중요하며, 가르침을 깊이 사랑하는 사람을 위해서는 쓸 데 없는 것까지 덧붙여서 설하지 마라.

문수사리여, 이 큰 뜻을 세운 구도자들이 부처님의 가르침이 잊혀져 가려는 말세에서 이 세 번째의 안락행〈인 의지적인 마음가짐〉을 완전히 지킬 수 있다면, 이 가르침을 설할 때에 아무것도 그를 괴롭히거나 혼란케 하는 것이 없을 것이다.

그러므로 뜻이 같고 마음이 서로 맞는 사람과 함께 이 가르침을 배울 수 있고, 또 많은 사람들이 이 법화경을 들으려고 모여 와서 그들이 설하는 가르침을 들으면, 그것을 믿고 간직하며 간직하고 나서 외우며 외우고 나서는 남에게 설하며, 설하고 나서는 훌륭히 쓰며 혹은 다른 사람을 시켜 쓰도록 하여 경전을 공양하고 공경하며 존숭하여 찬양하고 감탄할 것이다.」

세존께서는 지금 설하신 내용을 다시 시로 말씀하셨다.

『만일 이 가르침 설하려 하면, 질투하고 성내고 교만한 마음과
아첨하고 속이고 삿된 마음 버리고, 항상 성실하고 정직한 마음

으로 행해야 한다.

사람을 경멸하거나 장난으로 가르침을 논의해서는 안 되며

"그대 성불 못한다."고 말해 의혹·불안 주지 말고

부처님의 아들로서 가르침 설할 때는 부드럽고 상냥하게 잘 참고 견디며

일체 중생 사랑해 게으른 마음 내지 말아야 한다.

시방에 계시는 큰 보살은 중생 사랑하기 때문에 부처님의 길 행하므로

'저 분들은 나의 큰 스승'이라 생각하고 공경하는 마음 내어야 한다.

부처님 세존들에게는 위 없이 거룩한 아버지라 생각해

교만한 마음 버리고 장애 없이 설법하라.

세 번째의 행동 범위는 이 같으니, 지혜 있는 이는 이를 굳게 지켜

몸과 마음 안락하게 가르침 설하면 한량없는 중생에게 공경받게 되리라.」

「그리고 문수사리여, 부처님의 가르침이 잊혀져 가는 말세에서 법화경을 믿고 기억하는 큰 뜻을 세운 구도자가 있다면, 재가거나 출가거나, 중생들의 행복을 원하는 큰 마음을 가져야 하며, 〈자기 완성만을 위해 부처님의 가르침을 배울 뿐, 세상 사람들에게 부처님의 가르침을 넓히려고 하지 않는〉 구도자 아닌 사람들에게는 큰 자비심을 일으켜 다음과 같이 생각해야만 한다.

'이런 사람들은 부처님의 방편인 사람 따라 경우 따라 설하는 가르침의 참뜻을 알지 못하는 큰 잘못을 저질러서 이 법화경

을 듣지 않고 알지 못하며 깨닫지도 못해 묻지도 못하고 믿지도 않으며 이해하지도 못하지만, 그러나 그 사람들이 비록 지금은 이 법화경을 묻지 않고 믿지 않고 이해하지 않을지라도, 내가 최고의 완전한 깨달음을 얻었을 때는, 그들이 가령 어디에 있더라도 나는 신통력과 지혜의 힘을 가지고 법화경으로 인도해 주겠다.'고.

문수사리여, 여래가 멸도한 뒤에 큰 뜻을 세운 구도자들이 이 네 번째의 행동 범위인 중생 교화의 서원에 충실하다면, 법화경을 설함에 잘못을 범하지 않으리라.

항상 출가한 남자 수행인과 여자 수행인과 재가의 남자 수행인 우바새와 여자 수행인 우바이와 국왕과 왕자와 대신이나 백성이나 바라문이나 신앙심이 두터운 장자들에게 공양 받고 존경 받으며 존숭되고 찬탄 받을 것이다. 허공의 여러 천신들도 가르침을 듣기 위해 항상 그 구도자를 가까이 모시고 떠나지 않을 것이니, 만일 촌락이나 도시에 있거나 인적없는 고요한 숲속에 있을 때나 사람이 찾아와서 어려운 질문을 할 적에도 여러 천신들은 낮과 밤을 가리지 않고 항상 가르침을 지키기 위해 그 구도자를 수호하고 이 가르침을 듣는 사람들로 하여금 충분히 만족하고 감명 받아 기쁨을 느끼도록 그늘에서 힘을 덧붙여 줄 것이다. 왜냐하면 이 법화경은 과거·현재·미래의 모든 부처님의 신통력에 의해 지켜지고 있는 가르침이기 때문이다.

문수사리여, 이 법화경은 한량없는 국토 중 어느 한 국토에서나마 그 이름조차도 듣기 어려운 가르침일진대, 하물며 이 가르침을 만난다는 것은 더욱 어려우며, 더욱이 이 가르침을 믿고 간직하고 읽고 외우는 것은 더 어려운 일이다.

문수사리여, 비유하면, 힘이 센 전륜성왕이 그 큰 세력으로 주위의 여러 나라들을 흡수하려 할 때, 작은 나라의 왕들이 그 대왕의 명령을 거역하고 복종치 않으면 전륜성왕은 갖가지의 군사를 일으켜 그 소왕들을 토벌한다. 그런데 대왕은 이 많은 병사들 가운데 싸움에 공이 있는 사람을 보면 곧 크게 환희해 그 공적에 따라 상을 내리니, 어떤 사람에게는 논과 밭을 어떤 사람에게는 집을 그리고 어떤 사람에게는 촌락을, 어떤 사람에게는 도시를 준다. 또 의복이나 장식품을 주기도 하고 금과 은 〈청보석인〉 유리나 〈백산호인〉 자거와 〈짙은 초록색 보석인〉 마노와 산호·호박 등의 보물을 주기도 하며, 코끼리·말·수레나 가마 그리고 남자 종과 여자 종 및 백성들을 주기도 한다.

그러나 오직 임금님 머리 위의 상투 속에 있는 밝은 구슬만은 아무에게도 주지 않는다. 왜냐하면 이 구슬은 세상에서 오직 하나 임금님의 머리 위에 있는 것이기에, 만일 이것을 남에게 준다면 받는 이나 혹은 다른 신하들이 모두 다 크게 놀라서 미심쩍게 생각할 것이기 때문이다.

문수사리여, 여래께서도 또한 이와 마찬가지로 선정과 지혜의 힘으로써 가르침의 국토를 다스리는 삼계의 왕이 되었으나, 인간의 여러 가지 번뇌인 마왕은 여래의 가르침에 순종치 않고 거역하므로, 여래를 시봉하는 수행인인 여러 장군들은 그들 마왕을 정복하기 위해 싸운다. 여래께서는 그 싸움에 공을 세운 사람들을 보고 크게 환희해 사부 대중 가운데서 그들을 위해 여러 가지의 가르침을 설하고 그들의 마음을 기쁘게 했으니, 그 싸움에 대한 보상으로 〈마음이 안정되어 흔들리지 않는〉 선정의 경지나 해탈의 경지와 번뇌를 말끔히 없애는 데 바탕이 되는 〈믿음과 정진의 힘을 얻는〉 무루근력의 경지 등의 가르침의 보물을 주었으며, 또다시 온갖 괴로움을 없앤 평안한 심경인 열반을 설해 주어 〈이것이 인간의 가장 이상적인 경지인〉 멸도라고 말하고, 그들의 마음을 인도하여 기쁨을 얻게 해 주는 것이다.

그러나 이 법화경만은 아직 설하지 않았다.

문수사리여, 그 전륜성왕이 많은 병사들 가운데서 〈다른 사람과 견줄 수 없을 만큼의〉 큰 공을 세운 사람에게 마음 속으로 크게 기뻐해 오랫동안 상투 속에 감추어 두고 함부로 사람들에게 주지 않았던 믿기 어려운 보배구슬을 그 사람에게 특별히 주는 것처럼, 여래도 이와 같아서 삼계에 있어 가르침의 왕이시며 가르침을 가지고 일체 중생을 교화하는 분이다. 훌륭한 부처님 제자들이 〈다섯 가지 악마인〉 오음마와 〈정신작용에 기인한〉 번뇌마와 〈죽음을 가져오는〉 사마와 싸워 큰 공을 세우고 〈탐내고 성내며 어리석음이라는, 인간을 해치는〉 삼독을 멸하고 악마의 그물에 싸인 채로 미혹의 삼계에서 헤매다, 이 삼계에서 벗어날 수 있음을 보았을 때에, 여래께서는 또한 크게 환희하고 이 법화경을 설해 모든 사람들로 하여금 〈이 세간의〉 일체 사물의 실상을 완전히 아는 지혜를 주지만, 이 법화경은 세간 사람들로부터 강한 저항감을 가지게 하는 두려움이 있고 또 믿기가 매우 어려운 것이기 때문에, 아직 한 번도 설한 적이 없었으나 이제야 설하는 것이다.

　문수사리여, 이 법화경은 모든 여래들의 가르침 가운데 가장 뛰어난 가르침이므로 그 뜻이 매우 깊어 맨 끝에 설하는 바, 이것은 저 힘센 대왕이 오랫동안 지켜 오던 밝은 보배구슬을 최후에 주는 것과 똑같은 것이다.

　문수사리여, 이 법화경은 모든 부처님 여래께서 가장 소중히 간직하고 계시는 깊은 뜻을 가진 가르침이며 모든 가르침 가운데서 가장 높은 것으로서, 모든 부처님께서 오랫동안 마음 속에 깊이 감추어 두고 함부로 설하지 않는 가르침인데, 오늘에야 비로소 그대들을 위해 알기 쉽게 펴서 설한다.」

　세존께서는 이를 다시 시로 말씀하셨다.

『일체 중생 사랑하기 때문에 항상 인욕을 행하여
부처님께서 찬양하시는 이 법화경 연설하라.
뒤의 말세에서 이 법화경 간직한 사람
재가 · 출가 묻지 말고, 보살 아닌 사람일지라도
자비심 일으켜 '참으로 이 사람들은
이 가르침 듣지 않고 믿지 않는 것 큰 허물이라.
내 성불하면 여러 가지 방편 가지고
그들 위해 이 가르침 설해 그 안에 머물게 하리.'
코끼리 · 말 · 수레 · 가마 · 몸 장식하는 물건들과
많은 논과 집과 촌락 · 도시를 상으로 주고,
혹은 의복이나 가지가지 값진 보배와

남종·여종·재물도 주되 환희하며 상을 주며,
용감하고 늠름한 병사 어려운 일 해내면
임금님이 상투 풀고 속에 감춘 명주 주듯이,
여래도 이와 같아 모든 가르침의 왕이니
인욕의 큰 힘과 간직하고 있는 풍부한 지혜와
큰 자비심 가지고서 진리대로 세상 교화한다.
모든 사람 여러 가지 고통 받고 있으면서
그 고통에서 해탈코자 안팎의 마왕과 싸우는 것 보고
이런 중생 위해 가지가지 가르침 설하니,
큰 방편 가지고 이 여러 경전 설하였다.
중생들이 깨달음에 이를 힘 갖춤을 알게 되면
맨 끝에 그들 위해 이 법화경 설하는 것은
대왕이 상투 풀어 그 속에 있던 명주 주듯이,
이 법화경 거룩하여 모든 경전 중에 으뜸이라
내 항상 수호하고 함부로 열어 보이지 않았으나
지금이 바로 그 때이다. 그대들에게 설함이니,
내가 멸도한 뒤에 부처님 깨달음 얻으려고
몸과 마음 편안하게 이 가르침 넓히려거든
위에 말한 네 가지 행법 응당 몸에 갖추어라.
이 법화경 읽는 이는 항상 근심·걱정 모두 없고
병과 고통 하나 없어 얼굴 빛이 아름답고,
가난하고 비천하며 누추한 집에 태어나지 않아
중생들이 보기 원하되 어진 성인 사모하듯
하늘의 여러 동자들이 생활용품 다 바치리라.
칼·막대기 치지 못하고 독약으로도 못 해치며,
만일 어떤 사람 욕하고 헐뜯으면 그 입 막힐 것이리라.

법 설하기 위해 어디에 갈지라도 사자의 왕처럼
지혜의 광명은 햇빛이 비치는 것과 같으리라.
만일 꿈 속에서도 오직 훌륭한 것만 볼 것이니,
모든 여래께서 사자의 자리에 높이 앉으시어
많은 비구들에게 둘러싸여 설법하심을 볼 것이며,
갠지스 강 모래 같은 수의 용과 귀신과
아수라의 무리들이 공경하고 합장하는 가운데
그들 위해 설법하는 자기 몸을 볼 것이다.
또 모든 부처님께서 황금색으로 몸 갖추시고
한량없는 빛 놓으셔 이 세상 모두를 비추며
아름다운 목소리로 여러 가르침 설한다.
부처님이 사부 대중 위해 위 없는 가르침 설할 때,
자기 몸이 그 가운데서 합장하고 찬양하며
가르침 듣고 환희하고 부처님께 공양하여
많은 가르침 기억하는 힘과 물러서지 않는 지혜를 깨달으니,
그 마음이 깨달음의 길에 깊이 든 것 알고서
기어코 깨달음 완성할 것임을 예언 받으며,
"그대 선량한 남자여, 앞으로 오는 세상에서
한량없는 지혜인 부처님의 큰 깨달음 얻고,
그 국토는 맑고 아름다우며 비할 데 없이 넓고 크며,
또한 사부 대중이 합장하며 그대의 가르침을 들으리라." 함을
보며
'자신이 산이나 숲속에 있으면서
바른 가르침 수행해 모든 사물의 실상을 깨달으며
깊이 선정에 들어 시방에 부처님을 친견하는 것'도 꿈에서 보
리라.

모든 부처님의 몸, 황금 빛에 온갖 복덕 장엄하셨는데,
부처님의 설법 듣고 남에게 설법하는 항상 좋은 꿈 꿀 것이며,
또 꿈에라도 국왕 되어 궁정이며 권속이며
가장 높은 쾌락 버리고서, 도 닦는 곳에 나아가
보리수 아래 있는 사자의 자리에 높이 앉아
깨달음 구한 지 7일 만에 모든 부처님 지혜 얻어
위 없는 깨달음 성취하고 일어나, 가르침의 수레바퀴 굴려
천만억 겁 지나도록 사부 대중 위해 설법하리.
모든 미혹 다 버리는 묘법 설해 한량없는 중생 제도하고
열반에 들 적에는 기름 다하여 등불 꺼지는 것 같은 그러한 꿈
이리라.
만일 뒤의 험악한 세상에서 이 가장 높은 법화경 설한다면
그 사람은 큰 이익 얻으리니, 그 공덕 또한 위와 같다.」

제15장

종지용출품

　그때, 다른 국토에서 온 8 갠지스 강의 모래 수보다 더 많은 여러 보살마하살들이 대중 가운데서 일어나 합장하고 예배하며 부처님께 여쭈었다.

　「세존이시여, 만일 저희들에게 부처님께서 멸도하신 뒤에도 이 사바세계에 있으면서 부지런히 정진하며 이 법화경을 지켜 기억하고 읽어주고 외워서 들려주며 쓰고 베껴서 공양할 것을 허락해 주신다면, 참으로 이 국토에서 널리 법화경을 설할까 합니다.」

　그러자 부처님께서는 이 많은 보살마하살들에게 말씀하셨다.

　「그만두자, 좋은 집 안의 남자들이여, 그 뜻은 고맙지만 그대들이 법화경을 지켜 간직할 필요가 없다. 왜냐하면 내가 거느리는 이 사바세계에는 6만 갠지스 강의 모래알 같은 큰 뜻을 세운 구도자가 있으며 그 하나하나의 구도자에게는 각각 6만 갠지스 강의 모래알 같은 제자들이 있어, 이 여러 사람들이 내가 멸도한 뒤에 법화경을 지켜 간직하고 읽고 외우며 널리 설할 것이기 때문이다.」

부처님께서 이렇게 말씀하시자, 순간 사바세계 전체의 땅이 모두 다 진동하면서 벌어지더니 그 속에서 한량없는 천만억의 큰 뜻을 세운 구도자가 동시에 솟아나왔다. 그 구도자들의 몸은 모두 황금색으로 32 상을 갖추었으며 무수한 광명을 발하고 있었다.

이 구도자들은 아득한 옛날부터 사바세계 아래의 허공 가운데 머물러 있었으나, 삭가모니불께서 자기들에게 교화를 맡긴다는 음성을 듣고 아래로부터 솟아오른 것이다.

그 하나하나의 구도자란 모두 대중을 이끄는 지도자로서 각기 6만 갠지스 강의 모래 수의 제자들을 거느리고 있으며, 5만이나 4만·3만·2만·1만 내지 1 갠지스 강의 모래, 반 갠지스 강의 모래, 4분의 1 내지 천만억 나유타분의 1 갠지스 강의 모래 수와 같은 제자들을 거느린 구도자도 더욱 많았다. 그 뿐만 아니라 천만억 나유타의 제자를 거느리며 또는 천만 내지 1백만, 1만 또는 1천이나 1백에서부터 10, 또는 5·4·3·2·1의 제자를 거느리고 있는 구도자는 말해 무엇하겠는가. 거기에 번거로움을 멀리 여의고 홀몸으로 행하기를 즐기는 사람도 한량없고 끝간 데 없어 숫자나 비유로는 그 수를 헤아릴 수 없었다.

이 여러 구도자들이, 땅에서 솟아나와 각기 허공에 떠 있는 아름다운 칠보탑 안의 다보여래와 석가모니불이 계신 곳에 이르러, 두 세존님께 머리 숙여 예배하고 여러 보배나무 아래 사자좌에 계시는 부처님께도 예배한 후 오른쪽으로 세 번 돌고 나서 합장하고 공경하며 구도자들이 부처님을 찬양하는 여러 가지 방식으로써 찬탄한 뒤 한쪽으로 물러나 기쁜 마음으로 두 분의 세존을 우러러 보았다.

여러 큰 뜻을 세운 이들이 땅에서 솟아나와 구도자로서의 가지가지 방법으로 부처님을 찬양할 때 그 시간이 무려 50 소겁이 흘렀으나, 그 동안 석가모니불께서는 아무 말 없이 잠자코 앉아 계시니 이 자리에 모인 사부 대중들도 역시 잠자코 모두 앉아 50 소겁을 지냈지만 부처님의 신통력으로 이 모든 대중들도 반나절과 같이 생각되었던 것이다.

이때 남녀 출가 · 재가의 수행인들은 역시 부처님의 신통력으로 한량없는 백천만억 국토의 허공에 가득히 많은 구도자들을 보았으며, 그 구도자들 가운데 네 사람의 도사가 있음도 보았다.

그 첫째의 이름은 〈뛰어난 행을 아는〉 상행이요, 둘째 이름은 〈한없는 행을 하는〉 무변행이요, 셋째 이름은 〈깨끗한 행을 하는〉 정행이요, 넷째 이름은 〈확고한 행을 하는〉 안립행이니, 이 네 분의 구도자는 대중 가운데 우두머리로서 앞에 서서 그들을 인도해 가는 지도자였다.

이들은 대중 앞에서 제각기 합장하고 석가모니불을 우러러 보며 문안을 드렸다.

「세존께서는 몸 건강하시며 심기 편안하시고 무사히 지내십

니까? 교화하는 모든 사람들은 이해력이 뛰어나 가르침을 순수
히 받아들여 세존님을 피로케 하지 않는지요?」

네 큰 구도자는 이를 다시 시로 말씀드렸다.

『세존께서는 안락하시어 병 없고 고통 없으시며
중생 교화하시느라 피로 · 권태 없으신지.
또한 여러 중생은 교화 잘 받아
세존으로 하여금 수고로우시게 하지 않는지요?』

세존께서는 여러 구도자들 가운데 있는 네 사람의 구도자에
게 말씀하셨다.

「그와 같도다. 여러 선량한 남자들이여,

여래는 무사하여 건강도 좋고 걱정거리도 없으며, 여러 중생
들도 교화해 제도하기 쉬우므로 피로함이 없다. 왜냐하면 여러
중생은 아득한 전생에서부터 계속 나의 교화를 받아 왔으며 또
한 과거의 여러 부처님들을 공양하고 존숭하며 여러 가지 미덕
의 뿌리를 심어 가꾸어 왔기 때문이다. 이런 까닭에 이 세상에서
나를 만나게 되었고 나의 가르침을 듣고 즉시 그 가르침을 모두
믿고 받아들여 여래의 지혜에 들어올 수 있었다. 그러나 오직 이
세상에서 처음 소승의 가르침을 배우고 그것으로 충분하다고 생
각하는 사람들은 그렇지 않았지만, 그와 같은 사람에게도 나는
이 법화경을 듣게 해 부처님의 지혜에 들어오게 한다.」

이 말을 들은 큰 구도자들은 시로 말씀드렸다.

『오! 훌륭하시도다. 큰 지도자이신 세존께서
'많은 중생 교화하고 구제하기 쉬웠다.' 하시고
'모든 부처님의 매우 깊은 지혜 능히 묻고
그것을 듣자마자 믿고 이해하였다.' 하시니
저희들은 감사해 기쁘기 그지없습니다.』

그때 세존께서는 윗자리의 큰 구도자들을 찬탄하시기를,
「오! 훌륭하도다. 좋은 집 안의 남자들이여,
그대들은 훌륭히 여래에게 귀의하는 마음을 일으켰다.」
이 광경을 보고 있던 미륵보살과 8천 갠지스 강의 모래 같은
많은 보살들이 모두 이런 생각을 했다.
'우리들은 부처님을 오래전부터 섬겨왔지만 지금껏 이렇게
많은 큰 뜻을 세운 구도자들이 땅에서 솟아나와 세존 앞에 합장
하고 공양하며 문안드리는 것을 보지도 못했고 듣지도 못했는
데……'
미륵보살마하살은 이와 같은 많은 보살들의 마음 속에서 생
각하고 있는 바를 알고, 아울러 자기 자신의 의심도 해결하고
자 합장하며 시로 부처님께 여쭈었다.

『한량없는 천만억의 많은 구도자 대 집단은
예전에 미처 못 보던 일, 원하오니 부처님께선 말씀해 주소서.
이들은 어디서 왔으며 무슨 사연 있어 모였는지.
거대한 몸에 신통력 있고 지혜 또한 헤아릴 수 없으며
그 의지력 견고하고 큰 인내력 가졌으니,

중생들이 뵙고 싶어 원하는 분들인데 모두 어디에서 왔습니까.

하나하나의 구도자들이 거느린 제자들은

그 수 헤아릴 수 없어 갠지스 강의 모래 같고

혹은 큰 구도자는 6만 갠지스 강의 모래 같은 제자 거느렸으며,

이와 같은 많은 대중 일심으로 부처님의 길 구하며

부처님 공양하고 법화경 지켜 간직하며,

5만의 갠지스 강 모래 수 거느린 보살 그 수는 더 많다.

4만 그리고 3만·2만 내지 1만

1천·1백 내지 1 갠지스 강의 모래 수 거느린 보살과

반 분이나 3과 4분과 억만분의 1과

천만의 나유타분의 1과 만억의 여러 제자 거느린 보살과

반 억에 이르는 제자 거느린 보살, 그 수는 다시 이보다 더 많고,

백만 내지 1만이며 1천 내지 1백과

50과 10 내지 3·2·1의 제자 거느린 보살 더욱 많습니다.

권속없이 홀몸으로 다니기를 좋아하며

부처님 계신 곳에 온 이도 그 수 더 많으니,

이와 같이 많은 대중 산 까치로 헤아려

갠지스 강의 모래 수의 겁 다 지나도 그 수 알지 못한다.

정진하며 큰 위덕 있는 많은 이 구도자는

그 누가 설법해 교화 성취시켰으며,

누구 따라 발심했고 어떤 부처님 법 찬양하며

어떤 경전 믿고 간직하며 행했고 어떤 부처님 길 닦았을까.

이같이 많은 구도자 신통력과 큰 지혜의 힘 갖고

사방의 땅 벌어져 모두 그 속에서 나왔으니

세존이시여, 이런 일은 예전에 일찍이 없었던 것,

원컨대 그들이 온 국토의 이름이라도 설해 주소서.

내 항상 여러 국토 다녀 왔으나, 아직 이런 일 못 봤고
이 대중 가운데서 아는 이 하나 없으니,
홀연히 땅에서 솟아나온 그 사연을 설해 주소서.
지금 이곳에 모인 한량없는 백천억의
많은 보살들이 모두 이 일 알기 원하니
이렇게 많은 구도자들의 발심에서부터 솟아나기까지의 그 사
연을,
무량한 덕 갖추신 세존께서 대중의 의심 풀어 주소서.」

그때 한량없는 백천만억의 타방 국토에서 오신 석가모니불의
분신인 여러 부처님들께서는 8방의 많은 보리수 아래에 놓인
사자좌 위에 가부좌를 틀고 앉아 계셨는데, 그 분신불의 시봉
자들도 많은 구도자 대중이 삼천 대천세계의 땅에서 솟아나와
허공에 머물고 있는 것을 보고 저마다 섬기고 있는 부처님들께
여쭈었다.

「세존이시여, 이 한량없고 끝간 데 없는 아승기의 구도자 대
중은 어디서 왔습니까?」

분신불인 여러 부처님들께서 시봉자들에게 말씀하셨다.

「선량한 남자들이여, 잠깐만 기다려라. 석가모니불께서 '나
를 이어 다음에 성불하리라.'고 예언한 미륵이라는 이름의 보
살마하살이 이미 이 일에 대해 물었으니, 지금 석가모니불께서
대답하실 것이므로 그대들도 자연히 듣게 될 것이다.」

석가모니불께서 미륵보살에게 말씀하셨다.

「오! 훌륭하도다. 〈능히 이길 사람 없는 이〉 아일다여,

그대는 이 중대한 일을 잘 물었다. 그대들은 모두 티없는 마음으로 진리를 끝까지 파헤치겠다는 결심 아래 가르침을 받는 것을 기필코 믿어 의심하지 않겠다는 굳은 각오를 해야 한다. 나는 이제부터 모든 부처님의 지혜와 모든 부처님의 자유자재한 〈초인간적 능력인〉 자재신통력과 〈모든 힘을 펼쳐내는 사자의 왕과 같은 그 생명력인〉 사자분신지력과 〈일체 중생을 감화시키는〉 그 덕을 뚜렷이 나타내어 설해 보이겠다.」

세존께서는 이 뜻을 강조하기 위해 다시 시로 말씀하셨다.

『순수한 마음으로 정진하라. 그 사연 말하리라.
부처님의 지혜 그대들은 모르나, 의심 품지 말며
믿음의 힘 일으켜 정신을 통일해 내 말 똑바로 들어라.
예전에 듣지 못한 진리 이제 모두 듣게 되리.
이 진리 말해 마음 편히 해 주리니 의심·두려움 품지 마라.
부처님 말씀 진실하며 지혜 또한 헤아리지 못해
깨달은 최고의 진리 매우 깊어 분별하기 어려운 것,
이제 밝힐까 하니 모두 일심으로 듣도록 해라.」

세존께서는 다시 미륵보살에게 말씀하셨다.

「이제 내가 여기 있는 대중인 그대들에게 선언한다. 아일다여, 땅에서 솟아나온 이 한량없이 무수한 아승기의 큰 뜻을 세운 구도자들을 그대들은 지금까지 보지 못했을 것이나, 실제로 내가 이 사바세계에서 위 없이 완전한 깨달음을 얻고 난 뒤에 교화하고 지도해 그 마음을 〈진리에 따르도록〉 조절하고 최고의 깨달음을 얻고자 하는 뜻을 세우게 한 사람들이다.

그리고 이 구도자들은 모두 사바세계 아래의 허공에 살고 있으면서 모든 부처님의 가르침을 잘 배워 통달했으며 사색하고 이해해 정확히 기억하고 있다.

아일다여, 이 소질이 훌륭한 여러 남자들은 많은 사람들 속에서 뒤섞여 설법하는 것을 좋아하지 않으며, 항상 고요한 곳에서 수행에 정진하는 것을 원하고 일심으로 노력하되 쉬는 일은 잠시도 없다. 또 다른 인간이나 천신에 의지하지 않고 항상 깊은 지혜를 구하되 그것을 방해하는 생각을 일으키는 일이 없으며, 언제나 모든 부처님들과 똑같은 진리를 깨닫는 것을 원하고 위 없이 완전한 깨달음을 위해 일심으로 정진했다.」

세존께서 다시 시로 말씀하셨다.

『아일다여, 잘 듣거라. 이 많은 큰 구도자는
무수한 겁으로부터 부처님 지혜 닦아 익혀 왔다.
내 이들 모두 교화하고 큰 깨달음 구하는 마음 일으키게 하니
이들은 내 아들이라.
이 세상에 머물면서
청정한 행을 하며 고요한 곳에 있기 좋아하고
시끄러운 대중 속에서 많이 설하는 것 싫어한다.
이같이 많은 아들 나의 가르침 배워 익히되
부처님의 깨달음 얻기 위해 밤낮 없이 정진하며
사바세계 아래의 허공 가운데 있었다.
뜻 이룬다는 마음 매우 굳어, 지혜 항상 구하며

갖가지 묘한 법 설하는 데 그 마음 두려움 없다.
내가 가야성 근처 보리수 아래 앉아
가장 높고 바른 깨달음 성취하고 위 없는 가르침 설해
처음으로 이들 교화하고 불도 구하는 마음 일으키게 하여,
지금 물러서지 않는 경지 도달해 모두 다 성불하리라.
내 이제 진실한 말 하니 일심으로 믿도록 해라.
아득한 옛날부터 이 대중들을 교화해 왔었다.」

이를 들은 미륵보살마하살과 수많은 보살들은 일찍이 없었던 이상한 일이라고 의심하며 이런 생각을 했다.

'세존께서는 어떻게 그 짧은 시간에 이 한량없고 가이없이 많은 아승기의 큰 구도자들을 교화해 위 없이 완전한 깨달음에 도달할 수 있는 경지로 육성하셨을까?'

그리고 곧 부처님께 여쭈었다.

「세존이시여, 여래께서 태자로 계실 적에 석가족의 왕궁을 나오시어 가양성에서 그다지 멀지 않은 〈깨달음을 구하는 곳인〉 도량에 앉아 위 없이 완전한 깨달음을 성취하신 후 지금까지 겨우 40여 년에 불과한데, 어떻게 이 짧은 기간에 위대한 부처님 사업을 이룩하셨습니까, 부처님의 큰 힘 때문입니까? 혹은 부처님의 큰 덕 때문입니까? 어떻게 해서 이같이 한량없는 구도자들을 교화해 위 없이 완전한 깨달음을 얻을 수 있는 경지까지 인도하셨습니까?

세존이시여, 이 큰 구도자의 집단은 가령 어떤 사람이 천만억 겁을 두고 헤아릴지라도 끝이 없습니다. 이같은 구도자들은

아득한 먼 옛날부터 지금까지 한량없고 가없이 많은 부처님 아래서 여러 가지 선행으로 덕의 뿌리를 심고 가꾸면서 보살의 길을 완성했으며 항상 깨끗한 수행을 해 왔다고 말씀하시지만, 이런 일은 세상에서 믿기 어려운 일입니다.

세존이시여, 이 일을 비유하면 얼굴이 아름답고 머리가 검은 스물다섯 살의 한 젊은이가 백 살 된 노인을 가리켜 "이 사람은 내 아들이다." 하고 말하니, 그 백 살의 노인도 역시 "저 분은 저의 아버지입니다. 저를 길러 주신 분입니다." 하고 말한다면, 이런 일을 세상에서 믿겠습니까?

부처님께서도 또한 이와 같이 깨달음을 성취하신 지 실은 오래지 않건만, 이 많은 구도자들은 한량없는 천만억 겁 동안 부처님의 깨달음을 구해 부지런히 정진하며 수행을 쌓아 한량없는 백천만억의 명상에서 나오고 머물기를 자유자재로 하며 큰 신통력도 얻고 오랫동안 맑고 깨끗하게 몸을 간직하는 수행을 차례차례로 계속해 모든 좋은 가르침을 몸에 익혀 질문에도 자유자재로 대답할 수 있어, 인간들 가운데의 보배이니 세간에서도 극히 드문 사람이라고 말씀하셨습니다.

그런데 오늘 세존께서 부처님의 깨달음을 얻으신 후에 처음으로 보리심을 일으키게 해 교화하고 인도하여 위 없이 완전한 깨달음에 향하도록 하셨다고 말씀하셨습니다. 세존께서 성불하신 지가 오래되지 않았는데, 어떻게 이같이 큰 공덕을 실현하셨습니까?

저희들은, 부처님께서 사람과 경우에 따라 알맞게 가르침을 설하신다거나 또 부처님의 말씀은 모두 헛된 거짓말이 없다고 굳게 믿으며, 부처님의 말씀 속에는 깊은 뜻이 감추어져 있음도 잘 알고 있습니다. 하지만 이제 처음으로 부처님의 깨달음을 얻겠다고 발심한 구도자들은 부처님께서 멸도하신 후, 만일 이러한 말을 듣는다면 그것을 믿지 못할 것이며, 그 믿지 않음이 부처님의 가르침을 깨뜨리는 죄를 짓는 행위의 원인이 될까 두렵습니다. 원하오니 세존이시여, 이 일을 자세히 설명해 주셔서 저희들의 의심을 풀어 주시고, 아울러 미래의 세상에서 많은 훌륭한 제자들이 이 설명을 들으면 의혹을 일으키지 않게 해 주십시오.」

미륵보살은 이 뜻을 거듭 말씀드리기 위해 시로 읊었다.

「부처님은 그 옛날 석가족에서 출가하여 가야성 근처에 있는
보리수 아래 앉으시니, 그 때부터 지금까지 아직 그리 길지 않다.
여기 있는 부처님의 많은 아들, 그 수는 헤아릴 수 없는데,
오랫동안 불도 행해 신통력과 지혜의 힘 갖추고 거기 머물고 있다.
보살의 길 잘 배워 세속의 법에 물들지 않음은
마치 진흙탕물 속의 연꽃 같다.
구도자들은 땅에서 솟아 나와
모두 공경하는 마음 일으켜 세존 앞에 머물러 있어,
이런 일 생각해도 어려워 알 수가 없으니 어찌 믿을 수 있겠는가.
부처님이 깨달음 얻으신 것 매우 가깝고 성취하신 일 너무 많다.
원컨대 저희들 위해 많은 의문 없애 주시고 진실을 자세히 설명해 주소서.

비유하면, 젊은 이 나이 겨우 스물다섯인데

백살에 머리 희고 얼굴엔 주름살 많은 노인 가리켜,

"이는 내가 낳은 아들이오." 하고, 노인 또한 "내 아버지오." 하면

아비 젊고 아들 늙었으니, 세상 사람 믿지 않으리라.

세존도 이와 같아 깨달음 얻은 때부터 지금까지 매우 가까운데,

이 많은 구도자들은 그 뜻이 견고해 두려워 기죽지 않고,

한량없는 겁 동안에 보살의 길 행하면서

어려운 문답에도 교묘하여 그 마음 두려움 없고,

그들의 인내심은 굳게 결정되어 단정하고 위덕 있어

시방의 부처님들께 칭찬 받고 훌륭하게 설하고 있다.

많은 사람 모인 곳 원치 않고, 항상 즐겨 선정에 들지만

불도 구하기 때문에 아래 허공계 가운데 머물고 있다.

저희들은 부처님으로부터 이런 말 들었기에 의심은 없지만

원컨대 부처님이시여, 미래를 위해 이 까닭을 설하셔서 확실히 알게 하소서.

만일 이 법화경에 대해 의심 품고 믿지 않는 이 있으면

그들은 곧 악한 갈래에 떨어지리니, 원컨대 그들 위해 자세히 설명하소서.

이 한량없는 구도자들을 어떻게 짧은 시간 동안에

교화하고 발심시켜 물러서지 않는 경지에 도달케 하셨습니까.」

여 래 수 량 품

부처님께서는 여러 보살과 일체의 대중에게 말씀하셨다.

「선량한 남자들이여, 그대들은 여래의 마음 속에 깊이 간직했던 진실한 깨달음의 말을 똑똑히 듣고 이해해 굳게 믿도록 하라.」

부처님께서 다시 대중에게 말씀하셨다.

「그대들은 여래의 마음 속에 깊이 간직했던 진실한 깨달음의 말을 똑똑히 듣고 이해해 굳게 믿도록 하라.」

부처님께서는 또 다시 많은 대중들에게 말씀하셨다.

「그대들은 여래의 마음 속에 깊이 간직했던 진실한 깨달음의 말을 똑똑히 듣고 이해해 굳게 믿도록 하라.」

그러자 보살 대중은 미륵보살을 선두로 모두 합장하고 부처님께 여쭈었다.

「세존이시여, 원하고 원하니 그 진실을 설해 주소서.

저희들은 기필코 부처님의 말씀을 믿고 따르겠습니다.」

이렇게 세 번이나 말하고 나서 또 다시 여쭈었다.

「원하고 원합니다. 그 진실을 설해 주소서.

저희들은 기필코 부처님의 말씀을 믿고 따르겠습니다.」

세존께서는 여러 보살들이 이렇게 세 번씩이나 청하고도 그 간절한 마음이 그치지 않은 것을 아시고 이들에게 말씀하셨다.

「그대들은 극히 깊고 오묘한 여래의 본체와 자유자재한 그 능력을 자세히 들어라.

일체 세간의 천신과 인간들 그리고 아수라들은 모두 지금 〈이렇게 가르침을 설하고 있는 나〉 석가모니불은 석씨 집 안의 왕궁을 나와 가야성 근처의 깨달음의 장소에 앉아 위 없는 완전한 깨달음을 얻었다고 생각하고 있지만, 그러나 훌륭한 남자들이여, 참으로 내가 성불한 지는 한량없고 가이없는 백천만억 나유타 겁이 흘렀다.

비유하면, 5백천만억 나유타 아승기의 삼천 대천세계를 어떤 사람이 부수어 아주 작은 분말로 만들었다고 하자. 그 분말을 가지고 동쪽으로 날아가 5백천만억 나유타 아승기 번째의 별을 지날 때마다 한 미립자씩을 떨어뜨리면서 계속 날아가, 마침내 그 미립자를 모두 다 떨어뜨렸다고 하자.

선량한 남자들이여, 그대들의 생각은 어떠한가. 과연 얼마만큼의 천체를 거쳐 왔는지 그대들의 머리로 생각할 수 있겠으며 헤아려서 그 수를 알 수 있겠는가?」

미륵보살 등이 함께 대답했다.

「세존이시여, 그 많은 세계는 한량없고 가이없어 산수로도 알 수 없고 저희들 마음의 힘으로도 생각이 미치지 않습니다. 일체의 성문이나 벽지불이 미혹을 완전히 없앤 지혜를 발휘해 깊이 사색하더라도 그 끝없는 경계의 수를 알 수 없을 것이며, 저희들 또한 〈물러서지 않는 경지인〉 아비발치지에 머물러 있지만 〈지금 부처님께서 말씀하신〉 이런 일은 도저히 생각이 미치지 않습니다.

세존이시여, 이같이 세존께서 말씀하신 세계는 참으로 한량없고 가이 없습니다.」

부처님께서 큰 보살 대중에게 말씀하셨다.

「선량한 남자들이여, 이제 그대들에게 분명히 말해 두겠다. 〈앞서 말한〉 그 미립자를 떨어뜨린 세계와 그저 스쳐지나 갔을 뿐 그 미립자를 떨어뜨리지 않은 세계와를 합해 다시 부수어서 가루로 만들었다고 하자. 그리고 그 미립자 한 개를 1겁이라고 가정한다면, 내가 성불하고부터 지금까지의 세월은 그 미립자 수와 같은 겁에다가 다시 백천만억 나유타 아승기 겁을 더한 세월이 지난 것이다.

〈이렇게 한량없는 과거로부터 지금까지〉 나는 항상 이 사바세계에 있으면서 〈사람들에게〉 진리를 설하여 교화하고 있으며 다른 백천만억 나유타 아승기 세계에서도 역시 중생을 인도하여 이익 있게 한다.

소질이 훌륭한 남자들이여, 〈지금 말한 바와 같이 나는 한량없는 과거부터 무한한 미래에 이르기까지 살아 있으면서〉 이 사이에 내가 연등불 등〈여러 가지 이름의 부처님으로 출현하였음〉을 설했고 또 그 부처님들이 세상을 떠나시는 열반도 설했으나, 이와 같은 일은 모두 〈중생을 교화하기 위한〉 교묘한 수단으로 그렇게 설명했던 것이다.

소질이 훌륭한 남자들이여, 〈여기서 부처님이란 어떤 분인가를 설명함에 있어 내가 사용해 오던 방편을 자세히 설명해 두겠다.〉 만일 어떤 중생이 나에게 찾아오면, 나는 부처님의 눈으로 그 사람의 믿음이라는 마음의 근본인 신근 〈과 그 밖의 티없고 변치 않는 노력의 정신인 정진근과 항상 생각하며 잊지 않는 염근과 결정하는 마음의 뿌리인 정근과 참다운 지혜의 근본인 혜근〉 등이 날카로운가 또는 둔한가를 분별하고, 어떻게 가르치면 깨달음을 얻게 할 수 있을까 하는 수단을 생각한 후, 그들에게 알맞도록 가지가지의 다른 부처님의 이름을 들어 이야기한다. 그러므로 부처님들의 이름이 같지 않으며, 또 그 부처님의 〈수명에 대해서도 길고 짧음이 있는 것처럼 설하므로〉 연대가 크고 작아 같지 않은 것이다. 그리고 〈부처님으로서의 수명이 다해 멸도했더라도〉 다시 이 세상에 나타나 가르침을 설하고 나면 또다시 이 세상에서 떠나리라는 것도 말한다. 또한 매우 깊고 오묘한 〈까닭에 확실히 밝히기 어려운〉 진리를 상대방에게 알맞게 가지가지 방법으로 설해 중생으로 하여금 환희심을 일으키게 하는 것이다.

소질이 훌륭한 남자들이여, 〈이런 까닭에〉 여래는 많은 중생들 가운데 아직 덕이 엷고 번뇌가 많아서 작은 깨달음을 얻는 것만으로 만족하고자 하는 사람들에게는 〈그들에게 알기 쉽도록〉"나는 젊어서 출가해 이러한 수행을 거친 후 부처님의 깨달음을 얻었다."고 말해 주었다. 그러나 실제로는 내가 성불한 지는 무한한 과거였음은 이미 말한 바와 같다. 하지만 중생을 교화해 진리의 길에 들게 하기 위해 방편으로써 이와 같이 〈젊어서 출가해 수행을 쌓은 연후 부처님이 되었다고〉 말한 것이다.

소질이 훌륭한 남자들이여, 여래가 설한 모든 가르침은 〈각기 그 표현에는 다른 것이 있을지라도〉 결국에는 모두가 중생을 구제하고 미혹에서 해탈케 하기 위한 것이므로, 어느 때에는 부처님의 본체에 대해 설할 적도 있고 어느 때는 특정한 모습을 가지고 출현하는 부처님에 대해 설할 적도 있으며, 어느 때는 부처님의 몸으로서 직접 이 세상에 출현할 적도 있고 다른 여러 가지의 성인이나 훌륭한 사람으로 출현할 적도 있으며, 혹은 부처님의 구제를 직접적인 형태로 나타내 보일 적도 있고 간접적으로 다른 일을 사이에 끼워 넣고 구제하는 일도 있으니, 〈비록 그 형태는 이와 같이 여러 가지로 변하지만〉 그 설하는 것은 모두 진실해 헛되고 거짓됨이 없다. 왜냐하면 여래는 삼계의 참 모습을 있는 그대로 꿰뚫어 볼 수 있기 때문에, 모든 것은 나고 죽고하여 기필코 변화하는 것이나 〈그것은 오직 현상 위에서만의 일에 불과하며 여래의 눈으로 그 속에 있는 실상을 보면〉, 모든 것은 사라지지도 않고 나타나지도 않으며 〈모든 생명체는 그대로 살아 있을 뿐〉 이 세상에 있다든지 혹은 세상을 떠난다고 하는 것은 본래 없으니, 〈눈앞의 사물이〉 실제로 있다고 보는 것도 잘못이며 없다고 단정하는 것도 잘못이다.

또 사물이 항상 변하지 않고 있는 것처럼 생각함도 미혹이지만, 그렇다고 현상면만 보고 상주하는 것이 없다고 생각함도 얕은 소견이다. 여래는 삼계〈에 살고 있는 인간들의 그와 같은 생각을 초월해 그〉속에 있는 실상을 꿰뚫어 보고 있기 때문에 결코 잘못 보는 일이 없다. 그러나 〈깨달음을 얻지 못한〉 중생은 저마다 각기 다른 성품을 가지고 있으며 제각기 다른 욕망을 가지고 있고 다른 행을 하고 있으며, 다른 생각을 가지고 〈사물을 자기 자신의 주관에 의해 분별해 보는 습성이〉 있으므로, 여래는 모든 중생에게 〈인간 향상의 근본이 되는〉 선근을 길러 주고자 하여 과거의 사연을 예로 들어 말하기도 하고 비유를 인용해 가르치기도 하며 알맞은 말을 사용해 설명하기도 하는 등 여러 가지 방법으로 설해 주며 부처님의 교화사업을 하되 한 번도 쉬어 본 일이 없다. 이와 같이 진실한 나는 성불한 지가 매우 먼 옛날부터였고 수명도 한량없는 아승기 겁이기 때문에 항상 이 세상에 머물고 있어 멸하는 일은 없다.

소질이 훌륭한 남자들이여, 〈근본불로서의 수명은 그렇다 하더라도〉 내가 〈이 삼계에 출현해〉 전생에서 보살의 길을 행한 공덕에 의해 얻은 수명도 매우 길어, 지금도 아직 다하지 못했으며, 다시 위에서 말한 수의 배나 된다. 나는 그대들에게 내가 잠시 후에 멸도할 것이라고 말했지만, 그러나 이것은 참 멸도가 아니며 중생을 교화하는 방편으로 〈모든 사람 앞에서 모습을 감춘다고〉 말하는 것이다. 왜냐하면 만일 여래가 이 세상에 오래 머물 것이라고 말하면 덕이 두텁지 않은 보통사람은 덕의 근본이 되는 선행을 심지 않아 마음이 빈한하며 좁고 천박해져서 오관의 욕망에 사로잡히게 되어 생각하는 것들이 자기 중심으로 〈그 참 모습을 볼 수 없기 때문에〉 허망한 그물 속에 빠져서 허우적 거릴 것이다. 만일 여래가 이 세상을 떠나지 않고 언제까지나 살아 있음을 보면, 〈가르침 쯤이야 듣고 싶을 때에 들어도 무방하다고 하는〉 방자한 마음이나 싫증이 나 게으름을 피우고 싶은 마음이 생겨 부처님을 만난다는 것이 어려우며, 부처님을 진실로 공경하는 마음을 일으키지 아니하므로, 여래는 방편을 가지고 "비구들이여, 똑똑히 알아라. 모든 부처님께서 이 세상에 출현하지만 만나기는 매우 어렵다." 하고 설하는 것이다. 왜냐하면 덕이 두텁지 못한 사람들 가운데는 한량없는 백천만억 겁을 지나서 겨우 부처님을 만나 뵙는 사람도 있고 혹은 만나 뵙지 못하는 사람도 있기 때문에, 나는 "비구니들이여, 여래를 만나 보기가 어렵다." 하고 설하는 것이다.

이러한 박덕한 중생들도 이같은 말을 들으면 반드시 부처님은 만나 뵙기 어렵다는 생각을 일으켜 마음에 사모하는 생각을 품고 목마른 사람이 물 구하듯 부처님을 간절히 그리워 해, 곧 선근을 심게 될 것이다. 그러므로 여래는 비록 멸도하지 않지만 어느 기간이 지나면 멸도한다고 말한다.

또 소질이 훌륭한 남자들이여, 모든 부처님·여래의 가르침이 다 이와 같아 중생을 제도하기 위한 것이므로 모두가 진실하고 거짓이 없다.

비유하면, 어떤 훌륭한 의사가 있었는데 그는 매우 총명하고 사리에 통달한 사람이었다. 약의 처방에도 숙련되어 어떤 병이라도 고쳐주었다.

그 의사에게는 많은 자식이 있었으니, 열·스물 내지 1백 명이나 되었다. 그는 어떤 사연이 있어 먼 타국에 갔다. 아버지가안 계시는 동안에 아이들은 독이 되는 약을 잘못 알고 마셔 버렸다. 차츰 약 기운이 번져 정신이 어지러워 땅에 굴러다니며괴로워했다. 이때 아버지가 집에 돌아오니 독약을 마신 아이들은 본심을 잃기도 했거나 혹은 아직 본심만은 잃지 않은 아이도있었다. 멀리서 아버지가 오는 것을 본 아이들은 다 크게 환희해 무릎을 꿇고 절을 하면서 말하기를, "안녕히 잘 다녀오셨습니까? 저희들이 어리석어 독약을 잘못 마셨으니 부디 치료해다시 살려 주옵소서." 하니, 아버지는 자식들이 고통받고 있는모습을 보고, 여러 가지 처방에 따라 빛과 향과 맛을 다 갖춘좋은 약초를 구해 방아에 찧고 체로 쳐서 조제해 아이들에게 주면서 "이것은 좋은 약이다, 빛과 향과 맛을 고루 갖추었으니 너희들이 먹으면 고통이 빨리 낫고 다시는 병에 걸리지 않으리라." 했다. 그 아이들 가운데 본심을 잃지 않은 아이들은, 약이빛과 향이 갖추어 있음을 보고 좋아하면서, 곧 약을 먹고 병이나왔다. 그러나 본심을 잃은 아들들은 아버지가 오는 것을 보고 비록 환희하고 문안 드리며 병 치료를 원했으나 그 약을 먹지 않았으니, 왜냐하면 독기가 몸 속에 깊이 들어 있어 본심을잃었기에 이같이 좋은 빛과 향으로 갖춘 약을 좋지 않게 생각했기 때문이다.

그때 아버지는 생각했다. '이 자식들은 참으로 불쌍하구나, 중독 되어 마음이 뒤집혀서 나를 보고 기뻐하며 병치료를 원했지만 이렇게 좋은 약을 먹지 않으니, 내가 교묘한 수단을 사용해 약을 먹게 하리라.'

그리고는 이렇게 말했다.

"너희들은 똑똑히 알아라. 내 이제 늙고 쇠약해 죽을 때가 되었다. 이 좋은 약을 여기에 남겨 두니 너희들이 찾아서 먹어야 한다. 그리고 차도가 없을까 걱정하지 마라."

이렇게 타일러 놓고 다시 타국에 가서 심부름하는 사람을 본국의 아이들에게 보내 '그대들의 아버지는 이미 죽었다.'고 했다. 그러자 그 여러 아이들은 아버지가 세상을 떠났다는 소식을 듣고 크게 슬퍼하며 생각하기를, '만일 아버지께서 계시면 우리들을 불쌍히 여기시고 사랑해 구원하고 보호하시련만, 이제 우리를 버리고 먼 타국에서 세상을 떠나셨으니, 다신 보호받지도 못하고 의지할 수도 없구나.' 하며 계속 슬픈 생각을 품어 오다 보니, 이윽고 마음이 깨어나 이 약이 빛과 향과 맛이 좋은 줄 알게 되어 즉시 찾아 먹어 독병이 다 나았다. 그 아버지는 아이들이 이미 다 나았다는 소식을 듣고 돌아와, 아이들로 하여금 모두 그를 보게 했다.

소질이 훌륭한 남자들이여, 그대들의 생각은 어떠한가. 이 훌륭한 의사가 거짓말을 했다고 그 죄를 말하는 사람이 있겠는가, 없겠는가?」

그러자 보살들은 대답했다.

「없습니다, 세존이시여!」

부처님께서 다시 말씀하셨다.

「나도 또한 이 의사와 같아서 '성불한 지가 한량없고 끝간 데 없는 백천만억 나유타 아승기 겁이지만, 중생을 구제하기 위한 교묘한 수단으로 머지 않아 멸도하리라.'고 말한 것이므로, 지금 말한 도리에 의해 내가 거짓말을 했다고 허물을 잡을 사람은 없을 것이다.」

세존께서 그 내용을 다시 시로 말씀하셨다.

『내가 부처님의 깨달음을 달성한 것은 생각조차 미치지 않는
백천만억재 아승기겁의 옛날이었다.
그 길고 긴 세월 동안 가르침을 설해 수많은 보살 일깨워
부처님의 경지에 들게 하고
무수억의 중생 가르쳐 근기 성숙시켜 왔다.
중생을 구제하기 위해 출현해 교묘한 수단으로 열반에 드는 것
처럼 보이지만
실제로는 멸도치 않고 항상 이 세상에 있으면서 진리를 설하고 있다.
나는 신통스런 힘으로 여러 가지 모습 변해 끊임없이 가르치고
있지만,
있는 것을 없다고 뒤바꾸어 보는 어리석은 중생들은 그 곁에 있
는데도 나를 보지못한 채
내가 완전히 멸도한 줄 잘못 알고 나의 유골에다 갖가지 공양
다 바치며,
모두 다 사모하는 마음 품고 보고 싶어 갈망해
그 마음이 순수하고 부드러워져 내 가르침 믿게 된다.

모든 애욕 다 버리고 오직 나를 보기 위해 몸과 목숨 아끼지 않을 때에

나는 많은 제자들과 함께 사바세계(영축산)에 나타나

"나는 항상 이 세상에 있고 멸도한 것 아니며,

가르치기 위한 수단으로 멸도하지 않은 것을 멸도한 것처럼

보였을 따름이다." 하고 말한다.

다른 국토 중생들이 나를 공경하며 가르침 듣기 원한다면

그 국토에 출현해 이 최고의 가르침 설하지만,

그대들은 내가 설하는 말 듣지 못하므로 내가 멸도한 줄로만 생각한다.

중생들이 고통의 바다에 빠져 있음을 보지만, 내 모습 나타내 보이지 않고, 그들이 나를 보고자 하는 마음 일으켜 간절히 그리워 애태우면

그때 비로소 출현하여 가르침 설한다.

나의 신비한 힘 이와 같아 헤아릴 수 없는 오랜 세월 동안

영축산(사바세계)과 다른 모든 곳에 항상 머물고 있다.

중생들이 큰 불이 나서 이 세상이 끝나는 줄 알지만

나의 이 불국토는 언제나 안온해 천신과 인간들이 넘쳐 흐르며

수많은 놀이동산 아름다운 누각 보배로 된 산·들에는

나무마다 꽃과 열매 무성해 중생들이 놀며 즐긴다.

천신들은 북을 치며 갖가지 음악 연주하고

만다라꽃비 내려 부처님과 제자들에게 뿌린다.

나의 정토는 항상 이와 같이 허물어지지 않건만 중생들은

불타 없어진다고 생각해

근심하고 두려워하며 괴로움에 가득 차 있다.

이와 같이 죄 많은 중생들은 악한 행위 있기 때문에

한량없는 세월 지나도록 〈불·법·승의〉 삼보의 이름마저 못
듣지만,
많은 수행 쌓고 쌓아 부드럽고 순수한 마음 가진 사람은
부처님 항상 제 곁에서 가르침 설하는 것 볼 수 있다.
그러나 이러한 사람들에게도 부처님의 수명 한량없다고 설할 때
도 있고,
오랜만에 겨우 만나는 사람에겐 부처님 만나기 어렵다고 말한다.
나의 지혜의 힘 이와 같이 환희 빛나 그지없고
수명 또한 헤아릴 수 없어 길고 긴 세월인 것, 모두가 오랫동안
선업 닦아 얻었으니,
지혜 있는 사람아, 이에 대해 의심치 말고
의심하는 마음 남김없이 다 버려라.
부처님의 말씀은 진실할 뿐 거짓 없다.
훌륭한 방법 사용한 그 의사가, 정신이 뒤바뀐 자식 고치기 위해
살아 있으면서도 죽었다고 전한 것을 거짓말 했다고 비난하는
사람 없는 것처럼
나 또한 세상의 아버지며 사람들의 괴로움을 구제하는 의사니
어리석은 사람들은 마음이 뒤바뀌어져 있으므로, 멸도하지 않
으면서도 멸도함을 보여준다.
항상 부처님 뵙게 되면 교만하고 방자한 마음 생겨나
오관의 욕망에 집착하니 삼악도에 떨어지게 되므로,
나는 항상 중생들이 불도 행하고 행하지 않는 것 모두 보아
그들에게 알맞도록 가지가지의 가르침 설하며
항상 생각하기를, '어떻게 하면 이 중생들을 위 없는 지혜에 들
게 하여
속히 부처님의 몸을 성취할 수 있도록 할까?' 한다.」

제17장

분별공덕품

　그때, 부처님께서 수명이 무수히 길고 길며 〈항상 이 세상에 계시면서 어떠한 곳에서라도 일체 중생을 인도해 주심이〉 이와 같다고 말씀하심을 듣고, 이 설법의 장소에 모인 한량없고 가이없는 아승기의 중생은 큰 이익을 얻었다.

　세존께서는 미륵보살마하살에게 말씀하시기를,

　「아일다여, 내가 설한, 이 여래의 수명이 길고 길다는 것을 듣고 6백 80만억 나유타의 갠지스 강 모래와 같은 중생이 〈이 세상에 존재하는 것은 생하는 것도 멸하는 것도 없다는〉 무생법인을 얻게 되었으며, 그 중생의 천배가 되는 큰 뜻을 세운 구도자들은 가르침을 들음으로써 〈다른 사람을 교화하기 위해 지녀야 할 기억력인〉 지혜의 힘을 얻었고, 또 하나의 세계를 아주 작은 입자로 부순 수만큼의 큰 뜻을 세운 구도자들은, 자진하여 즐겨 가르침을 설하되 어떤 장애에도 걸림이 없이 자유자재로 법을 설하는 재능을 얻었다.

또 하나의 세계를 아주 작은 입자로 부순 수만큼의 큰 뜻을 세운 구도자들이 백천만억의 한량없는 〈가르침을 원만히 익히며 자유자재한 지혜의 능력인〉 선다라니를 얻었으며, 또 삼천대천세계를 아주 작은 입자로 부순 수만큼의 큰 뜻을 세운 구도자들은 〈번뇌를 깨뜨리고 깨달음의 경지에서〉 물러나지 않는 가르침을 설할 수 있게 되었으며,

〈소천세계를 2천 개 합한〉 2천 중 국토를 아주 작은 입자로 부순 수만큼의 큰 뜻을 세운 구도자들은 〈어떤 보답도 바라지 않는〉 깨끗한 마음으로 가르침을 설할 수 있게 되었다.

또 소천세계를 아주 작은 입자로 부순 수만큼의 큰 뜻을 세운 구도자들은 여덟 번 다시 태어나는 동안에 부처님의 가르침을 수행해 위 없는 완전한 깨달음에 도달할 수 있게 되었으며,

네 개의 사 천하를 아주 작은 입자로 부순 수만큼의 큰 뜻을 세운 구도자들은 네 번 다시 태어나는 동안에 부처님의 가르침을 수행해 위 없는 완전한 깨달음에 도달할 수 있게 되었고,

세 개의 사 천하를 아주 작은 입자로 부순 수만큼의 큰 뜻을 세운 구도자들은 세 번 다시 태어나는 동안에 이 가르침을 듣고 수행해 위 없는 완전한 깨달음에 도달할 수 있게 되었으며,

두 개의 사 천하를 아주 작은 입자로 부순 수만큼의 큰 뜻을 세운 구도자들은 두 번 다시 태어나는 동안에 이 가르침을 듣고 수행해 위 없는 완전한 깨달음에 도달할 수 있게 되었으며,

한 개의 사 천하를 아주 작은 입자로 부순 수만큼의 큰 뜻을

세운 구도자들은 한 번 다시 태어나는 동안에 이 가르침을 듣고 수행해 위 없는 완전한 깨달음에 도달할 수 있게 되었다.

여덟 개의 삼천 대천세계를 아주 작은 입자로 부순 수만큼의 중생들은 이 가르침을 듣고 위 없는 완전한 깨달음에 도달하고자 하는 마음을 일으켰다.」

이와 같이 부처님께서 모든 큰 뜻을 세운 구도자들이 〈여래의 수명이 한량없다는 것을 믿음으로써 얻는〉 큰 이익에 대한 가르침을 설하시자, 허공으로부터 〈아름다운 하늘의 꽃인〉 만다라꽃과 마하만다라꽃이 비처럼 내려 한량없는 백천만억의 보배나무 아래 사자좌에 앉아 계시는 부처님들 위에 뿌려졌으며, 아울러 칠보탑 속의 사자좌에 앉아 계시는 석가모니불과 오랜 옛날에 멸도하셨으나 〈이 법화경의 설법을 증명하시려고 오신〉 다보여래의 위에도 뿌려졌고, 또한 모든 구도자들과 사부 대중들 위에도 뿌려졌다.

또 전단과 침수향 등의 미세한 가루가 비내리듯 뿌려졌으며 허공에서는 천신들의 북이 스스로 울리니 그 소리는 깊고도 아름답게 멀리 퍼졌다.

수천 가지나 되는 천신의 옷이 비오듯 내렸고, 갖가지 영락인 진주 영락과 마니주 영락과 〈모든 소원을 뜻대로 이루어 준다는〉 여의주 영락 등이 〈위와 팔방을 합친〉 구방에 가득 드리워졌으며, 보배로 만들어진 많은 향로에는 값도 모를 좋은 향이 피어져 스스로 돌아다니며, 이 큰 모임의 모든 사람들에게 두루 공양했다.

그리고 한 분 한 분의 부처님 위에는 비단 해가리개를 든 구도자들이 줄을 지어 범천까지 이르렀으며, 이 많은 구도자들은 아름다운 음성으로 한량없는 시를 읊어 부처님을 찬탄하는 노래를 불렀다.

이때 미륵보살이 자리에서 일어나 오른쪽 어깨를 벗어 드러낸 후 부처님을 향해 합장하고 시로 말씀드렸다.

『부처님은 세상에 없는 가르침 설하시니, 지금껏 들은 적 없습니다.

세존님은 위대한 힘 가졌으며 그 수명 헤아릴 수 없습니다.

무수한 부처님의 제자들은 세존께서 분별하시어

'가르침의 이익 얻은 사람 이러하다.' 설하심 듣고 온몸에 기쁨 충만하니,

어떤 이는 물러나지 않는 굳은 신앙 얻고, 어떤 이는 가르침을 기억하는 능력 얻었으며

어떤 이는 자유자재로 교묘하게 설하는 능력 얻고, 또 만억의 가르침 간직해 세상에 넓히는 힘 얻었습니다.

대천세계를 입자로 부순 수만큼의 구도자들은

모든 장애 다 극복하고 큰 가르침의 수레바퀴 돌리는 데 그지없으며,

중천세계를 입자로 부순 수만큼의 구도자들은

무아의 경지에서 청정한 가르침 설해 넓힙니다.

소천세계를 입자로 부순 수와 같은 구도자들은

여덟 번 다시 태어난 끝에 부처님의 깨달음 얻을 것이며,

넷 · 셋 · 두 개의 사 천하를 입자로 부순 수의 구도자들은

각기 그 세계의 수처럼 다시 태어나서 성불할 것이며,
하나의 사 천하를 입자로 부순 수만큼의 구도자들은
〈오랜 윤회 끝에〉 다시 한 번 태어나서 기필코 일체의 〈평등·
차별 아는〉 지혜를 얻을 것입니다.
한량없는 아승기 중생들은 부처님의 수명 영원 불멸하다는 말
듣고
미혹 없는 경지에 도달해 한량없는 순수한 신앙의 공덕 얻게 되며
팔 세계를 입자로 부순 수만큼의 중생들은
부처님의 수명 영원하다는 가르침 듣고 모두 부처님의 경지에
도달하고자 하는 마음 일으켰습니다.
세존께선 부처님 수명 한량없다는 신비한 가르침 설하시니,
큰 이익 얻었음은 마치 허공처럼 끝간 데 없습니다.
천신들은 만다라꽃과 마하만다라꽃을 비처럼 내리며,
갠지스 강 모래 같은 제석천과 범천들이 무수한 불토에서 찾아와
전단과 침수향 가루 분분하게 떨어뜨려
새들이 하늘에서 내려 앉는 듯 여러 부처님을 공양합니다.
하늘 북은 허공 가운데서 절로 아름답게 울려 퍼지고
천만억의 하늘 옷은 빙글빙글 돌며 내려오며
많은 보배 향로에는 값도 모를 향 피워
그 향기 스스로 두루 가득히 퍼져 여러 세존님 공양합니다.
많은 보살 대중들은 칠보로 된 깃발과 해가리개를
만억 가지 손에 들고 차례로 줄 지어 범천에 이르며
하나하나의 부처님 앞에는 보배로 된 깃대에 승리자의 깃발 달고,
또한 천만 가지 시로 부처님 찬탄의 노래 부르니
이와 같은 가지가지 일은 옛부터 없었던 일,
부처님 수명 무량하다는 말씀 듣고 일체 중생은 모두 다 환희합

니다.
부처님의 이름은 시방에 알려져 널리 많은 중생 이익 있게 하시니
일체 중생 선근 갖추어 위 없는 깨달음 구하는 마음 돕게 되리.」

부처님께서 미륵보살마하살에게 말씀하셨다.
「아일다여, 만일 어떤 중생이 부처님의 수명이 영원하다는
설법을 듣고 그저 한 생각만이라도 그 가르침을 믿고 이해한다
면, 그 사람이 얻는 공덕은 한량없다. 소질이 훌륭한 남자와 소
질이 훌륭한 여인이 있어, 위 없는 완전한 깨달음을 얻기 위해
80만억 나유타 겁 동안에 걸쳐 다섯 가지 〈최고 완성의 상태인
〉 바라밀을 일심으로 행했다고 하자. 다섯 바라밀이란 보시 바
라밀·지계 바라밀·인욕 바라밀·정진 바라밀·선정 바라밀
을 말하며 단, 지혜 바라밀은 제외한다. 이 다섯 바라밀을 행한
공덕도, 앞서 말한 공덕에 비하면 백 분의 일·천 분의 일·백
천만억 분의 일에도 미치지 못하니, 숫자로나 비유로도 비교해
알 수 없는 것이다. 그러니 만일 소질이 훌륭한 남녀가 이와 같
은 공덕이 있음을 알면서 부처님의 깨달음을 구하는 길에 있어,
이 부처님의 수명이 영원 불멸하다는 것을 믿지 않는다는 것은
이치에 맞지 않는 일이다.」
세존께서는 다시 시로 말씀하셨다.

『어떤 사람이 부처님 지혜 구하려고 80만억
나유타 겁 동안 다섯 가지 바라밀을 행했다 하자.
이 많은 겁에 걸쳐 부처님과 연각과 성문의 제자와

아울러 많은 구도자에게 보시하며 공양했으니,
맛있는 음식과 훌륭한 옷과 좋은 침구와
전단으로 지은 정사와 동산과 숲을 아름답게 꾸미는 등,
가지가지 아름답고 훌륭한 이와 같은 보시하되
많은 세월 다하도록 불도를 넓히는 데 이바지하고
계율 잘 지켜 청정하고 미혹 없어
모든 부처님 찬탄하는 위 없는 깨달음 구하며
인욕을 행하여 항상 조화되고 부드러운 경지에 머물되
비록 많은 나쁜 일들 닥쳐와도 그 마음 움직이지 않고,
모든 가르침 얻은 체하는 교만한 마음 품고
경멸하고 괴롭히는 사람 있더라도 모두 다 참으며
부지런히 정진하고 세운 뜻 굳건하면
한량없는 억 겁 동안 일심으로 수행하되 게으르지 않으며,
무수한 세월에 걸쳐 고요한 곳에 머물면서
앉았거나 경행하며 잠자지 않고 항상 마음 조절하니,
이런 인연 가졌기에 훌륭히 여러 선정의 경지 도달하여
80만억 겁 동안을 마음 산란치 않고 평안하게 머물렀다.
이 정신 통일의 복덕 가지고 위 없는 깨달음 구하기를
'나도 일체를 아는 지혜 얻고 여러 선정의 극치에 도달하리.'
이 사람 백천만억 겁 동안을
이 많은 수행한다면 그에게 복덕 많지만,
소질이 훌륭한 남녀들이 부처님인 내가 설한 수명 듣고
그저 한 생각이나마 그것을 믿는다면, 그 복은 이 사람이 받는
복보다 더 큰 것이니.
만일 어떤 사람 있어, 일체의 여러 의심 가지지 않고
잠깐만이라도 마음 속 깊이 믿는다면 누구나 이와 같은 복 받을

수 있으리라.

한량없는 겁 동안 수행 계속한 구도자들이

내 수명이 길고 길다는 가르침 듣고 곧바로 믿는다면,

이 여러 사람들은 이 경전 머리 숙여 믿고

'나 또한 미래세에 걸쳐 장수해 중생을 구제함에

지금의 세존처럼 석가족의 왕으로서 태어나

부처님의 깨달음 얻어 사자후로 두려움 없이 가르침 설하며

미래 세상에서 일체 중생에게 존경 받고

도량에 앉아 깨달음 얻음과 수명 장원함 설하기를 역시 세존처럼 하겠다'고 원하게 되리라.

만일 마음 속 깊이 청정하여 순수하고

많이 듣고 잘 기억하며 진리 따라 부처님 말씀 이해하면

이와 같은 많은 사람들은 이에 대해 의심함이 없으리라.」

계속해서 말씀하시기를,

「또 아일다여, 만일 부처님의 수명이 무한하다는 것을 듣고 그 말이 품고 있는 넓고 큰 뜻을 이해하면, 그 사람이 얻는 공덕은 한량없어 헤아릴 수 없으며 능히 여래와 같이 위 없는 지혜를 얻겠다는 마음을 일으키게 되거늘, 하물며 널리 이 가르침을 듣고 많은 사람들에게도 가르쳐 듣게 하며 자신도 굳게 마음 속에 간직하고 남에게도 간직하게 하며 자신도 쓰고 다른 사람에게도 쓰도록 하며, 또 꽃과 향과 영락과 당번과 비단 해가리개 그리고 향유와 〈우유를 정제해 만든 기름으로 밝히는〉 소등으로 법화경에 공양하면, 그 사람이 받는 공덕은 한량없고

가이없어 결국에는 부처님의 지혜인 일체종지를 갖추게 된다.

아일다여, 만일 소질이 훌륭한 남녀가 나의 수명이 무한하다는 말을 듣고 깊이 마음 속에 믿고 이해하면, 그 사람들은 내가 항상 영축산에 있으면서 보살 대중이나 많은 성문 대중에게 둘러싸여 설법하고 있는 것을 볼 수 있다.

또 이 사바세계의 땅이 청보석으로 되어 탄탄하고 평정하며 여덟 개의 길이 서로 교차되는 곳에는 염부단금으로 경계하고 보배나무가 늘어서 있으며, 많은 집들이 다 보배로 지어져 있고 구도자 대중이 그 속에 살고 있는 것을 보게 되니, 이와 같은 광경을 볼 수 있게끔 된 신앙의 상태를 〈깊이 믿고 이해한다는〉 심신해의 경지라고 한다.

또 여래가 멸도한 후에 만일 이 가르침을 듣고서 비방하지 않고 〈순수하게 감사하는 마음인〉 수희심을 일으킨다면, 그것이 참다운 신앙을 얻은 사람의 경지임을 알아야 한다. 그러니 하물며 이 법화경을 읽고 외우며 믿고 간직하는 사람은 말해서 무엇하겠는가. 이런 사람은 곧 여래를 머리 위에 항상 받들어 모시고 있는 것과 같다.

아일다여, 이 소질이 훌륭한 남녀는 이미 나를 위해 탑이나 절을 세울 필요가 없으며, 승방을 짓거나 〈의복·음식·침구·탕약의〉 네 가지 일로 스님들을 공양하지 않아도 된다. 왜냐하면 소질이 훌륭한 남녀가 이 법화경을 믿고 간직하며 읽고 외운다면, 이미 그 자체가 탑을 세우고 승방을 만들어 스님들에게 공양한 것과 다르지 않기 때문이다. 이는 부처님의 사리를 모

시기 위해 칠보탑을 세우되, 그 탑이 매우 넓고 크며 위로 올라
갈수록 점점 작아져 꼭대기는 마침내 범천에 이르고 여러 가지
비단 해가리개와 보배방울이 달려 있으며, 꽃과 향·영락·가
루 향·바르는 향·피우는 향과 여러 가지 북과 춤과 기악과 퉁
소·피리·〈스물 세 줄의 현금인〉 공후 등과 아름다운 음성으
로 부처님을 찬탄하는 노래를 불러 한량없는 백천만억 겁 동안
에 걸쳐 공양하는 것과 같다.

  아일다여, 만일 내가 멸도한 후에 이 가르침을 듣고 믿어 간
직하며 스스로 쓰거나 혹은 다른 사람을 시켜 쓰게 한 사람이
있다면, 그 사람은 승방을 짓되 붉은 전단향나무로 높이가 다
라 나무의 여덟 배 되는 전당을 서른 두 개나 세워, 그 전당이
높고 넓으며 아름답게 꾸며져 많은 비구들이 그 안에 살며, 그
동산과 숲과 목욕하는 연못과 거닐면서 사색하는 길과 명상을
하기 위한 동굴과 그 밖의 의복·음식·침구·탕약·일체의 오
락기구가 완전히 갖추어진 승방과 당각을 무수히 세워, 그곳에
서 현재의 나와 비구들을 공양함과 같다.

  그렇기 때문에 내가 말하기를, "여래가 멸도한 후에 만일 이
가르침을 믿어 간직하고 읽고 외우며, 다른 사람을 위해 설하
고 자신이 쓰거나 다른 사람을 시켜 쓰게 해 이 경전에 공양하
면, 탑과 절을 세우거나 승방을 지어 스님들께 공양하지 않아
도 무방하다." 하는 것이거늘, 하물며 이 가르침을 간직하고 겸
하여 보시·지계·인욕·정진·선정·지혜의 여섯 가지 바라
밀을 일심으로 행한다면, 그 덕은 가장 훌륭해 마치 허공이

동·서·남·북과 그 간방인 사유와 상·하로 한량없고 가이없는 것과 같아, 그 사람의 공덕도 또한 이와 같으니 한량없고 가이없어 곧바로 〈최고의 지혜인〉 일체종지에 도달할 수 있을 것이다.

만일 어떤 사람이 이 가르침을 읽고 외우며 마음 속에 깊이 간직하고, 나아가 다른 사람에게 설하며 자기도 쓰고 남에게 쓰도록 시킬 뿐만 아니라 다시 탑을 일으키고 승방을 지어 가르침을 구하는 많은 스님들을 찬탄하고 공양하며, 백천만억 가지의 방법으로 구도의 공덕을 찬탄하고 또다른 사람을 위해 가지가지 과거의 사연을 들어 법화경의 깊은 뜻을 바르게 해설했다고 하자.

동시에 자신의 몸을 청정하게 유지하며 부처님의 계율을 굳게 지켜 부드럽고 온화한 마음을 가진 사람들과 함께 결합하여, 어떠한 박해나 곤란에도 잘 참고 성내지 않으며 뜻이 굳건해 항상 조용히 부처님의 가르침을 생각하고 일심으로 정진하여, 여러 가지 깊은 정신통일의 경지에 도달하며 많은 훌륭한 가르침을 배워 두뇌가 명석하여 부처님의 지혜를 구하되, 깊이 그 속에 들어가 다른 사람들로부터 어려운 질문을 받더라도 바르게 대답할 수 있는 경지에 도달한 사람은, 완전히 육바라밀을 행한 사람이라고 할 수 있다.

아일다여, 만일 내가 멸도한 뒤에 소질이 훌륭한 여러 남녀가 이 법화경을 믿어 간직하고 읽고 외우면, 또한 이와 같이 훌륭한 여러 가지 공덕을 얻을 수 있으리라. 그리고 그 사람은 이미 내가 깨달음의 도량인 〈붓다가야의〉 보리수 아래 앉아 있었을 때와 같은 상태에 있다고 말할 수 있으니, 부처님의 깨달음이란 가까운 곳에 있음을 알아야 한다.

아일다여, 이 소질이 훌륭한 남녀가 앉아 있거나 혹은 서 있거나 걸어다니며 수행하는 장소에는, 탑을 세워 그 행을 찬양해라. 그리고 일체의 천신이나 인간은 모두 부처님의 탑과 마찬가지로 그 사람을 공양해야 한다.」

세존께서 이 내용을 시로 말씀하셨다.

『만일 내가 멸도한 후에 훌륭히 이 경전 받들어 간직하면
그런 사람의 복덕 한량없음은 앞에서 말한 것과 같다.
이 복덕은 바로 부처님과 스님에게 온갖 공양 다함과 같으니,
어떤 사람이 사리로 탑 세워 칠보로 장엄하니
탑 위의 표찰은 높고 넓으며 차츰차츰 좁아져 범천에 이르고,
보배방울 천만억이라 바람 불면 미묘한 소리 내고,
또 한량없는 긴 세월 걸쳐 이 탑에
꽃과 향과 많은 영락, 하늘 옷과 많은 음악 공양하고
향유·소등으로 탑 주위를 밝혔다 하자,
악한 세상 말법 시에 훌륭히 이 경전 믿어 간직하는 사람은
이미 말했듯이 많은 공양 모두 행함과 같은 공덕 있다.
만일 이 경전 간직하면, 바로 부처님 계실 때에
우두전단향나무로 승방 지어 공양하고
그 당각은 서른 둘 있어 높이는 팔 다라수며
좋은 음식·훌륭한 의복·침구들 다 갖추고
백천의 많은 집과 동산 숲과 목욕하는 연못들과

거니는 곳과 참선 굴을 아름답게 장엄함과 같다.
만일 이 가르침 믿고 이해하여 마음에 간직하며 독송하고
베껴 쓰며
다시 남에게 쓰게 하고 경전을 공양하되
꽃과 향과 말향 뿌리고 수만나와 찬바카와
아티묵타카에서 짠 기름으로 불 밝히면,
이와 같이 공양하는 사람 한량없는 공덕 얻으리니,
허공이 가이없는 것처럼 그 복덕도 이와 같으리라.
하물며 이 경전 믿어 간직하고 겸하여 보시하고 계 지킴과 동시에
인내 깊고 선정 즐겨 성내지 않고 남의 험담 아니 하고
탑과 절을 공경하고 많은 비구들에게도 겸손하며
스스로 교만한 마음 멀리하고 항상 지혜를 깊이 생각하며
어려운 질문 하더라도 성내지 않고 뜻에 따라 해설하는
이런 행 잘 하는 사람은 그 공덕 한량없으리라.
만일 이런 공덕 성취한 법사를 보게 되면,
하늘 꽃을 뿌려 주고 하늘 옷을 입혀 주며
머리 숙여 예배하되 부처님 생각하는 마음으로 해라.
또 생각하기를, '머지 않아 깨달음의 경지에 들어
번뇌 없고 집착 없는 경지 얻어, 널리 많은 천신·인간에게 이
익을 주리라.'고.
그가 머무는 곳, 혹 경행하며 혹 앉거나 누워서
단 한 시구만 설해도, 이 장소에 탑을 세워
아름답고 고상하게 장엄하며 가지가지 방법으로 공양해라.
부처님의 가르침을 믿어 간직하는 사람들이 머무는 곳은
부처님께서도 그곳을 주소로 삼아 항상 그곳에 있으면서
경행하며 앉기도 하고 잠들기도 하리라.」

제18장

수희공덕품

미륵보살마하살이 부처님께 여쭈었다.

「세존이시여, 만일 어떤 훌륭한 소질을 가진 남녀가 이 법화경의 가르침을 듣고 마음 속 깊이 귀의하고 감사하는 마음을 일으킨다면, 그 복이 얼마나 됩니까.」

이를 다시 시로 여쭈었다.

『세존께서 멸도하신 후 이 법화경 들을 수 있어
만일 깊이 감격하면, 얼마 만큼의 복을 얻을 수 있습니까?』

그러자 부처님께서 미륵보살마하살에게 말씀하셨다.

「아일다여, 여래가 멸도한 후에 만일 비구 · 비구니와 재가의 남녀 수행인과 〈아직 계는 받지 않았지만〉 훌륭한 판단력을 가진 사람이나 혹은 나이든 어른이나 어린 아이거나 이 가르침을 듣고 '감사하다'는 뜨거운 가슴 속의 기쁨을 간직한 채, 그 설법하는 장소에서 나와 다른 곳에 이르렀다고 하자. 그곳이 승원이거나 혹은 한적한 곳이거나 도회지나 번화한 거리거나 시골의 마을이거나 들 가운데의 촌락이거나, 이 모두를 막론하고 어떤 곳에 가서라도 방금 들은 가르침을 들은 바, 그대로 부모나 친척이나 좋은 친구나 지식이 있는 사람을 위해 자기의 힘이 미치는 한 열심히 이야기해 주었다고 하자.

그것을 들은 사람들도 또한 감사하다는 뜨거운 가슴 속의 기쁨을 느껴 여기저기가 다른 사람들에게 이 가르침을 전하고, 또 그것을 들은 사람이 귀의하는 마음을 일으켜 다시 다른 사람들에게 전했다고 하자.

이런 과정으로 가르침이 여기저기 차례로 옮겨가며 널리 펼쳐 전해져 그것이 50번째의 사람에 이르렀다고 하자.

아일다여, 그 50번째에 해당하는 소질이 훌륭한 남녀가 이 법화경을 듣고 감사하다는 감격을 가슴 속에 느꼈다면, 그 공덕은 참으로 크니 내가 지금 말하는 바를 잘 듣도록 해라.

만일 〈이 우주 안에 존재하는〉 사백만억 아승기 세계의 〈모든 생물, 즉 천신 · 인간 · 아수라 · 축생 · 아귀 · 지옥의〉 육취나 네 가지의 태어나는 방법에 따른 〈알에서 생겨난〉 난생이건, 〈태에서 생겨나는〉 태생이건, 〈습한 곳에서 생겨나는〉 습생이건, 〈자연히 생겨나는〉 화생이건, 혹은 형태가 있는 것이건 형태가 없는 것이건, 〈확실한 생각을 가지고 있는〉 유상이건 〈확실한 생각을 가지고 있지 않는〉 무상이건, 〈무색계에서 번뇌가 완전히 없어진 경지의〉 비유상이건, 〈아직 작은 번뇌가 없지 않은 경지의〉 비무상이건, 발이 없는 것이건, 두 발을 가진 것이건 네 발 가진 것이건, 많은 발을 가진 것 등 많은 수의 생명체에게, 어떤 사람이 그들을 행복하게 해 주려고 그들 각자가 원하고 있는 오락의 도구를 모두 나누어 주었다고 하자.

이를테면, 그 하나하나의 중생에게 이 세계가 가득할 정도의 금·은·청보석·자거·마노·산호·호박 등의 여러 가지 진귀한 보배와 코끼리·말·수레·칠보로 지은 궁전과 누각 등을 나누어 주었다고 하자.

그런데 이 큰 시주가 80년 동안 계속 보시를 하고 나서,

'나는 생활을 즐기기 위한 온갖 물질을 중생이 원하는 대로 베풀어 왔다. 그러나 이 중생들은 이미 늙었으며 나이 팔십에 머리는 희고 얼굴은 주름이 많으니 죽을 때가 멀지 않았다. 그러니 나는 마땅히 부처님의 가르침으로써 이들을 가르쳐 인도해야겠다.'

이렇게 생각했으므로 즉시 이 중생들을 모아 법을 설해 교화하니, 그들은 기꺼이 가르침을 배우고 실행하려는 마음을 가지게 되어 〈부처님의 가르침을 배우는 사람이 얻을 수 있는 네 단계의 경지, 즉 가르침의 흐름에 들어간 경지인〉 수다원도와 〈다시 한 번 이 세상에 돌아오는 경지인〉 사다함도와, 〈다시는 이 세상에 돌아오지 않는 경지인〉 아나함도와 〈깨달음을 완성해 생사의 윤회에 빠지지 않는 경지인〉 아라한도를 일시에 얻고, 모든 미혹을 완전히 여의며 〈어떤 경우에도〉 정신이 깊이 안정

되어 마음을 흐트리지 않고 자유자재한 심경을 얻어, 미혹에서 해탈하는 여덟 가지의 선정을 완전히 갖춘 경지에 도달케 했다면, 그대들은 어떻게 생각하는가?

이 큰 시주가 받는 공덕은 과연 많다고 생각하는가, 적다고 생각하는가.」

미륵이 부처님께 대답했다.

「세존이시여, 이 사람의 공덕은 매우 많아 한량없고 가이없습니다. 만일 이 시주가 중생의 생활을 돕는 모든 물질만을 베풀었더라도 그 공덕이 한량없는데, 하물며 〈일체의 미혹을 없앤〉 아라한과를 얻게 했으니 말해 무엇하겠습니까.」

그러자, 부처님께서 미륵보살에게 말씀하셨다.

「그러면 내가 이제 그대들에게 분명히 말해 두겠다. 이 사람이 4백만억 아승기 세계의 여섯 갈래 중생에게 모든 물질적 보시를 베풀고 또 아라한과를 얻게 해, 〈모든 번뇌까지 없애 주었다고 하더라도〉 그가 얻는 공덕은 앞서 말한 50번째의 사람이 법화경의 한 시구를 듣고 가슴 속에 뜨거운 기쁨을 느낀 그 공덕에 비하면 백 분·천 분 내지 백천만억 분의 일만도 못하니 산수나 비유로도 비교하여 알 수 없다.

아일다여, 법화경의 가르침이 50번이나 이리저리 펼쳐진 후에 이를 듣고 가슴 속에 뜨거운 기쁨을 느낀 공덕이 이와 같으니, 하물며 최초의 법회에서 듣고 감사의 기쁨을 느낀 사람이 받는 공덕은 참으로 한량없고 가이없는 아승기로써 가히 비교할 수가 없다.

아일다여, 어떤 사람이 이 법화경의 가르침을 듣기 위해 승방에 가서 혹은 앉거나 서서 잠깐만 듣는다 하더라도, 그 공덕을 인연으로 하여 매우 좋은 곳에 몸을 바꾸어 다시 태어나며 아주 훌륭한 코끼리·말·수레와 진귀한 보물로 만든 연이나 가마를 타고 하늘의 궁전에 오르리라.

또 어떤 사람이, 이 가르침을 설하는 자리에 앉아 있다가 뒤에 다른 사람이 오면 '여기 앉아 들으세요.' 하고 자리를 내어 주며 권하거나 혹은 자기 자리의 반쪽을 나누어서 앉게 하면, 이 사람의 공덕은 다음에 다시 태어날 때에 제석천이나 범천왕이 앉는 자리에 앉거나 전륜성왕이 앉는 자리에 앉게 된다.

아일다여, 만일 어떤 사람이 다른 사람에게, '법화경이라는 가르침을 설하는 이가 있으니 우리 함께 가서 듣기로 합시다.' 하고 권유해, 그 말을 들은 사람이 잠깐 동안만이라도 그 곳에 와 듣는다면, 그렇게 권유한 사람의 공덕은 몸을 바꾸어 다시 태어날 때 다라니를 얻은 보살과 같은 곳에 태어나 〈진리를 받아들이는〉, 기근이 영리하고 〈참다운 지혜 갖춘 사람이 되며〉 다음의 백천만세에 벙어리가 되지 않고 입에서 추한 냄새가 나지 않으며, 혀는 항상 병이 없고 입도 역시 병이 없으며, 이에 때가 끼거나 검지 않고 누렇게 되지도 않으며, 사이가 벌어져 성글지도 않고 빠지지도 않으며 굽거나 덧니가 없으며, 입술이 아래로 쳐지지도 않고 위로 걷어올라가지도 않으며, 거칠거나 부스럼이 나지 않으며 또는 언청이나 비뚤어지지도 않고, 두텁거나 너무 크지도 않으며 또한 검지도 않고 여러 가지 좋지 않은 모습을 가지지 않고, 코는 납작하지도 않고 비뚤어지거나 굽지 않으며, 얼굴은 색이 검지 않고 좁고 길지도 않으며 푹 들어가거나 비뚤어지지도 않아, 일체 바람직하지 않은 인상이 하나 없으며, 입술이나 혀나 이가 모두 바르고 아름다운 모습이며 코는 높고 곧아서 얼굴 모양이 원만하며, 눈썹은 높고 길며 이마는 넓고 반듯해 인상이 모두 훌륭하게 갖추어지며, 〈몇 번이고 다시 태어날지라도〉 세세생생에 부처님을 만나 뵙고 가르침을 들을 수 있으며 그 가르침을 믿어 간직할 것이다.

아일다여, 잠시 동안 마음을 가다듬고 이 진실을 조용히 살펴보아라. 단 한 사람에게 권하여 가르침을 듣게 한 공덕도 이 정도이니, 하물며 자진해 일심으로 가르침을 듣고 설하고 읽고 외우며 많은 사람을 위해 여러 가지로 분별해 그 가르침을 전하고 그들로 하여금 가르침대로 실행하도록 했다면, 그 공덕은 말해 무엇하겠는가.」

세존께선 이를 다시 시로 말씀하셨다.

『만일 어떤 이가 설법하는 모임에서 법화경 듣고
단 한 시구라도 가슴 속에 기쁨 느껴 다른 사람 위해 설하기 시
작하며,
차례차례로 가르침이 옮겨 가 50번째 이르렀다 하자,
맨 나중 사람 얻는 복을 이제 내가 분별하리.
어떤 큰 시주 있어 한량없는 중생에게 생활 물자 보시하되
80년에 걸쳐 각자 원하는 대로 나누어 주나,
그들은 노쇠해 백발이 되고 얼굴에는 주름잡혀

이 빠져 성글었고 몸은 바싹 말라, 머지않아 죽으리니.
'내 그들에게 부처님의 가르침 설해 주어 좋은 과보 얻게 하리'
하며
여러 가지 방편으로 미혹 제거하는 진리의 가르침 설하되
'이 세상은 견고치 않고 물거품과 타오르는 불꽃이라.
그대들은 빨리 이런 것에 집착하지 않는 마음 내어야 한다.'고.
여러 사람 이 가르침 듣고 미혹 완전히 버린 아라한 되어
여섯 가지 신통력·삼명·여덟 가지 해탈 성취해도,
맨 마지막 50번째의 사람 법화경 한 시구 듣고 마음 속으로 기
뻐하면
그 사람이 받는 복이 큰 시주 공덕보다 비교할 수 없이 크니,
이와 같이 차례차례 권하여 들은 후 받는 복 한량없거늘
하물며 법회에서 처음 듣고 귀의 감사하는 이는 다시 말해 무엇
하랴.
만일 한 사람 권하여 법화경 들으러 가자고 이끌되
'이 법화경은 깊고 미묘해 천만 겁에도 만나기 어렵다.'고 말해
곧 그 말 따라 설법회에 가 잠시만이라도 듣는다면,
권유한 사람 받는 복을 내가 이제 말하리라.
세세생생 입병 없고 이는 성글거나 누렇거나 검지 않으며
입술은 두텁거나 위로 걷어올라가거나 찢어지지도 않아 미운 모
습 전혀 없고,
혀 마르거나 검거나 짧지 않고, 코 높고 곧으며
이마는 넓고 평정하여, 얼굴 모양 단정하고 위엄 있어
많은 사람 그 얼굴 좋아하며, 입에서는 추한 냄새 없고
푸른 연꽃 향기 항상 그 입에서 나리.
어떤 사람 승방에 가서 법화경 설법 듣기 원해

잠깐만이라도 가르침 듣고 깊이 감사하면 그 사람 받는 공덕 내
가 설하리라.
다음 세상 천신이나 인간으로 태어나니 아름다운 코끼리 · 말 ·
수레 진귀한 보배 연을 타며 하늘의 궁전에 오르리라.
만일 법화경 강의하는 곳에서 다른 이를 권하여 앉아 듣게 하면
그 선행의 인연으로 제석이나 범천왕 · 전륜성왕의 자리에 앉으
리니,
하물며 일심으로 듣고 그 뜻을 다른 사람 위해 해설하고
가르침대로 수행하면, 그 공덕이 어찌 한량없지 않겠는가.」

제19장

법 사 공 덕 품

부처님께서는 계속해서 〈항상 게으르지 않고 정진하는〉 상정진 보살마하살에게 말씀하셨다.

「만일 소질이 훌륭한 남녀가 법화경을 믿어 간직해 읽고 외우며 〈다른 사람 위해〉 해설하고 옮겨 쓰면, 그 사람은 앞으로 8백 가지의 눈의 공덕과 1천 2백 가지의 귀의 공덕과, 8백 가지의 코의 공덕과 1천 2백 가지의 혀의 공덕과, 8백 가지의 몸의 공덕과 1천 2백 가지의 마음의 공덕을 얻을 것이니, 이 공덕을 가지고 〈눈·귀·코·혀·몸·뜻의〉 여섯 가지 감각이나 지각 기관의 작용을 아름답고 깨끗하게 꾸밀 것이다.

이 소질이 훌륭한 남녀는 부모로부터 받은 육안이 매우 맑아져서 삼천 대천세계 안팎에 있는 산과 숲과 강과 바다를 다 볼 수 있고 아래로는 아비지옥으로부터 위로는 유정천까지 꿰뚫어 볼 수 있을 것이며, 또 그 가운데 일체의 생명체들이 살고 있는 모습을 볼 수 있을 뿐더러 그들의 행위에 대한 원인과 결과 및 그 영향까지의 모든 것을 낱낱이 보고 알 수 있을 것이다.」

이를 다시 시로 말씀하셨다.

『만일 대중 가운데서 두려움 없는 마음으로
법화경 설한다면 그 공덕을 잘 들어라.
이 사람은 팔백 공덕 가진 뛰어난 눈 얻으리니
그 공덕에 의해 눈은 청정하여 모든 것 다 볼 수 있다.
부모에게서 타고난 육안으로 삼천세계 안팎의
미루산과 수미산 그리고 철위산
그 밖의 여러 산과 수풀과 큰 바다와 강과 작은 시냇물 보며
아래로는 아비지옥에서 위로는 유정천까지
그 가운데 여러 중생 일체를 다 볼 수 있으니,
아직 하늘 눈은 얻지 못했어도 육안으로 이런 능력 갖추리라.」

「상정진이여, 만일 소질이 훌륭한 남녀가 이 법화경을 믿고 간직해 읽고 외우며 다른 사람을 위해 해설하고 옮겨 쓰면, 이런 사람은 1천 2백의 귀의 공덕을 얻을 것이니, 이 티없이 맑은 귀를 가지고 삼천 대천세계의 아래로는 아비지옥에서부터 위로는 유정천에 이르기까지 그 안팎에 있는 가지가지의 음향과 음성을 분별해 들을 수 있을 것이다. 즉 이야기하는 말의 내용과 코끼리 · 말 · 소 등의 우는 소리의 뜻과 수레가 진동하는 그 상황과 울부짖는 소리와 슬퍼 탄식하는 소리에 〈내포된 그 마음이며〉, 고동 · 북 · 종 · 방울 소리에 〈담긴 정〉, 웃는 소리 · 이

야기 소리, 남자의 소리와 여자의 소리, 사내아이와 계집아이의 목소리〈에 나타나는 각자의 마음과〉, 법을 설하는 소리와 도리에 맞지 않는 사실을 설하는 소리며, 괴로워하는 소리와 즐거운 소리며 범부의 소리와 성인의 소리며, 기뻐하는 소리와 기쁘지 않는 소리며 천신의 소리와 용의 소리며, 야차 · 건달바 · 아수라 · 가루라 · 긴나라 · 마후라가 등 귀신의 소리며 불타는 소리와 물 흐르는 소리, 바람부는 소리며 지옥 · 축생 · 아귀〈도에서 고통받는〉 소리며 비구 · 비구니 · 성문 · 연각 〈들이 불도를 수행하고 있는〉 소리며 보살과 부처님〈께서 법을 설하고 계시는〉 소리 등을 〈있는 그대로 분별해〉 다 들을 수 있다.

다시 요약해 말하자면, 삼천 대천세계의 안팎에 있는 일체의 소리를, 비록 하늘 귀를 얻지 못하고 부모에게서 받은 보통의 귀일지라도, 그 귀가 청정하기 때문에 다 들어 알 수 있다. 이렇게 가지가지의 소리를 분별해 듣더라도 귀의 능력의 근본을 손상시〈켜 혼란을 일으〉키지 않으리라.」

세존께서 다시 이를 시로 읊으셨다.

『부모에게 받은 귀일지라도 법화경 믿는 이는 청정하여 흐리지 않아,
그 보통 귀로 삼천세계의 모든 소리 들을 수 있다.
코끼리 · 말 · 수레 · 소의 소리와 종 · 방울 · 고동 · 북소리며
소금 · 대금 · 수금과 퉁소 · 피리 소리며
청정하고 아름다운 노래 소리 듣더라도 집착하지 않는다.
무수한 사람 소리 다 듣고 잘 이해하며

여러 천신들의 이야기 소리와 아름다운 노래 소리 다 듣고
남녀의 소리와 사내아이 · 계집아이의 소리 들으며
산천 험한 계곡에서 가릉빈가 우는 소리며
명명조등의 여러 새들 소리 다 듣고
지옥의 많은 중생 고통의 울부짖음, 가지가지 벌받는 소리,
굶주리고 목이 마른 아귀도에 빠진 무리의 음식 찾는 소리,
많은 아수라들이 큰 바닷가에서 살며
함께 말할 때에 크게 소리치는 것도
법화경 설하는 이는 이곳에 편히 머물면서
이와 같은 어지러운 소리 뒤섞여 들릴지라도 청각은 완전하다.
시방세계 가운데의 금수들이 울며 서로 부르는 소리
설법자는 낱낱이 들을 수 있고,
여러 범천 위의 광음천과 변정천과
유정천에 이르기까지 모든 천신의 말도
여기 머문 법사는 모두 다 들을 수 있다.
일체의 비구들과 여러 비구니들이
혹은 경전 읽고 외우고 혹은 다른 사람 위해 설하는 것도
법사는 이곳에 머물면서 모두 다 들을 수 있다.
또 여러 보살들 경전 읽고 외우며
남을 위해 설하거나 가르침 골라 모아 그 뜻을 해설하는,
이와 같은 여러 음성 모두 다 들을 수 있고,
중생 교화하는 모든 부처님 세존께서
여기저기 큰 법회에서 깊고 묘한 가르침 설하실 적에
이 법화경 간직하는 이는 모두 다 들을 수 있다.
삼천 대천세계 안팎의 여러 가지 음성
아래로는 아비지옥에서 위로는 유정천까지

모두 그 음성 들을지라도 귀의 기능 상하지 않으니,
그 귀의 기능은 총명해 모두 다 분별해 안다.
이 법화경 간직하는 이는 아직 하늘 귀 못 얻었더라도
태어날 적에 가진 귀로도 위에 말한 것과 같이 큰 공덕 얻으리라.」

「또 상정진이여, 만일 소질이 훌륭한 남녀가 이 법화경을 믿어 간직하고 읽고 외우며 다른 사람 위해 해설하고 옮겨 쓰면 8백 가지의 코의 공덕을 성취하리니, 그 청정한 코의 기능을 가지고 삼천 대천세계의 위와 아래 그리고 안팎의 여러 가지 향기를 맡을 수 있다. 수만나꽃의 향기·사제꽃의 향기·말리꽃의 향기·첨복꽃의 향기·바라라꽃의 향기·붉은 연꽃의 향기·푸른연꽃의 향기·흰 연꽃의 향기, 모든 꽃피는 나무의 향기·과일 나무의 향기·전단향·침수향·다마라나무 잎의 향기·다가라의 향기와 천만 가지의 향을 조합한 향기며 혹은 가루향과 둥글게 만든 향과 바르는 향의 향기들을 법화경 간직하는 이는 한 곳에 머물면서도 다 맡고 분별할 수 있으며, 또 모든 생명체의 냄새 즉 코끼리·말·소·양의 냄새며 남자·여자·사내아이·계집아이의 냄새 그리고 풀·나무·덩굴·숲 등의 냄새와 가까이 혹은 멀리 있는 모든 것들의 냄새를 낱낱이 분별하여 맡되 착오가 없을 것이다.

법화경 간직하는 이가 비록 이 세계에 머물러 있지만 또한 천상의 여러 하늘냄새를 맡을 수 있으니, 제석천의 뜰에 있는 파리질다라와 구비다라나무의 향기와 만다라꽃·마하만다라꽃·만수사꽃·마하만수사꽃의 향기며 전단과 침수의 가지가 지 가루향이며 여러 가지 꽃들의 향기 등, 이러한 하늘의 향기 가 화합해 풍겨 내는 향기를 맡아서 알지 못하는 것이 없다.

또 모든 천신·사람의 몸에서 나는 냄새도 맡을 수 있으니, 제석천이 훌륭한 궁전에 있으면서 다섯 가지 감각기관의 욕망 을 즐기고 있을 때의 냄새며 묘법당에 있으면서 도리천의 천인 들을 위해 설법할 때의 향기, 여러 동산을 거닐 때의 향기 및 그밖의 남녀 천인들의 몸에서 나는 향기 등을 모두 다 아득히 멀리서 맡아 알 수 있으며, 이와 같이 점차로 위로 올라가 범천 에서부터 유정천에 이르기까지의 모든 천신·사람의 몸에서 나 는 향기를 맡으며 또한 천신·사람들이 태우는 향의 향기도 다 맡아 알 수 있다.

그리고 성문과 벽지불과 보살과 부처님의 몸에서 나는 향기 를 멀리서도 맡아 어디에 계시는지 알 수 있다.

이와 같이 모든 냄새를 맡더라도 코의 기능은 파괴되지도 않 거니와 착오도 없을 것이며, 또 그것들을 분별해 다른 사람에 게 전할 때에도 잘 기억하고 있어 틀리는 일이 없을 것이다.」

세존께서 다시 이 뜻을 강조하는 시를 읊으셨다.

『이 사람 코는 청정하여 이 세계 가운데의
혹은 향기롭고 혹은 추한 냄새 모두 맡아 알 수 있다.
수만나·사제꽃·다라마와 전단이며
침수 그리고 계향, 그밖의 가지가지 꽃과 열매의 향기,

아울러 중생의 냄새, 남자 · 여자의 냄새들로 인해

설법하는 이는 멀리 있으면서도 그 처소 알 수 있고,

큰 세력 있는 전륜성왕 · 소전륜왕과 그 아들과

많은 군신 · 여러 궁인들 냄새 맡아 그 있는 곳 알며,

그들의 몸에 지닌 귀한 보배와 땅 속에 묻어 둔 보물이나

전륜성왕의 궁전에 있는 아름다운 궁녀들도 냄새 맡아 있는 곳
알며,

가지가지 바르는 향 냄새 맡아 알아내며,

여러 천신 혹은 걷거나 앉거나 놀거나 신통 변화하는 모습

법화경 간직하는 이는 향기 맡아 다 잘 안다.

여러 나무 꽃과 열매 그리고 소유 향기

법화경 간직한 이 여기서도 그 있는 곳 다 알며,

산 깊은 험한 계곡에 전단나무 꽃이 피면

중생 가운데 있으면서도 냄새 맡고 알아낸다.

철위산과 큰 바다와 땅 속에 사는 여러 중생

법화경 간직한 이는 냄새 맡고 그들 있는 곳 알아내며,

아수라의 남녀와 그 여러 권속들이 싸우고 장난치는 것도 냄새
맡고 다 안다.

거칠고 넓은 들판 험하고 좁은 곳의 사자 · 코끼리 · 호랑이 · 이
리 · 들소 · 물소 들 냄새 맡아 있는 곳 알며,

혹은 임신한 여인의 몸 속 아이가 남아인가 여아인가

성별이 애매한가 사람 아닌 귀신인가 냄새 맡아 다 잘 안다.

향기 맡는 힘 가졌기에, 처음 임신하였는지

성공할지 못 할는지 안락하게 좋은 아들 낳을는지 알며,

향기 맡는 힘 가졌기에, 남녀가 생각하는 것과

번뇌 · 욕망, 어리석은 마음 · 성내는 마음 알며, 또 선행 닦는

이 안다.

땅 속에 묻혀 있는 금과 은과 여러 가지 귀한 보배를

구리 그릇에 가득 담아 둔 것도 냄새 맡아 다 알며,

가지가지 많은 영락 그 값 알 수 없지만

냄새 맡아 비싸고 싸며 출처와 소재 다 잘 안다.

천상의 여러 가지 꽃들 만다라와 만수사와

파리질다나무들도 냄새 맡아 모두 알며,

천상의 여러 궁전 상·중·하의 차별 있어

많은 보배꽃으로 장엄했으나, 냄새 맡아 분별한다.

하늘의 동산·수풀 훌륭한 궁전 여러 누각 묘법당

그 가운데 천신들이 즐겁게 지내는 것 냄새 맡아 모두 알고,

여러 천신들 가르침 듣고도 혹은 오관의 욕망 즐기거나

오며 가며 행하며 앉고 눕는 것을 냄새 맡아 모두 알며,

천녀들이 꽃과 향으로 아름답게 장엄한 옷 입고

빙글빙글 돌며 유희하는 것도 냄새 맡고 모두 안다.

이와 같이 차츰 올라가 범천에 이르러

그곳에서 선정에 들고 나옴을 냄새 맡아 알아내며,

더 올라가 광음천과 변정천과 가장 높은 유정천까지

처음 태어난 것이나 생명을 마치는 것도 냄새 맡아 알아낸다.

많은 비구 대중들이 법의 수행 정진하되

혹은 좌선하고 혹은 거닐면서 사색하며 혹은 경전 읽고 외우며

숲속의 나무 아래서 마음 맑게 하고 일심으로 좌선하는 것

법화경 간직하는 이 냄새 맡아 있는 곳 알아내며,

굳은 뜻 가진 보살 좌선하고 독송하며

남 위해 설법하고 있는 것 냄새 맡아 알아내고,

시방세계 계시는 세존, 일체 중생에게 존경 받으면서

중생을 사랑하여 법을 설하는 것 냄새 맡아 모두 안다.

중생들이 부처님 앞에서 법화경 듣고 환희하며

가르침대로 수행하는 것 냄새 맡아 모두 아니,

온갖 미혹 모두 여읜 보살의 코가 아니라도

법화경 간직하는 이는 이와 같은 위대한 능력 발휘할 수 있으리라.」

「또 상정진이여, 만일 소질이 훌륭한 남녀가 이 법화경을 깊이 믿어 간직하고 읽고 외우며 다른 사람에게 해설하고 옮겨쓰면 1천 2백 가지의 혀의 공덕을 얻을 수 있으니, 보기에 좋은 음식이나 보기 사나운 음식이거나, 맛 좋은 음식이거나 맛이 좋지 않은 음식이거나, 쓴 것이거나 떫은 것이거나 그 사람의 혀에 닿으면 모두 변하여 다 좋은 맛이 되니 하늘의 감로수처럼 맛있게 느낄 것이다.

만일 그 혀의 기능을 가지고 대중 가운데서 법을 설한다면, 감명깊은 소리를 내어 듣는 이의 마음이 다 환희하고 유쾌한 〈감동을 느끼게 하여 가슴에 뜨거운〉 기쁨을 안겨 줄 것이다.

여러 하늘의 천자와 천녀와 제석천과 범천의 여러 천신이, 그 사람이 깊고 미묘한 음성으로 법을 설하되 설하는 그것의 순서와 이론이 정연하므로, 다 와서 들으며 여러 용과 용녀·야차·야차녀·건달바·건달바녀·아수라·아수라녀·가루라·가루라녀·긴나라·긴나라녀·마후라가·마후라가녀도 법을 듣기 위해 모여 와 그 사람에게 친근하고 공경하며 귀의와 감사

의 정성을 바칠 것이다. 그리고 비구·비구니·우바새·우바
이·국왕·왕자와 많은 대신들과 그 권속이며 소전륜왕과 대전
륜왕과 칠보를 갖춘 전륜성왕의 안팎의 권속이 그들의 궁전에
올라 법을 들으려 올 것이다.

또한 이 구도자는 교묘하게 설법을 하기 때문에, 바라문과
거사와 나라 안의 국민들이 그의 수명이 다하도록 모시고 따르
며 공양하리라. 또 성문과 벽지불과 보살들과 여러 부처님들도
항상 그 사람 만나기를 바랄 것이며, 모든 부처님들께서는 그
사람이 있는 곳을 향해 가르침을 설하실 것이니, 그 사람은 일
체의 부처님의 가르침을 빠짐없이 간직하고 있기 때문에 깊고
미묘한 목소리로 그 가르침을 설하게 되리라.」

세존께서 이 내용을 다시 시로 말씀하셨다.

『이 사람의 혀는 청정하니 일생 동안 나쁜 맛 보지 않고
먹고 씹는 모든 것이 감로의 맛으로 변하리라.
맑고 묘한 목소리로 대중 위해 설법하되
혹은 과거 사연들과 교묘한 비유로써 중생 마음 인도하니
듣는 이는 모두 환희하여 좋은 공양 바치리라.
여러 천신·용과 야차·아수라 등이
모두 공경하는 마음 가지고서 함께 와 법을 듣고,
이 설법하는 이가 만일 묘한 음성으로
삼천 대천세계를 가득 채우고자 원한다면
그 뜻에 따라 원하는 대로 곧 이루게 되리라.
크고 작은 전륜왕과 천자의 권속들은

합장하고 공경하는 마음으로 항상 와서 법을 듣고,
여러 천신 · 용 · 야차 · 나찰 · 비사사도
역시 환희심 가지고서 항상 와 공양하며,
범천왕과 마왕들과 자재천과 대자재천 등
이 같은 여러 천신 · 대중 항상 그 사람 있는 곳에 오리라.
여러 부처님과 제자들은 그 가르침의 소리 듣고서
항상 수호하며, 때에 따라 그를 위해 몸을 나타내 보이리라.」

「상정진이여, 만일 신앙이 깊은 남녀들이 이 법화경을 믿어 간직하고 읽고 외우거나 해설하고 옮겨 쓰면 8백 가지 몸의 공덕을 얻으리니, 이런 사람은 티없이 맑은 유리 같은 몸이 되어 중생들이 그 사람을 만나기 원하며, 또한 그 몸이 청정하기 때문에 삼천 대천세계의 중생들이 출생할 때와 죽을 때, 그 성품의 높고 낮음이며 그 모습의 예쁘고 미움과 그 태어나는 장소의 좋고 사나움 등이 낱낱이 그의 몸에 비치어 나타날 것이다.

철위산과 대철위산과 미루산과 마하미루산 등 여러 산과 그 가운데 살고 있는 모든 생물의 모습도 낱낱이 그의 몸에 비칠 것이며, 아래로는 아비지옥에서 위로는 유정천까지의 많은 생물들의 모습이 그 몸에 비치어 나타날 것이다.

또 성문이나 벽지불 · 보살 · 부처님께서 가르침을 설하는 것이 다 그의 몸에 역력한 모습으로 나타날 것이다.」

세존께서 다시 시로 말씀하셨다.

『법화경 간직하는 이는 그 몸이 청정하여
마치 청보석 같아, 중생은 모두 보고자 원하리니
맑고 깨끗한 거울에 온갖 모습 비치듯이
그 보살의 청정한 몸에는 세상 모든 것 다 나타나건만,
오직 홀로 알 뿐이며 다른 사람 볼 수 없다.
삼천세계 가운데의 일체 여러 생물이며
천신 · 인간 · 아수라 · 지옥 · 아귀 · 축생들의
이러한 온갖 모습 그 몸에 나타나며,
유정천에 이르기까지 모든 하늘 궁전이나
철위산과 미루산과 마하미루산의 모습이나
여러 큰 바다의 모습들도 모두 그 사람의 몸에 나타난다.
여러 부처님을 비롯하여 성문과 부처님 아들인 보살들이
혹은 홀로 혹은 대중 가운데서 설법하는 것 다 나타나며,
아직 진여의 미묘한 몸 성취하지 못했을지라도
청정한 몸 가졌으니, 그 모든 것 나타나리라.』

「상정진이여, 만일 소질이 훌륭한 남녀가 여래가 멸도한 후의 세상에서 이 법화경을 굳게 믿고 간직하며 읽고 외우며 해설하고 옮겨 쓰면 1천 2백 가지 뜻의 공덕을 얻으리니, 이런 사람은 마음 속 깊이 청정해 있으므로 법화경의 한 시구나 한 구절만 듣고서도〈그 가운데 포함되어 있는〉한량없고 가이없는 뜻을 완전히 통달해 알며, 이 한 시구 · 한 구절에 대해 한 달 내지 넉 달 또는 1년 동안에 걸쳐 설법을 계속하더라도 그 사람의 가르침은 항상 바른 뜻에 꼭 맞아 진리에서 벗어나는 일이 없다.
만일 그 사람이 일상생활에 대한 가르침이나 세상을 다스리

기 위한 언론이나 산업에 대한 지도 등을 행하더라도, 그것은 모두가 정법에 따른 것이 된다.

삼천 대천세계의 여섯 가지 갈래에 있는 중생이 마음 속에 어떤 생각을 하고 있으며 마음이 어떤 작용을 하고 있는가 혹은 어떤 부질없는 생각을 하고 있는가를 낱낱이 알 수 있으니, 왜냐하면 아직은 비록 미혹을 완전히 제거해 〈실상을 있는 그대로 보는〉 지혜를 얻지 못했지만 그 깊은 마음 속이 청정하게 되어 있으므로 그와 같은 능력을 발휘할 수 있기 때문이다.

그리고 그 사람이 어떤 것에 대해 골똘히 생각하고 〈이것은 이렇게 해야만 된다고〉 생각하여 그것을 말로 설할 때는, 그것이 그대로 부처님의 가르침에 꼭 들어맞아서 진실에서 벗어나지 않으며 모든 부처님께서 일찍이 설하신 것과 일치된다.」

세존께서 다시 시로 말씀하셨다.

『이 사람의 뜻은 청정하여 밝고 영리하며 흐르지 않아,
이런 뛰어난 마음의 기능으로 상·중·하의 가르침 알아
단 한 시구만 듣더라도 한량없는 뜻 통달하며,
차례차례 법의 뜻에 따라 한 달·넉 달·일 년 동안 설법하니
이 세계 안팎에 살고 있는 일체 여러 중생
혹은 천신·용과 인간과 야차·귀신들이며
여섯 갈래 가운데에 있는 것들의 갖가지 가진 생각도
이 법화경 간직하는 공덕으로 일시에 다 알 수 있다.
백 가지 복으로 장엄하신 시방에 계시는 부처님들께서
중생 위해 설법하심을 다 듣고 간직하며

한량없는 깊은 뜻을 깊이깊이 생각하고 자유자재로 설법함에
있어
근본적인 뜻 잊지 않으니, 이는 법화경 간직한 때문이다.
가르침의 근본적인 뜻을 알아 그 순서도 낱낱이 알며,
어떤 말을 사용하고 어떤 방법으로 설할 것인가도 통달하여
아는 바를 그대로 남에게 설해 주니,
이런 사람 하는 설법 모두 과거의 부처님 설하셨던 법이라.
이런 진리 설하므로 대중 가운데 두려움 없다.
법화경을 간직한 이는 마음의 근본이 청정하기 때문에
아직 미혹 완전히 여읜 경지 못 얻었지만 이런 모습 되리라.
이런 사람 법화경 간직하니 쉽게 도달치 못하는 높은 경지에 머
물러
일체 중생에게 친근되고 공경받게 되며
바르고 교묘한 말씨로 천만 가지 사용하여
기근 따라 분별해 설하리니, 이것은 오직 법화경 간직한 까닭
이다.」

상 불 경 보 살 품

계속해서 부처님께서는 〈큰 세력을 얻은〉 득대세보살마하살에게 말씀하셨다.

「그대는 이제 똑똑히 알아야 한다. 만일 법화경을 믿고 간직하는 비구·비구니·우바새·우바이 등의 수행자들을 헐뜯어 말하거나 꾸짖고 욕하거나 빈정거리고 비방하면 그 큰 죄의 과보는 앞에서 말한 바와 같으며, 반대로 법화경을 믿어 간직하여 읽고 외우며 해석하고 옮겨 쓰는 사람이 얻는 공덕은 방금 설한 바와 같이 눈·귀·코·혀·몸·뜻〈의 여섯 가지 기능〉이 다 청정할 것이다.

득대세여, 한량없고 가이없으며 생각조차 미치지 않는 아승기 겁이 지난 아주 먼 옛날에 〈무섭게 울려 퍼지는 음성을 가진〉 위음왕여래·응공·정변지·명행족·선서·세간해·무상사·조어장부·천인사·불세존이라는 부처님이 계셨으니, 그 시대의

이름을 〈쾌락이 가득히 넘쳐 흐르는〉이쇠라 했으며, 그 나라의
이름은 〈위대한 탄생이라는〉 대성이라 했다.

위음왕불께서는 그 세상에서 천신과 인간과 아수라들에게 가
르침을 설하시되, 성문의 경지를 구하는 이에게는 사제의 법문
을 설하여 생·로·병·사의 인생고에서 벗어나게 해 〈마음 평
안한 경지인〉 열반을 구경토록 했으며, 〈연각의 경지를 구하는〉
벽지불에게는 12 인연의 가르침을 설했고, 여러 보살을 위해서는
최고의 완전한 깨달음을 얻는 길인 육바라밀을 설하여 부처님의
지혜를 끝까지 밝히도록 인도했다.

득대세여, 이 위음왕불의 수명은 40만억 나유타 갠지스 강
의 모래 수와 같은 겁이었고, 부처님의 가르침이 바르게 행해
진 시절은 마치 이 세계를 가루로 부순 입자의 수 만큼 계속하
였으며, 그 형태만 바른 가르침이 전해진 시절은 사천하를 가
루로 부순 입자의 수만큼 계속했다.

그 부처님은 중생들에게 풍족한 이익을 주신 후에 멸도하셨
으나, 정법과 상법 시절도 끝나 진리가 완전히 사라지려고 하
는 시절이 오자, 다시 또 그 나라에 부처님이 나시니 이름이 위
음왕여래·응공·정변지·명행족·선서·세간해·무상사·조
어장부·천인사·불세존이었으며, 이와 같이 하여 차례차례로
2만억의 부처님이 세상에 나오셨으나 모두 똑같은 〈위음왕이
라는〉 이름이었다.

그 최초의 위음왕여래께서 멸도하시고 정법이 멸한 후 〈형태
만의 법인〉상법이 세상에 행해지고 있을 무렵 〈참다운 깨달음

을 얻지 못했으면서도 깨달음을 얻은 체하는〉 증상만의 비구들이 득실거리며 큰 세력을 가지고 있었는데, 그때 한 구도자인 비구가 있었으니 그 이름이 〈항상 경멸받는 사람이라는〉 상불경이었다.

득대세여, 무슨 사연이 있어 상불경이라고 이름했냐 하면, 이 비구는 비구건 비구니건 우바새건 우바이건 〈불도를 수행하고 있는〉 사람만 보면 그 사람들을 공손하게 예배하며 "나는 당신들을 존경하며 결코 경멸하거나 얕잡아보지 않습니다. 왜냐하면 당신들은 모두 보살의 길을 행하여 반드시 부처님이 되실 분들이기 때문입니다." 하고 말하며 찬탄하는 것이었다.

이 비구는 경전을 읽거나 외우지도 않으며 그저 출가·재가의 사부 대중을 보게 되면 가까이 좇아가서 예배하고 "나는 결코 당신들을 경멸치 않습니다. 당신들은 모두 부처님이 되실 분이기 때문입니다." 하고 말하며 찬탄했다.

그러나 그 사부 대중 가운데는 마음이 흐리고 비뚤어져 있어 그런 말을 듣고 성내는 사람들 있었으니, "이 어리석은 비구야, 너는 어디서 왔기에 우리들을 경멸치 않는다고 하며, 더욱이 우리들에게 반드시 부처님이 될 것이라는 예언까지 하느냐? 우리들은 그러한 헛된 예언은 소용이 없다." 하며 헐뜯고 꾸짖고 욕을 했다. 이렇게 여러 해 동안 항상 비웃음과 욕을 들었지만 그는 결코 성내지 않고 사람만 보면, "당신은 반드시 부처님이 되실 분입니다." 하고 말하니, 〈그 말의 참뜻을 알지 못하는〉 사람들은 화를 내며 지팡이나 몽둥이로 때리거나 기왓장이나 돌멩이를 던지기도 했으니, 그 보살비구는 뛰어 도망친 후 멀리서 더욱 "나는 당신들을 경멸치 않습니다. 당신들은 모두 부처님이 되실 분들입니다." 하고 큰 소리로 외치는 것이었다.

이처럼 항상 "당신들을 경멸치 않습니다" 하고 똑같은 말을 하고 다녔기에, 증상만의 비구·비구니·우바새·우바이 들은 이 비구를 상불경이라 이름붙여 불렀던 것이다.

〈오직 이러한 행만을 일생 동안 계속해 온〉 비구가 임종하려 할 때에, 앞서 위음왕불께서 설하셨던 이 법화경의 20천만억의 시를 마치 허공에서 들려오는 소리를 듣듯이 스스로 깨닫고 그것을 다 마음 속에 깊이 간직했으므로, 그 공덕에 의해 앞에서 말한 바와 같이 눈·귀·코·혀·몸·뜻의 여섯 가지 기능이 청정해졌으며, 〈그렇기 때문에〉 그 수명이 연장되어 다시금 2백만억 나유타 세 동안이나 삶을 계속하면서 널리 사람들을 위해 〈진리의 가르침인〉 법화경을 설할 수 있었다.

이때 〈깨닫지도 못했으면서 깨달은 체하는〉 교만한 마음을 가진 출가·재가의 남녀 수행인들로서 이 사람을 천대하고 경멸해 상불경이라 부르던 사람들도, 상불경이 큰 신통력과 법을 설하되 모든 사람들을 설득하는 능력과 〈선을 닦아 어떤 경우에도 흔들리지 않는〉 큰 선적력을 얻은 것을 보고 난 후, 그가 설하는 바를 들으면 그 가르침에 완전히 심취해 믿고 순종하게 되었다. 그 밖에도 이 보살은 천만억의 대중을 교화해 그들로 하여금 부처님의 깨달음에 도달코자 하는 굳은 마음을 가지도록 인도했었다.

그가 수명을 다한 뒤에는 또 2천억의 부처님을 친견할 수 있었는데, 그 부처님들 모두 일월등명불이라는 이름이었고, 그 부처님 아래서 상불경은 법화경을 듣고 사람들에게 설했으므로 그 공덕에 의해 또 차례로 2천억의 부처님을 친견할 수 있었으니 그 부처님들의 이름은 〈뇌성의 왕인〉 운자재등왕불이라 했다.

　그는 이 2천억의 운자재등왕불께서 설하신 법화경의 진리를 진심으로 믿고 간직하여 읽고 외워서 많은 사람들에게 설했기 때문에 그러한 공덕에 의해 평범한 눈이면서도 매우 청정한 시각을 얻었으며, 청각과 후각과 미각과 촉각과 그리고 뜻의 기능도 청정해져 사부 대중 가운데서 법을 설할 때에도 조금도 두려워하는 일이 없었다.

　득대세여, 이 상불경보살마하살은 이와 같이 많은 부처님을 섬기면서 마음으로부터 공경하고 존숭하며 찬탄하고 여러 가지 선〈을 행해 인격완성〉의 근본을 가꾸었으며, 후에 또 천만억의 부처님을 친견하여 각각의 부처님들로부터 묘법연화의 가르침을 듣고 그 가르침에 따라 많은 사람들에게 설했기 때문에, 그러한 공덕이 원만히 성취되어 부처님의 깨달음을 얻게 되었다.

　득대세여, 어떻게 생각하는가? 그때의 상불경보살이 어찌 다른 사람이겠는가. 그 사람이 바로 나, 즉 석가모니다.

　만일 내가 전생에서 이 법화경의 가르침을 믿어 간직하여 읽고 외우며 다른 사람들을 위해 설하지 않았다면 이렇게 빨리 부처님의 깨달음에 도달하지 못했을 것이니, 나는 앞서 계셨던 많은 부처님 아래서 이 가르침을 믿어 간직하고 읽고 외우며 다른 사람들을 위해 그 가르침을 설했기 때문에 곧바로 부처님의 깨달음에 도달할 수 있었다.

득대세여, 그 때에 사부의 대중인 비구·비구니·우바새·우바이 들은 성내는 마음을 가지고 나를 대했으며 나를 경멸하고 천대했기 때문에 〈그 악한 생각은 자기자신에게 죄의 과보를 주어〉 2백억 겁 동안에도 부처님을 만나지 못했으며 부처님의 가르침을 듣지도 못했을 뿐만 아니라 〈부처님의 가르침을 믿는〉 스님들도 만날 기회조차 없었으니, 〈인생의 고뇌로부터 구제받을 기연과 만날 수 없었기 때문에〉 천 겁 동안을 아비지옥 속에서 큰 고통을 받게 되었고 간신히 그 숙업이 다해 죄값을 치른 뒤에는 그 사람들은 또다시 상불경보살이 사람들을 깨달음으로 인도하고자 하여 교화하고 있는 것과 만나게 되었다.

득대세여, 그대는 어찌 생각하는가? 그 옛날 상불경보살을 경멸한 사부 대중들이 어찌 다른 사람이겠는가. 지금 이 설법회 가운데 있는 발타바라 등 5백여 구도자와 사자월 등의 5백의 비구니와 〈부처님을 생각하는〉 사불 등의 5백의 우바새들로서 지금은 부처님의 깨달음에 도달하고자 하는 뜻이 견고해 뒤로 물러서지 않는 훌륭한 경지의 사람들이다.

득대세여, 꼭 이 사실을 알아야 한다. 법화경은 모든 보살마하살에게 큰 공덕을 주어 부처님의 깨달음으로 인도하는 가르침이기 때문에, 모든 보살마하살은 내가 멸도한 후에도 항상 이 법화경을 굳게 믿어 간직하며 읽고, 외우며 해설하고 옮겨 쓰는 것에 노력하기 바란다.」

세존께서는 이 뜻을 다시 시로 말씀하셨다.

『지난 먼 옛날 위음왕이라는 부처님 계셨는데
신통한 지혜 그지없어 일체 중생 인도하니
천신·사람·용신 들에게 정성스런 공양 받았다.
이 부처님 멸도한 후 바른 가르침 끝나려는 무렵
한 사람의 보살 있어, 상불경이라 불렀다.
그 때의 사부 대중은 얕은 가르침에 사로잡혀 깨쳤다고 생각했
으니,
상불경보살은 그들에게 다가가
"나는 여러분을 얕잡아 보지 않는다.
그대들은 수행 쌓아 모두 성불하리라." 했다.
사람들 이 말 듣자 비방하고 업신여겼지만
상불경보살은 이를 참고 훌륭히 견디었다.
상불경은 숙세의 죄 다 마친 후 임종 때 이르러
법화경 듣게 되니 여섯 가지 기능 맑아지고
신통력도 얻어 수명 또한 길어져
다시 많은 사람에게 이 법화경을 갖가지로 설명했다.
얕은 가르침에 사로잡힌 수많은 사람들은 모두 상불경에게 교화
되어
깨달음 얻도록 성숙됐다.
수명 마친 상불경보살은 몇 번이고 다시 태어나 무수한 부처님
만나 뵙고
법화경 설한 인연으로 한량없는 복 받고
차츰 공덕 갖추어 빨리 깨달음 성취했다.
그 때의 상불경이 바로 나 석가모니며,

당시의 깨쳤다고 생각했던 사부대중들은
상불경보살로부터 "그대들은 반드시 성불하리라."는 말 들은
그 인연에 의해 수많은 부처님 만난
여기 모인 5백 보살과
비구·비구니·청신사·청신녀 등
지금 내 앞에서 가르침을 듣는 바로 이 사람들이다.
내 전생에서 이 사람들에게 권하여
가장 높은 진리인 이 법화경 듣게 하고
갖가지로 설명하여 깨달음으로 인도했으니
세세생생 태어날 때마다 법화경 믿고 다져 나가리라.
억억만 겁이라고 하는 생각 조차 미치지 않는 긴 세월 동안
때가 되어야만 법화경 들을 수 있고
억억만 겁이라고 하는 생각조차 미치지 않는 긴 세월 동안
모든 부처님께선 때가 되어야만 법화경 설하신다.
이런 까닭에 수행하는 사람들아, 내가 멸도한 후일지라도
이 거룩한 법화경 듣고 의심하는 마음 내지 말며
부디 일심으로 법화경을 갖가지로 설해
몇 번이고 다시 태어날 때마다 부처님 만나 뵈고 빨리 깨달음
성취하라.」

제21장

여래신력품

그때, 땅 속에서 솟아나온 천 세계를 가루로 만든 입자 수와 같은 큰 뜻을 세운 구도자들이 모두 부처님 앞에서 일심으로 합장하고 부처님의 거룩한 얼굴을 우러러보며 여쭈었다.

「세존이시여, 저희들은 부처님께서 멸도하신 후 세존의 분신들이 계시는 모든 국토의 그 분신불께서 멸도하신 곳에 가 반드시 이 법화경의 가르침을 설해 넓히겠습니다. 왜냐하면 저희들도 이 진실되고 청정하여 위대한 법화경을 얻은 바에는 굳게 믿어 간직하고 읽고 외우며 〈다른 사람에게〉 해설하고 옮겨 쓰며 가르침에 대한 은혜에 보답코자 하기 때문입니다.」

그러자 세존께서는 문수사리를 비롯한 오래전부터 이 사바세계에 머물러 있던 백천만억의 보살마하살과 여러 비구·비구니·우바새·우바이와 천신·용·야차·건달바·아수라·가루라·긴나라·마후라가·사람인 듯 아닌 듯한 것 등의 일체 중생들 앞에서 큰 신통력을 나타내셨다.

〈부처님께서〉 넓고 긴 큰 혀를 내시니 위로는 범천까지 이르 렀으며 일체의 털 구멍에서는 한량없이 많은 광명을 발해 시방 세계를 두루 비추셨다. 그러자 많은 보배나무 아래의 사자좌에 앉아 계시던 여러 부처님들께서도 넓고 긴 혀를 내시고 몸에서 는 한량없는 광명을 놓으셨다. 석가모니불과 보배나무 아래에 앉으신 많은 부처님들께서 이렇게 신통력을 나타내신 상태가 백천 년 동안 계속한 후에 다시 이 넓고 긴 혀의 모습을 거두시 자, 이번에는 일시에 큰 헛기침을 하시고 손가락을 함께 튕기 시니, 이 두 가지의 소리가 시방의 부처님 세계에 두루 울려퍼 지며 땅은 〈감격해〉 여섯 가지로 진동했다.

이 우주 안에 있는 중생인 천신·용·야차·건달바·아수 라·가루라·긴나라·마후라가·사람인 듯 아닌 듯한 것들이 부처님의 신통력에 의해 사바세계의 한량없고 가이없는 백천만 억의 많은 보배나무 아래의 사자좌에 앉아 계시는 많은 부처님 들의 모습과 석가모니불께서 다보여래와 함께 보배탑 안의 사 자좌에 앉아 계시는 것을 확실히 볼 수 있었으며, 또 한량없고 가이없는 백천만억의 큰 뜻을 세운 구도자들과 여러 사부 대중 들이 석가모니불을 둘러싸고 공경하고 있는 광경을 볼 수 있었 다. 〈이 거룩한 광경을 본 우주 안의 모든 생명체들은〉 지금까 지 경험치 못한 뜨거운 기쁨을 느끼게 되었다.

마침 그때, 모든 천신이 허공 중에서 큰 소리를 냈다.

「한량없고 가이없는 백천만억 아승기의 세계를 지나서 한 세계가 또 있으니 그 이름을 사바라고 하며, 그 국토에 한 분의 부처님이 계시니 그 이름을 석가모니라고 한다. 지금 그 부처님께서는 큰 뜻을 세운 구도자들을 위해 묘법연화라는, 보살을 가르치는 법이며 부처님들께서 수호하시는 대승의 가르침을 설하고 계시니 그대들은 모두 마음 속으로부터 감사하게 생각하지 않으면 안 되며 또 석가모니불을 예배하고 공양하지 않으면 안 된다.」

허공 중에서 들려오는 이 소리를 들은 모든 중생들이 일제히 합장하고 사바세계를 향해 "나무 석가모니불, 나무 석가모니불" 하고 부르자, 가지가지의 꽃과 향과 영락과 번개와 부처님의 곁을 아름답게 장식하는 여러 가지의 진귀한 보배와 귀중품들이 아득한 허공에서 사바세계에 흩어져 내렸다. 이 모든 광경은 마치 구름이 모여서 내려오는 것 같았으며, 그것이 땅 위에 이르는 순간 〈망사처럼 환히 비치는〉 아름다운 장막으로 변해 모든 부처님의 위를 덮으니, 시방세계는 〈차별이 없어져〉 어디라도 자유자재로 갈 수 있게 되었으며 이 우주 전체가 하나로 이어진 불국토로 되어 버렸다.

이때, 부처님께서 상행 등의 많은 구도자 대중에게 말씀하셨다.

「모든 부처님들께서 갖추고 있는 신통력은 이와 같이 한량없고 가이없으며 또한 생각조차 미치지 않는 것이다. 그러나 〈후세에 이 법화경을 설해 넓혀 줄〉 그대들에게 부촉하기 위해 이러한 여래의 신력을 가지고 한량없고 가이없는 백천만억 아승기 겁에 걸쳐 법화경의 공덕을 설해 밝히려 해도 도저히 다 설할 수 없〈으니, 그만큼이나 법화경의 공덕은 위대한 것이〉다.

그러니 중요한 것을 요약해 말하면, 여래가 깨달은 일체의 진리와 여래가 지닌 자유자재한 일체의 능력과 여래의 가슴 속에 넘칠 듯이 가득한 일체의 중요한 가르침과 여래의 〈일신 즉 이 한 몸이 지내 온〉 일체의 내력 또는 〈외적인 깊은 온갖〉 경험들을 모두 이 법화경 속에 펴 보이며 설해 밝혔다.

그렇기 때문에 내가 멸도한 뒤에는 이 가르침을 일심으로 믿어 간직하여 읽고 외우며 해설하고 옮겨 쓰며 이 법화경에 설하여진 대로 수행해야 하니, 여러 국토 가운데에 만일 이 법화경이 믿어 간직되고 읽히고 외워지며 해설되고 옮겨 써지며 가르침대로 수행되고 혹은 바르게 행해지고 있는 곳이 있다면, 그곳이 동산이건, 숲속이건, 나무 밑이건, 절간이건, 속가이건, 궁전이건, 산골짜기건, 거친 들판이건 그 자리에 탑을 세워 이 경전을 공양하라.

왜냐하면, 그곳이 곧 부처님께서 깨달음을 얻으신 장소와 같기 때문이다. 〈다시 말해 법화경이 마음 속으로부터 수지되고 수행되어 생활상으로 실행되는 장소야말로 참으로〉 모든 부처님들께서 위 없는 지혜를 깨달으신 장소이며 모든 부처님들께서 영원히 가르침을 설하시는 장소이며 모든 부처님께서 멸도하시는 곳이기 때문이다.」

세존께서는 이를 다시 시로 말씀하셨다.

『이 세상 구제하시는 부처님들 큰 신통력 가져
생명있는 모든 것들을 기쁘게 하기 위해 한량없는 신비한 일 나
타낸다.
혀를 뻗쳐 천상계에 이르게 하고 온몸에서는 무수한 빛 놓아
큰 깨달음 구하는 사람들 위해 신비한 일 보이네.
부처님들 큰 기침 소리와 손가락 튕기는 소리는
시방 세계에 울려 퍼지고 대지는 모두 여섯 가지로 진동하네.
부처님 멸도한 후 이 법화경 믿고 지키는 사람 보면
부처님들 기뻐하며 이와 같은 신통 보이네.
법화경 부촉하니, 스스로 지키는 사람에게 찬양함이
한량없는 세월 걸릴지라도 다 하지 못하리.
이 사람들 받는 행복과 은혜 깊고 끝 없으니
우주의 높은 하늘 끝간 데 없음과 똑같네.
이 법화경 믿고 지키는 사람, 나 석가모니불 볼 수 있고
과거에 멸도하신 다보불과 수많은 나의 분신들과
금생에서 내가 교화한 보살들을 볼 수 있다.
이 법화경 믿고 지키는 사람, 나 석가모니불과 나의 분신불과
과거에 멸도하신 다보불과 이 자리에 있는 부처님들을 환희케
하고,
시방에 계시는 현재의 부처님들 뿐만 아니라 과거와 미래의 부
처님도
만나 공양하고 기쁘게 하는 사람 되리.
부처님이 깨달음의 자리에 앉아 도달하신 높고도 깊은 진리
이 법화경 믿고 지키는 사람 빠른 시일 내에 얻을 수 있네.
이 법화경 뜻 설하여 부처님 말씀 전할 때엔
공중에서 바람불 듯 막히는 말 전혀 없으리.

부처님 멸도하신 후 부처님이 남기신 모든 경전들
사연과 차례 잘 알고서 근기에 맞추어 바르게 설한다면
해와 달의 광명이 어두움을 밝히듯이
세상의 온갖 마음의 어두움을 밝게 비추는 사람되리.
한량없는 보살들을 싣고 가는 오직 하나의 큰 수레이니
현명한 사람들아, 그러기에 은혜가 이처럼 큰 가르침 듣고
내가 멸도한 후일지라도 꼭 이 법화경 믿고 지킨다면
그 몸 기필코 성불함을 의심치 마라.」

촉루품

　석가모니불께서는 서서히 설법의 자리에서 일어나 큰 신통력을 나타내셨으니, 오른손으로 한량없는 큰 뜻을 세운 구도자들의 머리를 어루만지면서 이렇게 말씀하셨다.

　「나는 한량없는 백천만억 아승기 겁에 〈걸쳐 매우 하기 힘든 수행을 거듭해〉 얻기 어려운 최고의 완전한 깨달음을 얻을 수 있었기에 〈이 거룩한 깨달음을 후세에 전한다는 중대한 일을〉 지금 그대들에게 맡기니, 그대들은 아무쪼록 일심으로 이 가르침을 설해 넓혀 널리 모든 중생들의 이익을 증진시켜 다오.」

　세존께서는 이와 같이 세 번이나 여러 큰 뜻을 세운 구도자들의 머리를 어루만지시고 다시 이렇게 말씀하셨다.

　「나는 한량없는 백천만억 아승기 겁에 걸쳐 얻기 어려운 부처님의 깨달음을 얻었지만 지금 이 가르침의 모든 것을 그대들에게 맡기고자 하니, 그대들은 꼭 이 가르침을 믿고 간직하여 읽고 외우며 널리 전해 두루 일체 중생에게 알리도록 노력하기 바란다.

왜냐하면 여래는 큰 자비의 마음을 가지고 있을 뿐 어떠한 것에도 아끼는 마음은 조금도 없으며 아무것도 두려워하지 않아 충분히 중생에게 진리의 지혜와 자비의 지혜와 스스로 생한 지혜, 〈즉 신앙의 지혜〉를 수여하는 사람이며,

여래는 이 일체 중생에 대한 최대의 보시자이니, 그대들은 또한 여래의 마음에 따르고 여래가 이룩해 온 것을 배워야 하며 결코 가르침에 인색해서는 안 된다.

만일 미래세에 있어서 나의 자비의 지혜를 믿는 소질이 훌륭한 남녀가 있다면, 그들을 위해 이 법화경을 충분히 설해 들려 주어야 하니, 그것은 다름 아닌 그들로 하여금 부처님과 똑같은 지혜를 얻도록 하기 위한 것이다.

만일 이 가르침을 믿어 간직하지 않는 중생이 있다면, 내가 설한 다른 깊은 가르침 가운데서 그 사람의 기근에 알맞은 것을 골라 서서히 이 법화경으로 인도하도록 하라. 그대들이 이와 같이 하여 훌륭히 사람들을 바른 가르침으로 인도할 수 있다면 그것이 바로 모든 부처님들의 은혜에 보답하는 것이 된다.」

여러 큰 뜻을 세운 구도자들이 부처님께서 이와 같이 말씀하시는 것을 듣고 온몸에 큰 기쁨이 가득 차 세존님을 공경하는 생각이 한층 깊어져서 허리를 굽히고 머리를 숙여 예배하며 부처님을 향해 합장하고 다 같이 여쭈었다.

「세존께서 분부하신 바와 같이 모든 것을 빠짐없이 실행하겠

으니, 원컨대 세존이시여, 걱정하지 마소서.」

여러 큰 뜻을 세운 구도자 대중이 이와 같은 말을 세 번이나 반복했다.

「세존이시여, 세존께서 분부하신 바와 같이 모든 것을 틀림없이 실행하겠습니다. 원컨대 세존이시여, 걱정하지 마소서.」

석가모니불께서는 시방에서 오신 여러 분신 부처님들을 각각 본국에 돌아가도록 하시며 이런 말씀을 하셨다.

「여러 부처님께서 편안히 돌아가시고, 또한 다보불탑도 다시 전과 같이 돌아가소서.」

석가모니불께서 이렇게 말씀하실 때에 보배나무 아래의 사자좌에 앉아 계시던 시방세계의 한량없는 많은 분신불과 다보불과 아울러 상행 등의 가이없는 아승기 보살 대중과 사리불 등 성문의 비구·비구니·우바새·우바이 들과 일체 세간의 천신·인간·아수라 등이 부처님께서 설하신 것이 확실히 이해되었기에 더없는 기쁨을 느꼈다.

약 왕 보 살 본 사 품

　그때, 〈별들의 왕으로서 신통력을 발휘하는〉 수왕화 보살이 부처님께 여쭈었다.

　「세존이시여, 〈약의 왕인〉약왕보살은 사바세계에서 〈중생을 제도하기 위해 자유자재로 활동하고 있는데〉 어찌 그러한 활동을 하실 수 있습니까? 이 약왕보살은 백천만억 나유타의 어려운 고행을 쌓아 오셨기 때문이라고 생각되나 거룩하신 세존이시여, 원컨대 〈그 사연을〉 간략하게 설해 주소서. 그것을 들으면 여러 천신·용신·야차·건달바·아수라·가루라·긴나라·마후라가·사람인 듯 아닌 듯한 것들이나, 다른 국토에서 온 여러 보살들과 여기 있는 성문 대중들이 모두 다 크게 환희할 것입니다.」

　그러자 부처님께서는 수왕화보살에게 말씀하셨다.

　「먼 옛날 한량없는 갠지스 강의 모래 수 같은 겁에 〈해와 달의 깨끗한 빛에 의해 상서로운 이〉 일월정명덕 여래 · 응공 · 정변지 · 명행족 · 선서 · 세간해 · 무상사 · 조어장부 · 천인사 · 불세존이라는 이름의 부처님이 계셨는데, 그 부처님의 제자 가운데는 80억의 보살마하살과 72 갠지스 강의 모래 같은 수의 성문 대중이 있었다. 그 부처님의 수명은 4만 2천 겁이요, 보살들의 수명도 〈부처님의 수명과〉 같았다. 그 나라에는 〈깨달음에 방해가 되는〉 여자가 없었으며 지옥 · 아귀 · 축생 아수라 등과 여러 가지 고난도 없었다.

땅은 손바닥처럼 평평하며 청보석으로 이루어졌고, 보배나무로 아름답게 장식되었으며 보배장막이 그 위를 덮었다. 하늘에서는 훌륭한 보배깃발이 아래로 드리웠고, 보석으로 만든 병과 향로가 온 나라 안에 가득 차 있었다. 일곱 가지 보배로 만든 좌대가 한 나무에 하나씩 있는데, 그 나무와 나무 사이의 거리는 화살 한 개가 미칠 만한 것이었고 이 보배나무 아래에는 보살과 성문들이 앉아 있으며, 보배의 좌대 위에는 각각 백억이나 되는 여러 천신이 음악을 연주하며 부처님을 찬탄하는 노래를 불러 공양했다.

그때 〈일월정명덕〉 부처님께서는 〈모든 중생이 좋아하는 모습을 가진〉 일체중생희견 보살을 비롯한 많은 보살 대중과 여러 성문 대중을 위해 법화경을 설하셨다. 이것을 들은 일체중생희견보살은 자진해서 고행을 익히고 일월정명덕불의 가르침을 〈깊이 연구하고 사색하는〉 경행에 정진하며, 부처님의 깨달음 구하기를 1만 2천 년 동안이나 일심으로 수행한 결과 〈상대방의 근기에 따라 그에게 알맞도록 몸을 나타내고 그에 적합한 가르침을 설하는 자유자재한 힘을 몸에 갖춘 경지인〉 현일체색신삼매를 얻게 되었다.

이 삼매를 얻은 일체중생희견보살은 마음이 크게 환희하여 '내가 현일체색신삼매를 얻은 것은 다 이 법화경의 가르침을 들은 덕택이므로, 이제부터 나는 일월정명덕불과 법화경을 공양하리라.'고 생각한 후, 즉시 공양을 위한 삼매에 들어가자 홀연히 허공으로부터 만다라꽃과 마하만다라꽃과 고운 가루로 된 검은 전단향이 하늘 가득히 덮고 있는 구름처럼 내렸으며, 저울 여섯 눈금의 값이 사바세계와 맞먹는 염부제 남쪽 끝 바닷가에서 자란 전단나무의 향이 비 오듯 내려 부처님께 귀의와 감사의 정성을 바쳤다.

이 공양을 마치고 삼매에서 일어난 그는 다시 고쳐 생각하기를 '이렇게 신통력을 써 공양하기보다는 내 몸을 가지고 공양하는 편이 좋으리라.' 하고 즉시 여러 가지 향인 전단·훈육·도루바 필력가·침수·교향 등을 먹고 또 첨복 등 여러 꽃의 향유를 1천 2백 년 동안이나 마시고 몸에 바른 후, 그 위에 하늘의 보배옷을 감고 거기에 다시 향유를 부어 적신 뒤에 일월정명덕불 앞에 나아가 자기의 몸에다 불을 붙였으니, 그것은 부처님의 은혜에 보답하기 위한 큰 신통력을 얻고자 하는 소원 때문이었다.

이렇게 일체중생희견보살이 자기의 몸을 태우자 그 광명은 80억 갠지스 강의 모래 같은 수의 세계에 미치어 두루 비추었

으니, 그 광명에 의해 비추어진 세계의 부처님들께서 동시에
찬탄하기를,

"훌륭하고 훌륭하도다. 이야말로 참된 정진이며 이 행위야말
로 진실한 방법으로 여래를 공양하는 것이다. 설령 아름다운
꽃이나 향이나 목걸이 · 태우는 향 · 뿌리는 향 · 바르는 향이나
하늘 비단으로 된 번개와 〈최고의 전단향인〉 해차안의 전단향
등 이와 같은 귀중한 물건들을 바쳐 공양하더라도 이에 미치지
못할 것이며, 가령 나라의 성을 모두 부처님께 바치고 혹은 처
자까지도 바쳐 시중들게 하더라도 이에 미치지 못한다. 소질이
훌륭한 남자여, 이것을 제일의 보시〈즉 최고의 보시〉라 하니
여러 가지 보시 중에서 가장 거룩하고 가장 가치 있는 보시이
다. 왜냐하면 그것은 가르침인 법을 가지고 부처님을 공양하는
것이기 때문이다."

이런 말씀을 하신 모든 부처님들께서는 잠자코 〈일체중생희
견보살의〉 몸이 타는 것을 지켜보고 있었는데, 그 몸은 1천 2
백년 동안이나 계속 타다가 가까스로 꺼졌다.

일체중생희견보살은 이와 같이 가르침에 대한 공양을 마치고
일단은 수명을 다했지만, 그 후 다시 일월정명덕불의 국토 중
의 정덕왕 집에 가부좌를 한 채 홀연히 부모의 인연을 받지 않
고 태어났으며, 〈이 세상에 나오자마자〉 즉시 아버지를 위해
다음과 같은 시로 말했다.

『대왕이시여, 아옵소서. 저는 일월정덕불 아래에서 수행하여,
곧바로 일체현제신삼매를 얻었지만,
부지런히 크게 정진하여 사랑하는 내 몸 마저 버렸습니다.』

그리고는 다시 아버지께 여쭈었다.

"일월정명덕불께서는 지금도 여전히 계시니, 저는 앞서 부처님의 은혜에 보답하는 행을 했던 결과 〈일체 중생의 말을 듣고 그 마음 속을 꿰뚫어 보며 그에 적합한 가르침을 설하는 능력인〉 해일체중생어언다라니를 얻었으나, 다음에 또 이 법화경의 800천만억 나유타의 〈10의 15배인〉 견가라·〈10의 17배인〉 빈바라·〈10의 19배인〉 아촉바 등의 시를 듣게 되었으니 거듭 감사할 따름입니다. 대왕이시여, 그러므로 저는 다시 부처님께 돌아가 그 은혜에 보답하고자 합니다."

이렇게 말한 후 왕자는 칠보로 된 좌대에 앉아 허공으로 오르니, 그 높이가 7다라수나 되었다. 부처님이 계신 곳에 이르러 머리 숙여 예배하고 열 손가락을 모아 합장하며 시로 부처님을 찬탄했다.

『부처님의 얼굴 아름답고 거룩하여 광명은 시방을 비추십니다.
저는 옛날에도 공양했지만 지금 다시 가까이 모시게 되었습니다.』

이렇게 부처님을 찬탄하고 나서 일체중생희견보살은 다시 여쭙기를,

"세존이시여, 세존께서는 아직까지도 이 세상에 계십니까?"

하니

　일월정명덕불께서는 일체중생희견보살에게 말씀하셨다.

　"소질이 훌륭한 남자여, 잘 와 주었다. 참으로 나는 열반할 때가 되었다. 내가 멸도할 시기가 왔다. 그대는 〈나의 마지막〉 자리를 편안하게 펴다오. 오늘 밤에 반드시 열반에 들 것이다." 하시고, 일체중생희견보살에게 분부하시기를,

　"소질이 훌륭한 남자여, 〈내가 열반한 후〉 부처님의 가르침을 넓히는 것을 그대에게 맡긴다. 그리고 모든 구도자와 큰 제자들과 아울러 부처님의 지혜를 구하는 가르침과 삼천 대천세계의 칠보로 된 국토와 여러 보배나무 아래의 거룩한 도량과 나를 시봉하는 여러 천신을 다 그대에게 맡긴다. 내가 멸도한 뒤의 〈유골인〉 사리도 또한 그대에게 맡기니, 널리 세간에 나누어서 세상 사람들이 공양하도록 수천 개의 탑을 세우도록 하라."고 하셨다.

　일월정명덕불께서는 일체중생희견보살에게 이와 같이 말씀하신 후 그 날 밤중에 열반에 드셨다.

　일체중생희견보살은 부처님께서 멸도하심을 보고 깊은 슬픔에 잠겨 울며 괴로워했으며 부처님을 그리워 하는 마음이 더욱 깊어만 갔다. 그는 염부제 〈가장자리의 바닷가에 있는〉 해차안의 전단나무를 쌓아 올린 뒤, 그 위에 부처님을 모시고 공손히 화장을 했으며, 불이 다 꺼진 뒤에 8만 4천의 보배 항아리를 만들어 부처님의 사리를 거두어 담고, 8만 4천의 탑을 세워 그 속에 모셨다. 그 탑은 삼 세계보다 더 높은 범천의 세계에 이르

렀고, 〈꼭대기의 뾰족한 기둥인〉 표찰은 아름답게 빛났으며, 〈처마 끝에는〉 여러 가지 번개가 늘어져 있고 가지가지 보배방울이 달려 있었다.

일체중생희견보살은 마음 속으로 생각하기를, '내가 비록 이와 같이 공양을 했으나 마음이 오히려 흡족하지 않으니 다시 부처님의 사리를 공양하리라.'고 다짐해, 곧 여러 구도자와 큰 제자들과 천신·용·야차 등의 일체 대중에게 말하기를,

"그대들은 〈마음을 가다듬어〉 일심으로 생각하라. 나는 지금부터 일월정명덕불의 사리를 공양하겠다."

이 말을 마치자 곧 8만 4천의 탑 앞에서 100가지 복덕으로 장엄된 자기의 팔에 불을 붙여 태우니, 그 불은 〈부처님께서 남기신 덕에 감사드리는 정성을 광명으로 나타내면서〉 7만 2천 년 동안이나 탔다. 〈부처님의 가르침을 배워 번뇌를 없애겠다고 원하는〉 무수한 성문 대중들은 〈그 광명에 의해 마음의 어두움이 밝혀지자〉 위 없이 완전한 깨달음을 얻고자 하는 뜻을 세웠으며, 한량없이 많은 아승기의 보살은 〈인도할 상대방에 맞추어 자유자재한 모습을 나타낼 수 있는 힘인〉 현일체색신삼매를 몸에 갖추게 되었다.

그러나 여러 보살과 천신·인간·아수라 등은 〈일체중생희견보살의〉 팔이 불에 타서 없어진 것을 보고 매우 걱정하고 슬퍼하며 말하기를,

"일체중생희견보살은 우리들의 스승으로 우리들을 교화해 주시는 소중한 분이신데, 이제 두 팔을 불태워 불구의 몸이 되

셨으니 어쩌면 좋을까?" 하고 한탄했다.

이때 일체중생희견보살은 대중 가운데서 그들을 위로하며 다음과 같이 맹세했다.

"나는 두 팔을 버렸지만 그 대신 이제 반드시 금색의 〈영원불멸한〉 부처님의 몸을 얻을 것이다. 만일 이 일이 참되고 헛되지 않으면 없어진 나의 두 팔이 다시 원래대로 회복될 것이 분명하리라."

이렇게 맹세의 말을 마치자 즉시 두 팔이 옛날처럼 회복되었으니, 이 보살이 쌓은 공덕과 얻은 지혜가 참으로 순수하고 심오했기 때문에 〈그와 같은 기적이〉 일어난 것이다.

「그때 이에 감격한 삼천 대천세계가 여섯 가지로 진동하고 하늘에서는 아름다운 보배꽃이 비 오듯 내렸으며, 일체의 천신과 인간들은 아직 한 번도 경험치 못한 가슴 속 깊이 뜨거운 기쁨을 느끼게 되었다.」

〈이야기를 끝마치신 석가모니〉 부처님께서는 다시 수왕화보살에게 말씀하셨다.

「그대는 어떻게 생각하는가? 이 일체중생희견보살은 다른 사람이 아닌 지금의 약왕보살의 전생의 몸이다. 〈약왕보살은 일찍이 이처럼〉 자기의 몸을 버려 한량없는 백천만억 나유타 수의 보시를 행했다.

수왕화여, 만일 뜻을 세워 부처님의 지혜를 얻고자 원하는 사람은 자기의 손가락 하나 발가락 하나라도 좋으니, 그것을 등불로써 밝혀 부처님의 탑에 공양해야 한다. 그것은 나라의 성이나 자기의 처자나 삼천 대천세계의 모든 산과 숲과 강과 연못과 가지가지 귀중한 보물을 바쳐 공양하는 것보다 훨씬 나은 공양이기 때문이다.

또 어떤 사람이 삼천 대천세계에 가득할 정도의 〈금·은·청보석·자거·마노·진주·매괴 등의〉 일곱 가지 보배를 바쳐 부처님과 큰 보살과 벽지불과 아라한들에게 공양한다 하더라도, 그것에 의해 얻는 공덕은 법화경의 네 구절 중 한 시구만을 믿고 굳게 마음 속에 간직하는 공덕만 못하다.

수왕화여, 마치 시냇물에서 큰 강에 이르기까지 일체의 물이라 이름하는 것 중에서 뭐라 해도 바다가 가장 큰 것처럼, 여래가 설하신 여러 가르침 중에서도 법화경이 가장 깊고 가장 위대한 가르침이기 때문이다.

또 토산·흑산·소철위산·대철위산으로부터 열 개의 보배산에 이르기까지 산이라고 이름하는 것은 많지만 그 가운데서도 수미산이 제일인 것처럼, 이 법화경은 또한 마찬가지로 모든 경전 중에서 가장 높은 가르침이다.

또 뭇 별 가운데 달이 가장 밝은 것처럼 이 법화경도 천만억 가지의 경전 가운데 가장 밝게 세상을 비추는 경전이다.

또 태양의 빛이 비추는 곳은 모든 어두움이 즉시 사라지듯 법화경도 일체의 착하지 못한 어두움을 제거해 버리는 가르침이다.

또 여러 왕들 가운데서 전륜성왕이 가장 으뜸인 것처럼 이 법화경도 많은 경전 가운데서 가장 거룩한 가르침이다.

또 제석천이 33천 가운데서 왕인 것처럼 이 법화경도 모든 경전 중의 왕이다.

또 대범천왕이 일체 중생의 아버지이듯이 이 법화경도 일체의 현인·성자·아직 배우는 이와 다 배운 이·보살들이 부처님의 경지에 도달하려는 마음을 일으켰을 때, 그들을 가르쳐 인도하는 아버지이다.

또 일체의 범부 가운데 수다원·사다함·아나함·아라한·벽지불이 제일이듯이 법화경도 마찬가지로 여래가 설하신 일체의 경전과 보살과 성문들이 설한 여러 가르침 중에서 가장 으뜸이다.

따라서 이 법화경을 잘 믿고 마음 속 깊이 굳게 간직하는 사람은 이와 같아서 일체 중생 가운데 제일가는 사람이다.

또 일체의 성문과 〈연각인〉 벽지불 등 부처님 제자 가운데 보살이 제일이듯이 이 법화경은 일체의 가르침 가운데 가장 으뜸이다.

부처님이 모든 가르침의 왕이듯이 법화경도 모든 경전 가운데 왕이 된다.

수왕화여, 법화경은 훌륭히 일체 중생을 구제한다. 즉 일체 중생을 갖가지의 고뇌에서 벗어나게 하고 일체 중생에게 풍부한 이익을 주며 일체 중생의 소원을 충족하게 한다.

맑고 시원한 〈물이 가득한〉 연못이 있어 목 마른 사람 모두가 〈그 물을 마시고〉 만족하는 것처럼, 추위에 떨고 있던 사람이 따스한 불을 얻어 되살아난 마음 드는 것처럼, 벗은 사람이

옷을 얻은 것처럼, 〈타국에 여행하는〉 장사꾼이 좋은 안내인을 얻은 것처럼, 아이들이 어머니를 만난 것처럼, 나루터에서 배를 만난 것처럼, 앓고 있을 때에 의사가 와준 것처럼, 캄캄한 밤에 등불을 얻은 것처럼, 가난한 사람이 보배를 얻은 것처럼, 국민이 좋은 통치자를 만난 것처럼, 무역하는 이가 평온한 항로를 발견한 것처럼, 횃불이 어두움을 비추어 주는 것처럼, 법화경도 이와 같은 힘을 가졌기 때문에 중생들의 일체의 고통과 일체의 질병을 여의게 해, 일체의 현상적인 변화에 사로잡혀 〈자유를 잃어버린〉 마음의 속박으로부터 〈인간을〉 해방시켜 준다.

그러므로 만일 어떤 사람이 이 법화경을 들을 수 있어서 자기도 베껴 쓰고 남에게도 베껴 쓰게 한다면 그 사람의 공덕은 부처님의 지혜를 가지고서도 헤아릴 수 없을 정도이다.

또 이 법화경을 베껴 쓰고 거기에다 꽃·향·영락·태우는 향·가루향·바르는 향·번개·의복·유지로 켠 등불·식물의 기름으로 켠 등불·첨복유·수만나유·바라라유·바리사가유·나바마리유와 같은 꽃의 향유로 밝힌 등불을 바쳐 공양한다면, 〈이로 말미암아〉 얻는 공덕은 또한 한량이 없다.

수왕화여, 만일 어떤 사람이 이 약왕보살본사품을 들을 수 있다면 들은 것만으로도 한량없고 가이없는 공덕을 얻을 것이니, 만일 여자가 약왕보살본사품을 듣고 마음으로부터 믿고 굳게 간직한다면, 그가 여자로서의 생애를 마친 뒤에는 다시 여자의 몸으로 태어나지 않을 것이다.

만일 여래가 멸도한 후의 다섯 번째의 500년에 이르러 어떤 여인이 법화경을 듣고 그 설한 바와 같이 충실하게 수행한다면, 그 수명을 마친 뒤에〈한량없는 수명을 가진〉아미타불이 많은 큰보살 대중들에게 둘러싸여 있는 극락세계에 가서 연꽃 가운데의 보배자리 위에 태어날 것이다. 그러기에 다시는 탐욕에 의해 괴로움을 받지 않게 되고, 성냄이나 어리석음 때문에 괴로워하는 일도 없으며, 교만한 마음이나 질투하는 마음 등 여러 가지의 미혹 때문에 몸을 괴롭히는 일도 없을 것이다.

〈또 그 사람은〉보살로서 알맞은 신통력을 몸에 갖추고〈이 세상의 모든 것은 생하지도 멸하지도 않는다는 진리인〉무생법인을 체득해〈현상 세계의 변화에 조금도 동요치 않는 경지에 도달하게 되며 그 경지에 도달함에 의하여〉매우 맑고 깨끗한 눈을 가질 수 있어, 그 눈으로 7백만 2천억 나유타 갠지스 강의 모래알 같은 여러 부처님 여래를 볼 수 있을 것이다.

이 때에 또한 모든 부처님들께서 멀리서 함께 칭찬을 해

"훌륭하도다, 훌륭하도다. 소질이 훌륭한 남자여, 그대는 석가모니불의 가르침 가운데 있는 묘법연화경을 잘 믿고 마음에 굳게 간직해 읽고 외우고 사색하여 다른 사람들에게 설해 주었다. 그대가 얻는 복덕은 한량없고 가이없어, 불도 능히 태울 수 없고 물도 떠내려 보내지 못할 것이다. 그대의 공덕은 1천의 부처님들이 다 함께 설한다 할지라도 다 할 수 없으며, 그대는 이미 훌륭하게 모든 악마를 물리치고〈현상의 변화라고 하는 어려운 적인〉생사를 극복했으며 그밖의 모든 마음의 적도 완전히 꺾어 멸해 버렸다.

소질이 훌륭한 남자여, 백천의 여러 부처님께서는 신통력을 가지고 항상 그대들을 지켜주고 계시니, 일체 세간의 천신과 인간 가운데 그대만한 사람이 없다. 그리고 여래를 제외하고는 어떠한 성문이나 벽지불이나 보살들도 지혜와 선정에 있어 그대와 견줄 만한 사람은 없으리라." 하실 것이다.」

석가모니불께서 다시 말씀하셨다.

「수왕화여, 이 보살은 이런 공덕과 지혜의 힘을 성취한 셈이므로 만일 어떤 사람이 이 약왕보살의 본사품을 듣고 마음에서 감사하다고 생각하며 매우 거룩한 가르침이라고 찬탄했다면, 그 사람은 현세에서 항상 입에서 푸른 연꽃의 향기를 뿜〈듯 좋은 말로 주위의 사람들을 감화하〉고 또 온몸의 털구멍에서 항상 우두전단의 향기가 나〈듯 높은 덕을 가지고 사람들을 선으로 인도할 것이〉니, 그 사람이 얻는 공덕은 이와 같이 훌륭한 것이다.

수왕화여, 그렇기 때문에 이 약왕보살본사품에 대한 앞으로의 일들을 그대에게 모두 맡기니, 아무쪼록 내가 멸도한 후의 다섯 번째 500년에 이르러 이 인류사회에 설해 넓혀 주기 바란다. 만일 이 가르침이 세상에서 끊어지는 일이 있으면 악마나 그 악마의 부하들이나 여러 천신·용·야차·구반다 등이 인간에게 들러붙어서 세력을 얻게 될 것이니, 그러한 일이 없도록 부탁한다.

수왕화여, 그대는 모든 힘을 다해 이 법화경을 수호해야 한다. 왜냐하면 법화경은 바로 세계 인류의 〈마음의〉 병에 좋은 약이기 때문이다. 만일 마음의 병에 걸린 사람이 법화경을 들을 수 있다면 그 병은 즉시 소멸해 영원한 〈생명을 깨달은〉 인간이 될 것이다.

수왕화여, 만일 이 법화경을 믿고 간직하는 사람을 보거든 푸른 연꽃과 가루향을 가득 채워 그 사람 위에 뿌리며 공양하면서 다음과 같이 생각해야 한다.

'이 사람은 머지 않아 길상초를 깔고 깨달음의 자리에 앉아 여러 마군을 항복시키고 부처님의 지혜에 도달할 것이다. 그리고 고동을 불고 북을 울리듯 먼 곳까지 가르침을 설해 넓혀 일체 중생으로 하여금 모든 인생고에서 해탈토록 할 것이다.' 하고.

그런 까닭에, 부처님의 깨달음을 구하는 사람은 만일 이 법화경을 믿고 간직하는 이를 보거든 위에서 말한 바와 같이 존경하는 마음을 일으켜야 한다.」

이와 같이 약왕보살의 본사품을 설하시자, 이를 듣고 있던 8만 4천의 보살들은 〈일체 중생의 언어를 알아듣고 그들에게 알맞은 가르침을 설할 수 있는 힘인〉 일체중생어언다라니를 얻게 되었다.

그때 다보여래께서는 보배탑 안에 계시면서 수왕화보살을 칭찬하셨으니,

「오! 훌륭하도다. 수왕화여, 그대는 생각조차 할 수 없는 큰 공덕을 성취했으니, 그것은 석가모니불께 그와 같은 소중한 질문을 하였으므로 그로 말미암아 일체 중생이 한량없는 이익을 얻게 되었기 때문이다.」

제24장

묘음보살품

　석가모니불께서 〈약왕보살의 전생에 대한 설법을 마치시자, 부처님만이 가지신〉 대인상인 〈머리 위에 정수리가 상투처럼 솟아 있는〉 육계에서 광명을 놓으시고 또 두 눈썹 사이의 〈하얀 털이 둥글게 말린〉 백호상에서도 광명을 놓아 동방으로 1백 8만억 나유타 갠지스 강의 모래와 같은 수많은 부처님 세계를 두루 비추셨다.

　동방의 수많은 세계를 지난 저편에 〈맑은 햇빛으로 장엄된 땅이라는〉 정광장엄이라는 세계가 있고, 그 나라에 부처님이 한 분 계시니 〈연꽃 잎새처럼 깨끗한 별들에 의해 다섯가지의 신통력을 가진 왕이라는〉 정화수왕지여래 · 응공 · 정변지 · 명행족 · 선서 · 세간해 · 무상사 · 조어장부 · 천인사 · 불세존으로, 한량없고 가이없는 보살 대중들이 그 부처님을 공경하며 둘러섰고, 〈부처님께서는〉 그 보살들을 위해 가르침을 설하고 계셨으니, 석가모니불의 백호에서 나온 광명이 그 국토를 구석 구석까지 두루 비추었다.

이 일체정광장엄국에 묘음이라고 이름하는 한 보살이 있으니, 오랜 옛날부터 〈선행을 계속해〉 많은 덕의 근본을 심어서 한량없는 백천만억의 부처님을 가까이서 시봉하며 공양했기에 매우 깊은 지혜도 성취하여 〈일체의 삼매 가운데서 가장 거룩하고 높다는〉 묘당상삼매와 〈일체의 법을 거두어 하나의 실상으로 합친다는〉 법화삼매와 〈맑고 깨끗한 덕을 몸에 갖춘〉 정덕삼매와 〈옛날부터 갖춘 덕에 의해 자유자재로 사람들을 인도하는〉 수왕희삼매와 〈연이 없는 사람까지도 구제하는〉 무연삼매와 〈깊은 지혜로 주위의 모든 사람들을 감화케 하는〉 지인삼매와 〈일체 중생의 말을 잘 이해해 그들에게 알맞은 가르침을 설하는〉 해일체중생어언삼매와 〈일체의 공덕은 오직 하나 즉 나와 남이 함께 성불한다는〉 집일체공덕삼매와 〈번뇌를 모두 여의고 청정한 몸을 유지하는〉 청정삼매와 〈어떠한 것에도 사로잡히지 않고 자유자재로운 마음을 유지하는〉 신통유희삼매와 〈지혜의 광명으로 사람들을 인도하는〉 혜거삼매와 〈훌륭한 덕을 몸에 갖추어서 자연히 사람들을 감화시키는〉 장엄왕삼매와 〈몸에서 맑고 깨끗한 광명을 놓아 세상을 정화하는〉 정광명삼매와 〈마음을 온통 깨끗함으로 가득 채우고 싶은 것에 정신을 집중하는〉 정장삼매와 〈부처님의 경지에 도달하고자 정신을 집중하는〉 불공삼매와 〈태양이 쉬지 않고 돌고 돌며 지상의 만물을 비추듯이 모든 것을 살릴 수 있는〉 일선삼매 등의 백천만억 갠지스 강의 모래와 같은 여러 가지 큰 삼매를 얻고 있었다.

석가모니불께서 놓으신 광명이 그 묘음보살의 몸을 비추니, 묘음보살은 곧 정화수왕지불께 여쭈었다.

「세존이시여, 저는 이제부터 사바세계에 가서 삭가모니불께 예배하고 가까이 섬기며 공양하고 문수사리법왕자보살과 약왕 보살·용시보살·수왕화보살·상행의보살·장엄왕보살·약상 보살을 만나뵙고자 합니다.」

이 말을 들은 정화수왕지불께서 묘음보살에게 말씀하시기를,

「그대는 저 국토를 얕잡아 보거나 천하고 비열한 곳이라고 생각하지 마라. 소질이 훌륭한 남자여, 저 사바세계는 높은 곳 과 낮은 곳이 있어 평탄치 않고 흙과 돌과 여러 산과 더러운 것 들로 가득 차 있고, 부처님은 매우 몸이 작으며 많은 보살들도 역시 그 형상이 작다. 그런데 그대의 몸은 4만 2천 유순이나 되고 나의 몸은 6백 80만 유순이나 되는데다, 더욱이 그대의 몸은 매우 단정하여 아름답고 백천만의 복덕을 구족했으며 특 히 훌륭한 광명을 발하고 있으므로, 그대가 그곳에 가면 그 나 라를 업신여기는 마음을 일으키거나 그 나라의 부처님과 보살 들을 얕잡아 볼 염려가 없지 않으니 조심하지 않으면 안 된다.」 하셨다.

그러자 묘음보살이 그 부처님께 대답했다.

「세존이시여, 제가 지금 사바세계에 갈 수 있는 것도 모두가 여래의 큰 힘이며 여래의 자유자재한 신통력 덕택이며 여래의 위대한 공덕과 더없이 높은 지혜와 위없는 거룩하심 때문이므

로 모든 것을 부처님의 뜻에 맡기겠습니다.」

묘음보살은 그대로 몸을 움직이지 않고, 삼매에 들어 정신통일의 힘에 의해 〈사바세계의〉 영축산의 법좌에서 그리 멀지 않은 그 주위에 8만 4천의 여러 가지 아름다운 보배연꽃을 홀연히 돋아나게 했으니, 줄기는 염부단금, 잎은 백은, 꽃술은 다이아몬드, 꽃받침은 루비로 되어 있었다.

문수사리법왕자가 이 연꽃을 보고 부처님께 여쭈었다.

「세존이시여, 무슨 사연이 있어 이런 경사롭고 길한 징조가 갑자기 나타났습니까? 줄기는 염부단금이고 잎은 백은이며 꽃술은 다이아몬드이고 꽃받침은 루비로 된 천만 가지 연꽃이 무슨 이유로 홀연히 나타났습니까?」

석가모니불께서 문수사리에게 말씀하셨다.

「이것은 묘음보살마하살이 〈멀리 동방의〉 정화수왕지불의 국토에서 8만 4천의 보살들에게 둘러싸여 이 사바세계에 와서, 나를 공양하고 친근하며 예배하고 또 법화경을 공양하고 듣고자 하여 이와 같은 징조를 나타낸 것이다.」

문수사리가 다시 부처님께 여쭈었다.

「세존이시여, 이 보살은 어떤 선행을 했고 어떤 공덕을 쌓았기에 이와 같은 큰 신통력을 얻을 수 있었으며, 또 어떤 삼매를 수행했습니까? 원컨대 저희들에게 그 삼매의 이름을 가르쳐 주소서. 저희들도 그런 삼매를 부지런히 수행해 보고 싶습니다. 그리고 또 그 보살의 인물이 얼마나 위대하며 그 풍채와 그 행동에 나타나는 덕이 얼마나 높은지 속히 보고 싶으니, 세존이시여, 그 보살이 오거든 세존님의 신통력으로써 저희들도 그 보살을 볼 수 있도록 해 주십시오.」

석가모니불께서 문수사리에게 말씀하셨다.

「여기 오래 전에 멸도하신 다보여래께서 그대들을 위해 묘음보살의 모습을 나타내어 보여주실 것이다.」

그러자 다보불께서 묘음보살에게,

「소질이 훌륭한 남자여, 이리 오라. 문수사리법왕자가 그대를 만나고 싶어한다.」고 말씀하셨다.

그때 묘음보살은 정광장엄국에서 모습을 감추어 8만 4천의 보살을 거느리고 사바세계에 오니, 지나는 여러 나라는 여섯 가지로 진동하고 칠보로 된 연꽃이 비 오듯 내리며, 백천 가지 하늘의 음악이 아무도 연주하지 않는데도 자연히 울려 퍼졌다.

이 보살의 눈은 푸른 연꽃잎과 같이 넓고 크며 얼굴 모양은 백천만 개의 달을 합친 것보다 더 단정하고, 몸은 순금 빛깔을 하고 있으며 한량없는 백천의 공덕에 의해 아름답게 빛나고 있으니, 〈그 누구도 존경하는 마음을 일으키지 않을 수 없는〉 위대한 덕이 광명으로 되어 그의 몸에서 발하고 여러 가지의 길한 모습을 갖추어, 마치 〈그 힘의 세기가 코끼리의 백만 배가 넘는, 하늘의 역사인〉 나라연 같이 늠름한 몸을 하고 있었다.

〈묘음보살은〉 칠보로 된 좌대에 앉은 채 허공에 오르니 그 높이가 7 다라수였고, 많은 보살들에게 공손히 둘러싸인 채 사바세계의 영축산에 도착하자 즉시 칠보의 좌대에서 내려 석가모니불께 머리 숙여 예배하고 백천금의 값을 가진 영락을 바치며 부처님께 여쭈었다.

「세존이시여, 정화수왕지불께서 세존께 문안드리기를, "몸
의 작은 병이나 마음의 언짢은 일은 없으시며, 기거도 가벼워
서 자유로우시고 안락하게 지내시는지요. 〈지·수·화·풍의〉
사대가 잘 조화되어 건강하시고, 세상 일이 마음에 들지 않는
것은 없으십니까.

중생들은 교화에 잘 따르며 탐내는 마음이나 성내는 버릇이
나 〈눈앞의 것밖에 모르는〉 어리석음이나, 남을 질투하고 원망
하며 인색하고 교만한 마음 등이 널리 퍼져 있지 않습니까. 그
리고 부모에게 효도하지 않으며 수행인을 공경하지 않고 삿된
견해나 그릇된 마음으로 〈눈·귀·코·혀·피부의〉 다섯 가지
감각기관을 즐겁게 하고 싶은 욕망을 절제하지 못하는 일은 없
습니까. 그리고 중생들은 모든 악마들의 악한 생각을 떨쳐 버
릴 수 있습니까.

또 오래전에 멸도하신 다보여래께서 칠보탑 안에 계시면서
법화경을 들으시려고 오셨습니까?" 하시며,

아울러 다보여래께도 문안드리되,

"조금도 마음에 언짢음이 없으시고 안락하게 지내시며, 오랫
동안 탑 속에 계시온데 심기는 어떠하신지요?" 하고 말씀하셨
습니다.

세존이시여, 제가 지금 다보불의 몸을 뵙고자 합니다. 원하
오니 세존께서는 그 부처님을 뵙도록 해주소서.」

이에 석가모니불께서 다보불게 말씀하셨다.

「묘음보살이 뵙고자 합니다.」

그러자 다보불께서 묘음보살에게 말씀하셨다.

「오! 훌륭하도다. 그대가 석가모니불을 공양하고 법화경을 들으며 문수사리 등을 만나려고 여기 온 것은 매우 잘한 일이다.」

이때 〈연꽃처럼 아름다운 덕을 가진〉 화덕보살이 부처님께 여쭈었다.

「세존이시여, 이 묘음보살은 〈과거에〉 어떤 선행을 했으며 무슨 공덕을 쌓았기에 이와 같은 신통력을 몸에 갖추게 되었습니까.」

〈석가모니 부처님께서〉 화덕보살에게 말씀하셨다.

「옛날에 〈구름의 북소리, 즉 우뢰소리의 왕이신〉 운뢰음왕여래(다타아가도)·응공(아라하)·정변지(삼먁삼불타)라는 이름의 부처님이 계셨는데, 그 국토의 이름은 〈일체 세간의 모습을 나타내 보인다는〉 현일체세간이라 하고, 그 시대를 〈바라보면 기쁘다는〉 희견이라 불렀다.

그 국토에 묘음이라는 보살이 있었는데 운뢰음왕불을 공양하기 위해 1만 2천 년 동안을 10만 가지의 음악을 연주하고 아울러 8만 4천이나 되는 칠보의 바리를 바쳤으니, 그 공덕으로 말미암아 지금 정화수왕지불의 국토에 태어나 이런 신통력을 얻게 되었다.

화덕이여, 그대는 어떻게 생각하는가? 그때 운뢰음왕불 아래서 음악을 가지고 부처님을 공양하고 보배그릇을 바친 묘음보살이 어찌 다른 사람이겠는가. 바로 지금의 이 묘음보살마하살이다.

화덕이여, 묘음보살은 이와 같이 먼 옛날부터 한량없는 여러 부처님을 가까이서 시봉하고 공양하면서 오래도록 덕의 근본인 선행을 쌓았으므로, 그 과보로써 갠지스 강의 모래 같이 많은 백천만억 나유타 부처님을 만나뵐 수 있었다.

화덕이여, 그대는 묘음보살이라고 하는 보살이 여기 있는 오직 한 사람인 줄 알지만, 그렇지 않고 이 보살은 여러 가지의 몸으로 곳곳에서 나타나 많은 중생을 위해 법화경의 가르침을 설한다.

즉 때로는 범천왕의 몸으로 나타나기도 하고 때로는 제석천의 모습으로 나타나기도 하며, 혹은 대자재천의 모습으로 나타나기도 하며 혹은 하늘의 대장군의 모습으로 나타나기도 하며 혹은 비사문천왕으로 나타날 때도 있다.

혹은 〈덕 높은〉 전륜성왕의 모습이 되어 나타날 때도 있으며, 혹은 여러 소왕의 몸으로, 혹은 부자, 혹은 거사, 혹은 대신, 혹은 바라문의 몸이 되어 나타나는 때도 있다.

그리고 비구·비구니·우바새·우바이의 몸이 되어 나타날 때도 있으며, 부자나 거사의 부인 혹은 대신의 부인, 혹은 바라문의 부인으로 나타나기도 하고, 남자아이나 여자아이의 몸이 되기도 하며 천신·용·야차·건달바·아수라·가루라·긴나라·마후라가·사람인 듯 아닌 듯한 것 등으로 나타나 이 법화경을 설한다.

여러 지옥·아귀·축생계를 비롯한 많은 고난의 세계에서 〈

허덕이고 있는 중생을〉 모두 다 구제하며,

또 왕의 후궁에 있는 사람에게까지도 여자의 몸으로 변해서 이 법화경을 설한다.

화덕이여, 이 묘음보살은 사바세계의 모든 중생을 능히 구제하고 수호하는 사람이다.

묘음보살은, 이와 같이 여러 가지 모습으로 몸을 변화시켜가며 이 사바세계에 있으면서 모든 중생들을 위해 법화경을 설하지만, 그 신통변화의 힘이나 지혜는 조금도 손상되거나 감소되지 않는다.

이 보살은 큰 지혜를 가지고 사바세계를 두루 밝게 비춰, 일체 중생들로 하여금 그들 스스로가 〈가야 할 길을〉 깨닫도록 하며, 시 방의 갠지스 강의 모래 같은 무수한 세계에 있어서도 역시 이와 똑같이 행한다.

만일 성문의 모습으로써 구제하는 것이 적절한 사람에게는 성문의 모습으로 나타나 법을 설하고, 벽지불의 모습으로써 구제하는 것이 적당한 사람에게는 벽지불의 모습으로 나타나 법을 설하며, 보살의 형상으로 구제하는 것이 좋다고 생각되는 사람을 위해서는 보살의 모습으로 나타나 법을 설하며, 부처님의 모습을 가지고 깨치도록 함이 적절한 사람들을 위해서는 부처님의 모습으로 나타나 가르침을 설한다.

이와 같이 교화해야 할 상대방에 따라 가지가지의 모습이 되어 나타나며, 만일 멸도로써 교화함이 적절하다고 생각될 때에는 자신이 죽는 광경까지도 나타내 보이는 경우가 있다. 화덕이여, 묘음보살마하살은 이같은 큰 신통력과 지혜의 힘을 성취하고 있다.」

이에 화덕보살이 부처님께 여쭈었다.

「세존이시여, 이 묘음보살은 깊이 선행을 쌓아서 현재 이와 같은 덕을 성취했다고 알았으나, 그렇다면 어떤 삼매를 몸에 갖추었기에 〈말씀하신 것처럼〉 가지가지의 몸으로 변해 모든 곳에 나타나 중생을 교화하고 구제할 수 있는 것입니까?」

그러자 부처님께서 화덕보살에게 대답하시기를,

「소질이 훌륭한 남자여, 그 삼매의 이름은 〈교화할 상대방에 따라 그에게 알맞은 모습을 나타내 그것에 알맞은 가르침을 설하는 자유자재한 힘을 성취한 경지라는〉 현일체색신삼매라 하며, 묘음보살은 이 삼매를 몸에 갖추고 있기 때문에 이와 같이 한량없는 중생에게 많은 이익을 줄 수 있는 것이다.」

부처님께서 묘음보살에 관한 가르침을 설하시자, 묘음보살과 함께 왔던 8만 4천의 보살이 다 현일체색신삼매의 경지를 얻게 되었으며, 또한 이 사바세계에 있던 한량없는 구도자들도 역시 이 삼매와 그리고 〈모든 선을 권장하고 악을 멈추게 하는 힘인〉 다라니를 얻게 되었다.

그때 묘음보살마하살은 석가모니불과 다보불탑에 공양하는 목적을 달성했으므로 본국으로 돌아갔다.

그가 지나가는 여러 나라들은 〈이에 감격해〉 국토가 여섯 가지로 진동하고 아름다운 보배 연꽃을 비 오듯 뿌리며 백천만억 가지가지 기악을 울렸다.

본국에 도착하자 묘음보살은 8만 4천의 보살들에게 둘러 싸여 그들과 함께 정화수왕지불이 계신 곳에 나아가 다음과 같이 보고했다.

「세존이시여, 제가 사바세계에 가서 중생들에게 넉넉한 이익을 주고 석가모니불을 뵈옵고 또 다보불탑을 예배·공양한 뒤, 문수사리법왕자보살·약왕보살·득근정진력보살·용시보살 등과도 만났으며, 저와 함께 간 8만 4천의 보살들로 하여금 현일체색신삼매를 얻게 했습니다.」

묘음보살이 사바세계에 왕복한 경위가 설해질 때에 4만 2천의 보살들은 〈이 세상의 모든 것은 생하는 것도 없고 멸하는 것도 없다는 진리인〉 무생법인을 확고히 몸에 갖추었고, 또 화덕보살은 〈법화경의 가르침을 깊이 믿고 몸으로 행하여 마음이 사란치 않는 경지인〉 법화삼매를 얻었다.

제**25**장

관세음보살보문품

그때, 〈다함이 없는 뜻을 가진〉 무진의 보살이 자리에서 일어나 오른쪽 어깨를 벗어 드러내어 〈존경의 뜻을 나타내며〉 부처님을 향해 합장하고 다음과 같이 여쭈었다.

「세존이시여, 관세음보살은 무슨 사연으로 관세음이라는 이름이 붙여지게 되었습니까?」

부처님께서 무진의보살에게 말씀하셨다.

「소질이 훌륭한 남자여, 만일 한량없는 백천만억의 중생이 여러 가지 고뇌를 받는다 하더라도 이 관세음보살의 공덕이 위대함을 듣고 일심으로 그 이름을 마음으로 부른다면, 관세음보살은 곧 그 음성을 듣고 〈그 실상을 뚜렷이 꿰뚫어 보아〉 그들을 괴로움에서 벗어나게 해 주기 때문에 관세음이라 이름했다.

만일 어떤 사람이 관세음보살의 이름을 마음에 굳게 간직한다면, 가령 큰 불 속에 들어가더라도 불이 그를 태우지 못할 것이니, 그것은 관세음보살이 가지고 있는 높고 큰 감화력과 신통력 때문이다. 또 큰 물에 떠내려 갈지라도 이 보살의 이름을 부르면 자연히 얕은 곳으로 흘러가 닿을 것이며, 만일 백천만억의 중생이 금 · 은 · 청보석 · 자거 · 마노 · 산호 · 호박 · 진주 등의 보배를 구하기 위해 큰 바다에 들어갔을 때, 갑자기 폭풍이 불어 배가 〈악귀인〉 나찰들의 나라에 표류했다고 하자, 이같은 위기의 순간에도 배에 타고 있는 사람들 중의 한 사람이 관세음보살의 이름을 부른다면, 이 사람들은 나찰에게 속아 넘어가는 어려움에서 벗어날 수 있으니, 이러한 이유에서 관세음이라 이름지어졌다.

만일 또 어떤 사람이 다른 사람들로부터 칼이나 막대기로 해를 당하게 되었더라도 관세음보살의 이름을 부르면, 그들이 가진 칼이나 막대기가 조각조각 부러져 그 난에서 벗어날 수 있으며, 혹은 이 삼천 대천국토에 가득 찬 야차와 나찰 등의 악귀들이 사람을 괴롭히려고 오더라도 관세음보살의 이름을 부르면, 들러붙으려는 사악한 생각으로 이 사람들을 대할 수 없을뿐더러 더욱이 실제로 해칠 수 없을 것이다. 또 어떤 사람이 죄를 지었거나 혹은 무고한 죄로 말미암아 손발에 쇠고랑이 채워지고 몸이 사슬로 묶였다 하더라도 관세음보살의 이름을 부르면, 〈몸을 구속하고 있는 그러한 것들은〉 모두 산산이 부서지고 끊어져 즉시 자유의 몸이 될 수 있다.

만일 삼천 대천국토에 흉악한 도적떼가 들끓고 있는데 한 상인의 우두머리가 여러 상인을 이끌고 귀중한 보물을 가진 채 험한 길을 지나간다고 하자 그때 그 중의 한 사람이 일행을 향해, '소질이 훌륭한 여러 남자들이여, 무서워 말고 두려워하지 마라. 그대들은 모두 일심으로 관세음보살의 이름을 불러라. 이 보살은 두려움 모르는 마음을 중생에게 베풀어 주는 분이니 그대들도 이 보살의 이름을 부르면 기필코 도적의 난으로부터 벗어날 수 있다.'고 말하니, 그 말에 따라 모든 상인들은 소리를 합해, '나무 관세음보살' 하고 부르면, 〈그것은 일편단심 진리에 마음을 향하도록 하는 것이므로〉 그들은 기필코 그 어려움에서 벗어날 수 있게 된다.

무진의여, 관세음보살의 높고 큰 감화력은 이와 같이 훌륭한 것이다.

만일 음욕으로 말미암아 번민하고 있는 중생이 있다면, 항상 관세음보살이 가진 진리의 지혜를 생각하고 공경하는 마음을 갖는다면, 자연히 그 음욕은 〈마음에서〉 멀리 떠나가 번민이 없어질 것이며, 또 무언가에 분함을 느껴 그 때문에 자기 자신을 괴롭히는 사람이 항상 관세음보살을 생각하고 공경하는 마음을 가지면 기필코 그 성내는 버릇에서 벗어날 수 있을 것이다. 또 〈인간다운 지혜가 모자라서〉 어리석음이 가득 차 있는 사람이 언제나 관세음보살의 지혜를 생각하고 공경하는 마음을 가지면 기필코 그 어리석음에서 벗어날 수 있다.

무진의여, 관세음보살은 이와 같이 위대한 감화력과 신통력을 가지고 모든 중생에게 큰 이익을 준다. 그런 까닭에 중생은 항상 관세음보살을 마음으로 생각하지 않으면 안 된다.

만일 아들 낳기를 원하는 여인이 일심으로 관세음보살을 예배하고 공양한다면, 기필코 복덕과 지혜를 고루 갖춘 아들을 낳을 것이며, 만일 딸 낳기를 원한다면 얼굴이 예쁜 그리고 전생에 덕을 쌓은 과보에 의해 많은 사람들로부터 사랑받고 존경받는 〈관세음보살 같이 훌륭한〉 딸을 낳을 것이다.

무진의여, 관세음보살에게는 이와 같은 힘이 있으니 만일 중생이 관세음보살을 공경하고 예배한다면 그 이익은 틀림없이 있을 것이므로, 중생은 모두 관세음보살의 이름을 항상 마음 속에 간직해야 한다.

무진의여, 만일 어떤 사람이 62억 갠지스 강의 모래 같은 보살에게 목숨이 다하도록 공경하는 생각을 간직한 채, 음식과 의복?침구와 의약 등을 바쳐 공양했다면 그대의 생각은 어떠한가. 이렇게 공양한 소질이 훌륭한 남녀가 받는 공덕은 과연 많겠는가, 적겠는가?」

무진의보살이 대답했다.

「매우 많다고 생각합니다. 세존이시여.」

부처님께서 다시 말씀하셨다.

「그런데 무진의여, 여기 또 한 사람이 관세음보살에 대한 공경하는 생각을 마음에 굳게 간직하고 잠깐만이라도 예배하고 공양했다고 하자. 앞에 말한 사람과 이 사람이 받는 공덕은 완전히 서로 같아 조금도 다르지 않으니, 그 공덕은 백천만억 겁에 걸쳐 설명하더라도 다할 수 없을 만큼 넓고 크다.

무진의여, 관세음보살에 대한 공경하는 생각을 굳게 간직하면 이와 같아 한량없고 가이없는 복덕을 이익으로 받을 것이다.」

그러자 무진의보살이 부처님께 여쭈었다.

「세존이시여, 관세음보살은 어떠한 모습으로 이 사바세계에 자유자재로 출현하고 또 어떤 내용으로 중생을 위해 가르침을 설하며 그 〈교묘한 수단인〉 방편의 힘을 어떻게 표현합니까?」

부처님께서 무진의보살의 물음에 대해 이렇게 대답하셨다.

「소질이 훌륭한 남자여, 그 나라의 중생 중에 부처님의 몸이 되어 깨달음을 얻게 함이 알맞은 사람에게는 관세음보살이 곧 부처님의 몸으로 나타나서 법을 설하며, 연각의 몸이 되어 깨달음을 얻게 함이 적당한 사람에게는 연각의 몸으로 나타나 법을 설하고, 성문의 몸이 되어 깨달음을 얻도록 함이 좋다고 생각되는 사람에게는 성문의 몸이 되어 나타나 법을 설한다.

또 범천왕의 몸이 되어 구제할 사람에게는 범천왕의 몸으로 나타나 법을 설하고, 제석천의 몸이 되어 구제해야 할 사람에게는 제석천의 몸으로 출현해 법을 설하며, 자재천의 몸이 되어 구제함이 마땅한 사람에게는 자재천의 모습으로 출현해 법을 설하며, 대자재천의 몸으로써 제도함이 적당한 사람에게는 대자재천의 몸으로 나타나서 법을 설하고, 천대장군의 몸이 되어 구제해야 할 사람에게는 천대장군의 모습이 되어 법을 설하고 비사문천의 몸으로써 제도할 사람에게는 비사문천의 몸으로 나타나 법을 설한다.

또 소왕의 몸을 가지고 구제함이 알맞은 사람에게는 소왕의 몸으로 나타나 법을 설하고, 〈부자인〉 장자의 몸으로써 구제함이 적당한 사람에게는 장자의 몸으로 나타나 법을 설하며, 〈속가의 지식인인〉 거사의 몸으로써 구제함이 적합한 상대에게는 곧 거사의 몸으로 나타나 법을 설하고, 관리의 몸으로써 제도할 이에게는 관리의 몸으로 나타나 법을 설하며, 바라문의 모습을 취해 구제함이 알맞은 이에게는 바라문의 몸으로 나타나 법을 설하고, 〈출가 수행자인〉 비구와 비구니 〈그리고 재가 수행자인〉 우바새·우바이의 몸이 되어 제도함이 적합한 이에게는 각각 그들에게 알맞은 모습으로 나타나 법을 설한다.

장자·거사·관리·바라문의 부녀의 몸이 되어 구제함이 알맞은 상대에게는 각각 그 부녀의 몸을 나타내어 법을 설하기도 하며, 사내아이나 여자아이의 모습으로써 구제할 상대에게는 각각 그들에게 알맞은 사내아이와 여자아이의 모습이 되어 법을 설하고, 천신·용·야차·건달바·아수라·가루라·긴나라·마후라가·사람인 듯 아닌 듯한 것의 몸을 가지고 제도할 상대에게는 각각 그 몸으로 나타나 법을 설하며, 〈불법의 수호자인 금강력사 즉〉 집금강신의 몸이 되어 구제할 사람에게는 집금강신의 몸을 나타내어 법을 설한다.

무진의여, 관세음보살은 이러한 공덕을 성취하고 있기 때문에 여러 가지의 모습으로 변해 어떤 장소에도 자유자재로 출현해 중생을 해탈로 인도하니, 그대들은 일심으로 관세음보살을 공양하지 않으면 안 된다.

이 관세음보살마하살은 무서운 위기나 곤란에 처한 중생에게 동요치 않는 정신력을 베풀어 주기 때문에 이 사바세계에서는 모두 관세음보살을 두려움을 없애주는 이라고 부르고 있다.」

〈이 말씀을 듣고 감격한〉 무진의 보살이 부처님께 여쭈었다.

「세존이시여, 저는 지금 여기서 관세음보살을 공양하겠습니다.」

그렇게 말하자 곧 목에 걸었던, 값을 측량할 수 없을 정도의 많은 보석을 꿴 목걸이를 끌러 관세음보살에 바치며,

「어진이여, 법에 대한 보시로써 드리는 이 진귀한 보배 목걸이를 받아 주십시오.」 하고 말했다.

그러나 관세음보살은 그것을 받으려 하지 않으니, 무진의보살이 거듭 관세음보살에게 말했다.

「어진이여, 저희들을 불쌍히 여기시어 이 목걸이를 받아주십시오.」

이때 부처님께서 관세음보살에게 말씀하셨다.

「무진의보살과 〈출가 · 재가의〉 사부 대중을 비롯해 천신 · 용 · 야차 · 건달바 · 아수라 · 가루라 · 긴나라 · 마후라가 · 사람인 듯 아닌 듯한 것들을 불쌍히 여겨 그 영락을 받도록 해라.」

〈이 말씀을 들은〉 관세음보살은 곧 사부 대중과 하늘 · 용, 그리고 사람인 듯 아닌 듯한 것들의 마음을 헤아려 그 목걸이를 받았지만, 〈받는 즉시 바로〉 이를 둘로 나누어 반 쪽은 석가모니불께 또 반 쪽은 다보불탑에 바쳤다.

〈그러자 부처님께서 무진의보살에게 말씀하셨다.〉

「무진이의여, 이로써 관세음보살이 어떻게 그와 같은 신통력을 가지고 자유자재로 사바세계에 나타나서 많은 중생을 구제

하는지 그 까닭을 알았을 것이다.」

무진의보살이 시로 다시 여쭈었다.

『아름다운 32 상 갖추신 세존이시여, 거듭 그 일 묻습니다.
그 불제자는 무슨 사연 있어 관세음이라고 이름붙였습니까.」

서른 두 모습 구족하신 세존께서 시로 무진의에게 대답하셨다.

『곳곳마다 알맞게 나타나 중생 구제하는 관음의 서원과 실행력
을 들어라.
그 서원은 큰 바다 같아 오랜 세월 지나도 헤아리지 못한다.
몇 천억의 부처님 섬겨 가르침 받고 청정하고 큰 서원 세웠으니
내 그대 위해 간략히 말한다. 이름 듣거나 그 몸 보고,
항상 마음에 간직하고 잊지 않으면 인생의 여러 괴로움 면할 수
있다.
만일 누군가 그를 죽이려 큰 불구덩이에 떨어뜨렸더라도,
관세음의 구제력을 일심으로 생각하면 불구덩이 변하여 연못될
것이며,
큰 바다에 표류되어 용 · 물고기 · 여러 귀신에게 잡혀먹는 난을
만나도
관세음의 힘 생각한다면 사나운 큰 물결도 삼킬 수 없을 것이다.
수미산 봉우리에서 사람에게 떠밀려 떨어질지라도
관세음의 힘을 염한다면, 태양처럼 허공에 머무를 것이며,
악인에게 쫓겨 금강산에서 굴러떨어진다 해도
관세음 염하는 그 힘으로, 털끝 하나 다치지 않으리.
흉악한 도적떼가 둘러싸고 칼 뽑아 해치려 해도

관세음 염하는 그 힘으로, 도적들은 마음 돌려 자비로운 마음
다시 일으키며,
포악한 임금에게 핍박 받아 형벌로 목숨 잃으려 할 때
관세음 염하는 그 힘으로, 내리치려는 그 칼도 조각조각 동강
나고,
감옥 속에 갇혀 손발이 형틀에 묶였더라도
관세음 염하는 그 힘으로 속박에서 자연히 풀려나며,
저주나 여러 독약으로 몸 해치려 할 때에도
관세음 염하는 그 힘으로, 도리어 그 본인에게 화가 돌아가며,
흉악한 나찰이나 독을 가진 용이나 여러 귀신 만날지라도
관세음 염하는 그 힘으로 그들로부터 해 받지 않는다.
사나운 짐승들 둘러싸 칼날 같은 이빨과 발톱으로 무섭게 달려
들어도
관세음 염하는 그 힘으로, 속히 저 멀리 뿔뿔이 달아나며,
뱀·살무사·전갈 등이 연기 같은 독기 뿜더라도
관세음 염하는 그 힘으로, 그 소리 듣자마다 스스로 돌아가며,
구름 몰려와 천둥 번개 치고 우박과 큰 비 쏟아져도,
관세음 염하는 힘으로 곧 사라져 버릴 것이다.
사람들이 재앙을 만나 끝없는 고뇌로 신음할 때에
관세음의 큰 지혜는 훌륭하게 세상의 괴로움에서 구제해 낸다.
신비한 힘 몸에 갖추고 교묘한 수단 널리 익혀
온누리 모든 장소에 그 모습 반드시 나타난다.
지옥·아귀·축생계와 그밖의 나쁜 갈래
살며 늙고, 병들고 죽는 그 모든 고통 다 없애 준다.
진실 보는 마음의 눈, 맑고 깨끗한 마음의 눈, 넓고 큰 지혜의 눈,
사랑 가득 찬 마음의 눈 가진 관음을 항상 원하며 우러러보라.

때 없이 맑은 지혜의 빛, 태양이 재앙의 바람과 불을 누르고
더러움과 어두움 없애듯 이 세상 구석구석 두루 비춘다.
벽력 같은 그 계율 자비에 넘치는 큰 구름,
가르침의 단비 내려 미혹과 욕망의 불길 끈다.
다툼의 자리에 불려 나가거나 전쟁터에 나갈지라도
관세음의 힘 빌면 해치려는 것이 사라져 가리.
거룩한 관세음은 진리의 소리 · 맑은 소리 · 큰 파도 소리처럼
모든 세상 소리보다 훌륭한 소리니,
항상 마음에서 원하고 원하여라.
맑고 성스러운 관세음은 고통과 죽음의 재앙을 당했을 때에
꼭 믿고 의지해야 하니, 이에 대해 의심치 마라.
온갖 덕 두루 갖추고 자비의 눈으로 굽어보며,
행복 넘쳐 바다와 같으니, 부디 마음으로부터 예배하여라.」

〈이 설법을 듣고 감동한〉 지지보살〈즉 지장보살〉이 자리에
서 일어나 부처님 앞에 나아가 말씀드렸다.
「세존이시여, 어떤 중생이더라도 이 관세음보살의 〈중생 제
도를 위한〉 자유자재한 활동과 상대에 따라 여러 모습으로 변
하며 모든 곳에 출현하는 신통력에 관해 듣고 이를 알게 된 사
람은 적지 않은 공덕을 얻을 수 있을 것입니다.」
부처님께서 이 보문품을 설하실 때, 듣고 있던 대중 가운데
8만 4천의 중생이 모두 비할 바 없이 거룩한 〈그리고 그 누구
에게도 평등한 길이 열려 있는〉 부처님의 지혜를 얻고자 하는
마음을 일으켰다.

제 26 장

다 라 니 품

　그때, 약왕보살이 자리에서 일어나 오른쪽 어깨를 벗어 드러내〈어 존경과 시봉의 뜻을 나타내〉고 합장하며 부처님께 여쭈었다.

　「세존이시여, 만일 소질이 훌륭한 남녀가 법화경을 믿고 마음에 간직하며 혹은 읽고 외워 그 뜻에 통달하고, 혹은 이 법화경을 옮겨 쓰면 얼마 만한 공덕을 얻을 수 있습니까?」

　부처님께서 약왕보살에게 말씀하셨다.

　「만일 소질이 훌륭한 남녀가 800만억 나유타 갠지스 강의 모래 같이 많은 부처님을 공양했다면, 그대의 생각은 어떤가? 그 사람이 얻는 공덕은 많겠는가, 적겠는가?」

　〈약왕보살이 대답했다.〉

　「매우 많을 것입니다. 세존이시여.」

　부처님께서 다시 말씀하셨다.

「그러나 소질이 훌륭한 남녀가 만일 이 법화경의 네 글귀로 된 시 하나라도 믿고 마음에 간직해 읽고 외워 그 뜻을 이해하고 가르침대로 수행한다면, 그 공덕이 앞에서 말한 것보다 훨씬 많다.」

〈이 말씀을 들은〉 약왕보살이 〈감격해〉 부처님께 여쭈었다.

「세존이시여, 제가 이제 법화경을 설하는 사람을 〈수호하기〉 위해 〈총지 진언인〉 다라니주를 주겠습니다.」

그리고 곧 주문을 말했다.

『아네(부사의여), 마네(사유여), 마네(의염이여), 마마네(무심이여), 칫테(영원이여), 차리테(수행이여), 사메(적연이여), 사미타(담백이여), 비산테(현묵이여), 무크테(해탈이여), 무크타타메(구제여), 사메(평등이여), 아비샤메(무사심이여), 사마사메(마음의 평화여), 자예(평등이여), 크샤예(미혹의 멸진이여), 아크샤에(무진한 선이여), 아크시네(철저한 해탈이여), 샨테(조용히 동요치 않는 마음이여), 사미테(담백한 마음이여), 다라니(총지여), 아로카바세(관찰이여), 프라탸베크샤니(관찰이여), 니디루(광명이여), 아반타라 · 니비슈티(스스로를 의지하는 마음이여), 아뱐타라 · 파리슈티(궁극의 청정이여), 무트쿠레(요철없는 평탄이여), 무트쿠레(높낮음 없는 평탄이여), 아라테(회전치 않는 마음이여), 파라테(방황치 않는 마음이여), 수 · 캉쿠시(청정한 눈이여), 아사마 · 사메(차별 곧 평등이여), 붓다 · 비로키테(깨달음의 절대경지여), 다르마 · 파리크시테(법의 완전한 관찰이여), 상가 · 니르고샤니(교단의 완전한 화합이여), 니르고니(무음이여), 바야바야 · 비쇼다니(명쾌한 설법이여), 만트레(만덕의 구족이여), 만트라크샤야테(만덕의 구족에 안주하는 마음이여), 루테(무진한 작용이여), 루타 · 카우사루에(울려 퍼지는 소리여), 아크샤예(대중의 소리에 대한 밝은 관찰이여), 아크샤야 · 바나타에(가르침의 이해여), 바쿠레바로다(무진한 가르침이여), 아마냐나타예(고려하지 않고 법에 따르는 자재한 경지여), 스바하(영원하여라).」

「세존이시여, 이 총지 진언은 62억 갠지스강의 모래 수와 같으신 부처님께서 설하셨던 것이니, 만일 이 〈가르침을 설하는〉 법사에게 박해를 가하는 이가 있다면 그것은 곧 이 여러 부처님을 침해하고 훼방하는 것이 됩니다.」

석가모니불께서는 약왕보살을 칭찬하시며 말씀하셨다.

「오! 훌륭하도다. 약왕이여, 그대가 〈법화경을 설해 넓히는〉 법사의 몸을 염려해 그들을 지켜주기 위해 〈모든 악은 물리치고 한량없이 좋은 것을 유지케 하는 비밀의 말인〉 총지 진언을 설했으니, 많은 중생들이 풍부한 이익을 얻을 것이다.」

그러자 용시보살이 부처님께 여쭈었다.

「세존이시여, 저도 법화경을 읽고 외우며 믿어 간직하는 이를 수호하기 위해 총지 진언을 설하겠습니다. 만일 이 법사가 이 총지 진언을 얻는다면, 야차나 나찰 · 〈썩는 냄새를 풍기는〉 부단나 · 〈죽은 송장을 먹는〉 길자 · 〈동물의 피와 살코기를 먹는〉 구반다 · 아귀 등이 그 법사의 허물을 찾아내어 들러붙고자 하더라도 그 틈을 찾아내지 못할 것입니다.」

그리고는 부처님 앞에 나아가 주문을 말했다.

『즈바레(광염이여), 마하즈바레(대광염이여), 우크케(지혜의 광명이여), 투크케(불꽃이여), 무크케(광명의 넓힘이여), 아데(순조로운 성취여), 아다바티(부유여), 느리테(환희여), 느리탸바티(흔연함이여), 잇티니(안주여), 빗티니(질서를 세우는 것이여), 칫티니(영주여), 느리트야니(영합함이 없음이여), 느리탸바티(무의미하게 모이지 않음이여), 스바하(찬양하여라).』

「세존이시여, 이 총지 진언은 갠지스 강의 모래 수와 같은 여러 부처님께서 설하신 것이며, 그것에 커다란 기쁨을 느끼셨던 바이므로 만일 이 진언을 간직한 벗에게 박해를 가하는 이가 있으면, 그것은 이 여러 부처님께 박해를 가하는 것과 같습니다.」

이때 이 세상을 지키는 비사문천왕이 부처님께 여쭈어,

「세존이시여, 저도 또한 중생을 불쌍히 여겨 〈법화경을 설하는〉 법사를 수호하기 위해 이 총지 진언을 설하겠습니다.」하고, 곧 다음과 같은 주문을 말했다.

『앗테(부유여), 탓테(춤추는 이여), 낫테(놀이를 조정하는 이여), 비낫테(찬탄의 노래에 의해 춤추는 이여), 아나데(무량이여), 나디(가난한 이여), 쿠나디(어찌 부유하지 않겠는가), 스바하(찬양하여라).』

「세존이시여, 이 총지 진언의 위력에 의해 법화경을 설하는 법사들을 수호하고 또 저 자신도 이 가르침을 가진 이를 수호해, 그가 살고 있는 곳에서 1백 유순 이내에는 온갖 장애가 없도록 하겠습니다.」

〈사천왕 중 동방을 지키는〉 지국천왕도 이 법회 가운데 있다가 천만억 나유타의 건달바들에게 둘러싸여 부처님 앞에 나아가 합장하고 여쭈어,

「세존이시여, 저도 또한 총지 진언에 의해 법화경을 간직하는 이를 수호하겠습니다.」 하고 즉시 주문을 말했다.

『아가네(무수한), 가네(유수복여신이여), 가우리(백광여신이여), 간다리(향을 가진 여신이여), 찬다리(요흑여신이여), 마탕기(마등기여신이여), 푸크카시(몸이 큰 독여신이여) · 상쿠레(독을 쫓는 큰 몸을 가진 여신이여), 부루사리(순서를 따라 설함이여), 시시(진리여), 스바하(영원하여라).』

「세존이시여, 이 총지 진언은 42억의 많은 부처님께서 설하신 바이니, 만일 이 총지 진언을 간직한 법사를 박해하는 이가 있다면 이는 바로 이 많은 부처님을 박해함이 될 것입니다.」

이때 〈법회 가운데 사람을 잡아먹는 귀신인〉 나찰녀들이 있었으니, 첫째의 이름은 〈세상을 떠돌아다니는 귀녀인〉 남바요, 둘째의 이름은 〈온통 떠돌아다니는〉 비남바요, 셋째의 이름은 〈비뚤어진 이빨을 가진〉 곡치요, 넷째의 이름은 〈꽃같은 이빨을 가진〉 화치요, 다섯째의 이름은 〈검은 이빨을 가진〉 흑치요, 여섯째의 이름은 〈머리털이 많은〉 다발이요, 일곱째의 이름은 〈싫증내거나 만족할 줄 모르는〉 무염족이요, 여덟째의 이

름은 〈목걸이를 가진〉 지영락이요, 아홉째의 이름은 〈지붕 위
에서 죽은 사람의 영혼을 불러들이는 소리를 가진〉 고제요, 열
번째의 이름은 〈모든 생물의 정기를 빨아먹어 버리는〉 탈일체
중생정기였다.

이 열 명의 나찰녀는 아이들을 잡아먹는 귀자모와 아울러 그
자식과 그리고 권속들과 함께 부처님 앞에 나아가 다 같이 소리
를 합해 여쭈어,

「세존이시여, 저희들도 또한 법화경을 읽고 외우며 믿어 간
직하는 이를 수호해 가지가지의 환난이 없도록 해 주겠으며,
만일 어떤 이가 이 법사의 허물을 찾아내려 해도 그것을 막아
버리겠습니다.」하고, 곧 주문을 말했다.

『이티메(여기에 있어서), 이티메, 이티메, 이티메, 이티메,
니메(무아여), 니메, 니메, 니메, 니메, 루헤(이미 일어난), 루
헤, 루헤, 루헤, 루헤, 스투헤(잘 간직하는), 스투헤, 스투헤,
스투헤, 스투헤, 스바하(영원하여라).』

「차라리 내 머리 위에 오를지언정 법사를 괴롭히는 것만은 절
대로 용서치 않겠다. 야차나 나찰·아귀·부단나·길자 〈붉은
색 귀신인〉 비다라·〈노랑색 귀신인〉 건타·〈검은색 귀신인〉
오마륵가, 〈파랑색 귀신인〉 아발마라·〈야차의 모습을 하고 송
장을 먹는 귀신〉 야차길자·〈사람의 모습을 하고 송장을 먹는〉
인길자거나 혹은 하루·이틀·사흘·나흘 내지 7일 동안 앓는

열병이거나 항상 앓는 열병으로 괴롭히지 못하도록 하겠으며, 또 남자의 모습이나 여자의 모습이나 혹은 남자 아이의 모습이나 여자 아이의 모습이 되어 방해하거나 꿈 속에 나타나 괴롭히지 못하도록 하겠다.」

그리고 곧 부처님 앞에서 시로 말했다.

『만일 나의 주문에 순종치 않고 법화경 설하는 이 괴롭히면
아리수나무 가지처럼 머리통을 일곱 조각으로 쪼개버릴 터이며
부모 죽인 죄와 기름 짜는 죄와
됫박이나 저울눈 속인 죄는 화합승단 깨뜨린 제바달다처럼 지옥에 가리니,
누구라도 이 법화경 설하는 이 해치는 자는 이런 재앙 받으리라.」

여러 나찰녀가 시를 마치고 부처님께 여쭈었다.

「세존이시여, 저희들도 또한 이 법화경을 믿어 간직하고 읽고 외우며 수행하는 이를 수호해, 항상 안온케 지내지도록 온갖 환난을 제거하겠으니, 가령 그를 독살코자 하더라도 그 독을 없애버리겠습니다.」

부처님께서 여러 나찰녀들에게 말씀하셨다.

「오! 훌륭하도다. 그대들이 다만 이 법화경의 이름만을 믿고 간직하는 사람들을 수호한다 하더라도 그 복이 헤아릴 수 없거늘, 하물며 그 가르침을 믿고 간직하며 그 경전에 꽃과 향·영락·가루 향·바르는 향·태우는 향·깃발·번개 등과 음악을 연주하며 감사의 정성을 바치며, 가지가지 등불을 켜되〈우유로

만든 기름으로 켠〉 소등과 〈식물의 기름으로 켠〉 유등과 〈여러
가지 향유로 켠 등인〉 소마나화유등 · 첨포화유등 · 바사가화유
등과 우발라화유등 같은 백천 가지의 등불을 켜서 공양하는 이
를 수호함이야 말해 무엇하겠는가.

고제여, 너희 나찰녀들과 그리고 권속들은 응당 이와 같은
법사를 수호해야 한다.」

이 다라니품을 설할 때에 6만 8천의 사람들이 〈제법은 모두
평등한 진리를 가지고 있어 생하지도 멸하지도 않는다는 진리
인〉 무생법인을 깨달아 다시는 미혹에 빠지지 않는 경지에 도
달했다.

제27장

묘장엄왕본사품

그때, 부처님께서 모든 대중들에게 말씀하셨다.

「아득한 옛날 한량없고 가이없어 헤아릴 수도 없는 아승기 겁에 한 부처님이 계셨으니, 〈구름에서 나는 우뢰소리처럼 우렁찬 음성을 가진, 별들의 왕에 의해 신통력을 발휘한〉 운뢰음수왕화지여래(다타아가도)·응공(아라하)·정변지(삼먁삼불타)라는 이름이었다. 그 나라의 이름은 〈태양의 광명에 의해 장식된 땅이라는〉 광명장엄이었고, 그 시절의 이름은 〈바라보면 기쁜〉 희견이라 했다.

그 부처님의 세계에 한 임금이 있었는데, 〈맑고 깨끗함으로 장엄된 이라는〉 묘장엄이라 이름했으며, 그 왕의 부인 이름은 〈타고난 성품이 깨끗하다는〉 정덕이라 했고, 또 그 왕에게는 두 아들이 있어 하나는 〈맑고 깨끗한 태를 가졌다 해서〉 정장이라 했고, 다른 하나는 〈맑고 깨끗한 눈을 가졌다 해서〉 정안이라 이름했다.

　두 아들은 모두 큰 신통력을 가졌으며 뛰어난 복덕과 지혜를 갖추고 오랜 세월에 걸쳐 보살로서 마땅히 행해야 할 길을 닦아 왔으니, 이른바 보시 · 지계 · 인욕 · 정진 · 선정 · 지혜 등 여섯 가지의 덕을 완성했으며, 이 여섯 가지를 실천하는 올바른 방법까지도 완성하고, 남을 사랑하고 불쌍히 여기며 남과 함께 기뻐하고, 은혜와 원수를 버리고 그것에 집착하지 않는 마음을 성취했을 뿐더러, 그 밖에도 부처님의 깨달음에 도달하는 서른 일곱 가지 수행의 길도 모두 다 뚜렷이 이해해 통달하고 있었다.

　또한 이 두 아들은 보살이 갖추어야 할 〈번뇌를 철저히 없애려 하는〉 정 삼매와 〈태양과 별처럼 밝은 지혜를 갖추려는〉 일 성수 삼매와 〈자기 자신이 가진 청정한 덕의 광명에 의해 주위를 밝게 하자는〉 정광 삼매와, 〈심체 · 거동 · 표정의 온갖 것에 덕을 갖추고 싶어하는〉 정색 삼매와, 〈자기의 덕으로써 주위를 정화하자는〉 정조명 삼매와, 〈덕을 성취해 오랫동안 장엄하는 몸이 되겠다는〉 장장엄 삼매와, 〈모든 인간에게 무한한 감화력이 있는 덕을 갖춰 주고 싶어 하는〉 대위덕 삼매 등, 이러한 모든 삼매에 통달하고 있었다.

　그 때에 운뢰음수왕화지불께서는 묘장엄왕을 깨달음으로 인도하려는 생각과 아울러 중생들의 행복을 염려하는 마음에서 이 법화경을 설하셨다. 그러자 정장과 정안 두 왕자는 어머니에게 나아가 열 손가락을 모아 합장하고 말하기를,

　"원컨대 어머님이시여, 운뢰음수왕화지불이 계신 곳에 가십

시오. 저희들도 함께 모시고 따라가 부처님을 뵈옵고 공양하며 예배하겠습니다. 왜냐하면 그 부처님께서 지금 일체의 천신과 인간들에게 법화경이라는 거룩한 가르침을 설하고 계시니, 꼭 듣고자 합니다." 하니 어머니가 말하기를,

"너희들의 아버지는 〈부처님의 가르침이 아닌〉 외도를 믿어 바라문의 가르침에 깊이 사로잡혀 계시니, 너희들은 응당 아버지께 말씀드려 함께 가도록 해라." 했다.

이에 정장과 정안은 다시 어머니께 여쭙기를,

"저희들은 가르침의 왕〈이신 부처님〉의 아들이거늘 어찌해 이렇게 잘못된 가르침을 믿는 집에 태어났습니까?" 하니,

어머니는

"너희들은 그토록 아버지의 일을 걱정한다면 응당 〈아버지가 깜짝 놀랄〉 신통 변화를 나타내 보이도록 해라. 만일 〈아버지께서 그것을〉 보시면 마음이 반드시 맑고 깨끗해져 혹 우리들을 부처님 계신 곳에 가도록 허락하실는지 모르겠구나." 하고 대답했다.

그러자 두 아들은 즉시 〈아버지 곁에 가서〉 아버지를 생각하여, 높이가 7 다라수에 이르는 허공으로 솟아올라 가지가지 신통 변화를 나타내니, 허공 중에서 걷고 머무르며 앉고 눕기도 하고, 상반신에서는 물을 뿜어내며 하반신에서는 불을 뿜어내고, 반대로 하반신에서는 물을 뿜어내며 상반신에서는 불을 뿜어내기도 하고, 혹은 몸을 크게 해 허공에 가득 차게 하는가 하면, 다시 그 몸을 작게 했다가 작아진 몸을 또다시 크게도 하

며, 공중에서 모습을 감추었는가 하면 땅 속에서 불쑥 나타나기도 하고, 물이 스며들 듯이 땅 속으로 들어가는가 하면 땅 위를 걷듯이 물위를 걸어다니는 등 이러한 가지가지의 신통 변화를 나타내 보였으므로, 그 아버지인 왕의 마음은 완전히 '나'를 잊어버리고 마음이 청정해져 아들의 신통력을 그대로 인정하게 되었다.

아버지는 아들의 이러한 신통력의 위대함을 보고 마음이 크게 환희해 일찍이 경험하지 못한 감동을 느꼈기에 자기도 모르게 아들을 향해 합장하고 물었다.

"저희들의 스승은 누구이시며, 누구의 제자이냐?"

두 아들이 대답하기를,

"대왕이시여, 운뢰음수왕화지불이라는, 저 칠보로 된 보리수 아래의 법좌에 앉아 계시면서 지금 일체 세간의 천신과 인간을 위해 법화경이라는 가르침을 설하시는 분이 곧 저희들의 스승이시며, 저희들은 그 분의 제자입니다." 하니, 아버지가 다시 아들에게 말했다.

"나도 너희들의 스승을 만나뵙고자 하니, 나와 함께 가자."

이에 두 아들은 공중에서 내려와 그들의 어머니에게 가 합장하고 여쭙기를,

"부왕께서 이제 〈부처님의 가르침이 위대함을〉 이해하시고 믿어, 위 없이 완전한 깨달음을 구함에 있어 참고 견딜 만큼의 심경에 도달하셨습니다. 저희들이 아버지를 위해 〈중생 구제라는 이런〉 부처님의 일을 했으니, 원컨대 어머니께서는 저희들

이 저 부처님 계신 데에 가서 출가하여 수도하도록 허락해 주십시오." 했다.

다시 두 아들은 거듭 그 내용을 강조하는 시로 여쭈었다.

『원컨대 어머님이시여, 저희들이 출가하여 스님이 됨을 허락하소서.
부처님 만나뵙기 매우 어려우니 저희들은 부처님 모시고 따라 배우렵니다.
우담바라꽃 보듯이 부처님 만나뵙기 어렵고
여러 장애 벗어나기 또한 어려우니
〈이런 기회 놓치지 않게〉 저희들의 출가 허락해 주소서.』

그러자 어머니는 두 아들에게 말했다.

"너희들의 출가를 허락한다. 왜냐하면 부처님은 만나뵙기 매우 어렵기 때문이다."

두 아들은 크게 기뻐하며 부모님께 여쭈었다.

"오, 훌륭하시도다. 부모님이시여, 원하건대 운뢰음수왕화지불이 계신 데에 가셔서 친히 뵙고 공양해 주소서. 왜냐하면 우담바라꽃이 피는 것을 보기 어려운 것처럼 또 외눈박이 거북이가 바다에 떠다니는 나무의 구멍을 찾아냄이 어려운 것처럼, 부처님을 만나뵙는 기회는 매우 어렵기 때문입니다. 그런데 다행히도 저희들은 전생에서 선업을 많이 쌓았음인지 부처님의 법이 행해지는 나라에 이렇게 태어날 수 있었습니다. 그러니 부모님께서는 저희들의 출가를 허락해 주소서. 모든 부처님은 만나뵙기가 매우 어렵습니다."

이때 〈두 왕자의 간청을 듣고 있던〉 묘장엄왕의 후궁에서 시중들고 있는 8만 4천 인의 여인들이 모두 법화경의 가르침을 믿어 간직하게 되었으며, 정안보살은 오래전부터 법화경을 완전히 체득하고 〈그 심신이 견고하여 흔들리지 않는 경지인〉 법화 삼매에 머물렀으며, 정장보살은 이미 한량없는 백천만 겁이라는 세월 동안 〈이 세상의 모든 악도에서 완전히 벗어나서 청정한 마음이 되는〉 이제악취 삼매에 통달하고 있었는데, 〈그것은 결코 자신들의 해탈을 위한 것이 아니고〉 오직 일체중생을 불쌍히 여겨 그들로 하여금 모든 악한 갈래에서 벗어나게 해주겠다는 〈보살심에 의한〉 것이었다. 또 그 왕의 부인도 〈예전부터 바른 신앙에 정진해 모든 부처님의 가르침을 이해하는 경지인〉 제불집 삼매를 얻어 모든 부처님의 마음 속에 있는 깊고 오묘한 가르침을 알 수 있었다.

두 아들은 이와 같은 방편력을 가지고 아버지를 잘 교화해, 〈아버지로 하여금 부처님의 가르침을〉 마음에서 믿고 이해하게 했을 뿐만 아니라 기꺼이 그 가르침을 구하려는 마음을 일으키게 했던 것이다.

이에 묘장엄왕은 여러 대신들과 그 신하들을, 그리고 정덕부인은 후궁의 채녀들과 그 권속들을, 두 왕자는 4만 2천 인을 거느리고 모두 함께 부처님 계신 데에 가서 머리숙여 예배하고 그 주위를 세 번 돌며 부처님의 덕을 찬양한 후, 한쪽에 물러나 있었다.

그러자 운뢰음수왕화지불께서 묘장엄왕을 위해 알기 쉬운 가르침부터 차례차례 순서에 따라 진리를 설해 들려 주시니, 〈왕은 처음 마주하는 진리의 가르침에〉 크게 환희했다.

그때 묘장엄왕과 그 부인이 〈부처님께 감사의 정성을 바치려고〉 목에 걸고 있던 헤아릴 수 없이 값진 진주 목걸이의 구슬을 낱낱이 풀어 부처님 위에 흩뜨리니, 그 구슬은 허공 중에서 네 기둥의 보배집으로 변했다. 그 집 속엔 보배평상이 있어, 그 평상 위에는 백천만의 하늘 옷이 깔려 있으며 그 위에 부처님이 가부좌를 틀고 앉으셔서 큰 광명을 놓고 계셨다.

묘장엄왕이 그것을 보고 생각하기를,

'부처님께서는 매우 보기 드문 모습을 하고 계시는구나. 단정하고 엄숙하여 다른 사람에게서는 볼 수 없는 거룩함이 넘쳐흘러 뭐라 형용할 수 없는 아름다운 모습을 성취하셨구나.' 하고 감탄했다.

운뢰음수왕화지불께서 사부 대중에게 말씀하셨다.

"그대들은 이 묘장엄왕이 내 앞에서 합장하고 서 있는 것을 어떻게 보는가? 이 왕은 내 가르침에 따라 비구가 되어 부처님이 되기 위해 모든 길을 일심으로 익히고 닦아 부지런히 노력한 뒤에 기필코 부처님의 깨달음에 도달하리니, 그 이름 〈비슈누라고 하는〉 사라수왕 부처님이요, 그 나라의 이름은 〈큰 광명이라는〉 대광이라 하고, 그 시절을 가리켜 〈이름이 널리 알려진 왕이라는〉 대고왕이라 하리라.

그 사라수왕불 아래는 한량없는 보살들과 성문들이 있으며 그 나라의 땅은 평평하리니, 묘장엄왕이 이룩한 불도 수행의 공덕은 이와 같이 넓고 큰 것이다."

그러자 묘장엄왕은 나라를 동생에게 맡기고 부인과 두 아들 및 많은 부하들과 함께 부처님의 가르침에 귀의하고 출가해 불도를 수행하기로 했다. 그리고 출가해서는 8만 4천 년 동안 항상 일심으로 정진해 법화경의 가르침을 그대로 수행했으므로, 마침내 〈많은 사람들을 구제하고도 아무런 보답도 바라지 않는 깨끗한 마음이 확고하여, 전혀 흔들리지 않는 아름다운 경지인〉 정공덕장엄 삼매에 도달했으며, 이 삼매를 얻자 왕은 즉시 허공 높이 7 다라수를 솟아올라, 그곳에서 부처님께 여쭈었다.

"세존이시여, 저를 불도로 인도한 것은 저의 두 아들이었습니다. 그들은 여러 가지의 신통 변화를 펴 보이며 저의 잘못된 신앙을 바로잡아 부처님의 가르침 속에 편히 머무르게 해 주었으며 또한 세존을 만나뵙게 했으니, 이 두 아들은 저의 좋은 벗·좋은 지도자로서, 전생에 쌓은 선의 근본이 〈있었기 때문에 부처님을 만나뵈올 수〉 있었겠지만, 그 선근에 싹을 트게 하여 저에게 풍족한 이익을 주려고 내 집에 태어났습니다."

이에 운뢰음수왕화지불께서 묘장엄왕에게 말씀하시기를,

"그대가 말한 것과 똑같다. 소질이 훌륭한 남녀가 전생에서 훌륭한 선근을 심었다면, 태어날 때마다 좋은 벗·좋은 지도자를 만날 수 있고, 그 좋은 벗·좋은 지도자는 훌륭하게 사람을 인도해 불도에 들게 하여, 가지가지로 가르치고 인도해 부처님의 깨달음에 도달케 한다.

대왕이여, 좋은 벗·좋은 지도자를 만난다는 것은 참으로 거룩한 인연이다. 그의 교화와 지도가 있었기 때문에 부처님을 뵐 수 있고 부처님의 지혜를 얻으려는 발심도 하게 된다.

대왕이여, 그대는 두 아들을 어떻게 생각하는가. 이 두 아들은 일찍이 65백천만억 나유타 갠지스 강의 모래알 같은 많은 부처님을 시봉하며 친히 가르침을 받고 항상 공경하며, 법화경의 진리를 굳게 마음에 간직해 삿된 견해에 빠진 중생을 불쌍히 여겨 〈바르게 사물을 보는 경지인〉 정견에 머물도록 했다." 하고 말씀하셨다.

이 말씀을 들은 묘장엄왕은 즉시 허공 가운데서 내려와 부처님을 찬탄하기를,

"세존이시여, 여래께서는 참으로 이 세상에서 보기 드문 거룩하신 분이니, 모든 중생을 건지는 공덕과 지혜를 가지신 까닭으로 정수리 위의 살상투에서는 광명이 발해져 밝게 빛나며, 눈은 길고 넓으며 짙고 산뜻한 남색이고, 두 눈썹 사이의 둥글게 말린 털은 희기가 마치 백마노로 된 달과 같으며, 이는 희고 틈새가 없이 고르게 갖추어져 항상 빛나고, 입술색은 마치 빈바수의 열매처럼 아름다운 붉은 색을 가지셨습니다." 하며, 한량없는 백천만억의 공덕을 찬탄하고 나서 부처님 앞에 나아가 일심으로 합장하고 다시 여쭙기를,

"세존의 덕은 〈비할 데 없이 위대하시어〉 아직까지 한 번도 듣거나 보지도 못했습니다. 여래의 가르침은 헤아릴 수 없는 훌륭한 구제의 힘이 갖추어져 있고, 그 가르침이나 계율을 실

행함에는 아무런 고통이 없어 마음 편히 즐겁게 행할 수 있습니다. 부처님이시여, 저는 이제부터 다시는 자신의 미혹한 마음에 끌려다니는 행동은 하지 않을 것이며, 또한 삿된 견해와 교만한 마음과 성내고 미워하는 생각과 그밖의 여러 가지 나쁜 생각을 일으키지 않겠습니다." 하고 말씀드린 후 부처님께 예배하며 물러났다.

석가모니 부처님께서 다시 대중들에게 말씀하셨다.

「그대들은 어떻게 생각하는가. 이 묘장엄왕은 다른 사람이 아닌 지금의 화덕보살이며, 그 정덕 부인은 지금 내 앞에서 〈빛을 비추고 있는 아름답고 엄숙한 모습을 가진〉 광조장엄상 보살이니, 그는 묘장엄왕과 그의 신하들을 불쌍히 여기는 마음을 가지고 그 세상에 태어나 묘장엄왕의 부인이 되었던 것이다.

그리고 두 왕자는 지금의 약왕보살과 약상보살이다.

이 약왕과 약상보살은 이와 같이 큰 공덕을 성취하고 한량없는 백천만억의 부처님 아래서 사람들을 구제하고 세상을 구제하는 덕행을 거듭 쌓았으므로 헤아릴 수 없이 많고 좋은 공덕을 성취했으니, 이 두 보살의 이름만 들어도 일체 세간의 여러 천신과 인간은 모두 그 거룩한 공덕에 대해 마음으로부터 예배해야 한다.」

부처님께서 묘장엄왕〈의 전생에 대한 비유의 이야기로 이〉본사품을 설하시자, 8만 4천 인이 번뇌와 죄악으로부터 벗어나 모든 사물의 생명과 직접 통할 수 있는 맑은 마음을 얻게 되었다.

제28장

보현보살권발품

    그때, 〈많은 사람들을 구제하는〉 자유자재한 능력의 신통력과 〈많은 사람들을 감화시키는〉 위대한 덕의 힘을 가져 그 이름이 널리 알려진 보현 보살이 한량없고 가이없어 헤아릴 수도 없는 큰 보살들과 함께 동방에서 이 사바세계로 오는데, 그가 지나는 국토마다 한결같이 〈그의 위엄과 덕망에〉 감동해 모두가 진동했으며 아름다운 보배연꽃이 비오듯 내리고 백천만억 가지가지의 기악이 울렸다.

    또 무수한 여러 천신·용·야차·건달바·아수라·가루라·긴나라·마후라가·사람인 듯 아닌 듯한 것들의 무리에게 둘러싸인 채 위대한 덕과 신통력을 나타내며, 사바세계의 영축산에 도착하자 곧바로 석가모니불께 머리숙여 예배하고 그 주위를 오른쪽으로 일곱 번 돌며 부처님의 덕을 찬탄하고서 이렇게 여쭈었다.

「세존이시여, 저는 〈보배같이 그 위엄과 덕망이 널리 알려진 왕이라는〉보위덕상왕불의 국토에 있었으나, 이 사바세계에서 법화경을 설하시는 것을 멀리서 듣고 이처럼 한량없고 가이없는 백천만억의 여러 보살과 함께 가르침을 직접 들으려고 왔습니다. 원컨대 세존이시여, 저희들을 위해 〈법화경을〉설해 주소서. 소질이 훌륭한 남녀가 부처님께서 멸도하신 후에는 어떻게 해야 이 법화경을 얻을 수 있겠습니까?」

부처님께서 보현보살에게 대답하셨다.

「만일 소질이 훌륭한 남녀가 다음의 네 가지 사항을 성취하면, 여래가 멸도한 후에도 이 법화경의 〈진리를 파악하게 되고 이 법화경의 참다운〉공덕을 얻을 수 있을 것이다.

첫째는 자기가 모든 부처님으로부터 보호되고 소중히 생각되고 있다는 굳은 신념을 가질 것,

둘째는 덕을 갖추게 되는 근본인 선행을 많이 쌓을 것,

셋째는 바른 사람〈즉 성불이 결정된 사람〉들의 모임에 들 것,

넷째는 일체 중생을 구제하겠다는 마음을 일으킬 것이다.

만일 소질이 훌륭한 남녀가 이 네 가지 사항을 원만하게 행한다면 여래가 멸도한 후에도 반드시 이 법화경을 자기의 것으로 할 수 있다.」

보현보살이 다시 부처님께 여쭈었다.

「세존이시여, 저는 맹세코 훗날 다섯 번째의 500세에 이르러, 흐르고 험악한 세상에서 이 법화경을 믿고 간직하는 이가 있다면, 제가 그 사람을 굳게 수호해 온갖 장애를 제거하고 항

상 안온하게 법을 행하도록 할 것이며, 혹 그 누가 그의 잘못을 찾으려 해도 그 흠을 찾지 못하게 하겠습니다. 악마나 악마의 아들·마녀나 마녀의 부하들이나 혹은 악마가 들린 사람이나 야차·나찰·구반다·〈사람의 정기를 **빨아먹는**〉 비사사·길자·부단나·〈**빨강색 귀신인**〉 위다라 등, 사람을 괴롭히는 것들이 그 흠을 찾아내어 들러붙지 못하게 하겠습니다.

법화경을 믿어 간직하는 사람이 혹은 걷거나 서서 이 법화경을 읽고 외우면, 저는 이 때에 여섯 개의 이빨을 가진 희고 큰 코끼리를 타고 큰 보살들과 함께 그가 있는 곳에 찾아가 스스로 몸을 나타내어, 그 사람의 수행에 감사하고 〈수행이 훌륭하게 행해 지도록〉 지켜주며 그 사람의 마음을 평안하게 해주겠으니, 이것은 또한 법화경에 감사하기 때문입니다.

또 이 사람이 조용히 앉아서 법화경을 곰곰이 생각할 때에도 제가 희고 큰 코끼리를 타고 그의 앞에 나타날 것이며, 만일 그 사람이 법화경의 한 구절이나 한 시구를 잊어버린 경우에는 제가 응당 가르쳐 주고 함께 읽고 외워서 그 뜻에 통달하도록 하겠습니다.

그리고 법화경을 믿고 간직하며 읽고 외우는 사람이 나를 생각해내기만 하면 〈바른 길을 발견할 수 있기 때문에〉 크게 환희해 다시 한층 더 정진할 것이며, 나를 생각함으로써 항상 마음이 흔들리지 않게 되고 〈또 모든 선한 일은 행하고 모든 악은 멈추게 하는 힘인〉 다라니를 얻을 것이니, 그 이름이 〈일체의 불·보살의 설하신 바를 알아 기억하고 간직하는〉 선다라니며 백천만억 선다라니며 〈모든 부처님의 설법하는 방편의 문을 자유자재로 설하는〉 법음방편다라니 등인 다라니를 몸에 갖추게 될 것입니다.

세존이시여, 훗날 다섯 번째의 500 세가 되어 흐르고 험악한 세상에서 비구 · 비구니 · 우바새 · 우바이와 이 법화경을 수행하고 익히기 위해 마음으로부터 구하는 사람과 믿고 간직하는 사람이나 읽고 외우는 사람이나 옮겨 쓴 사람은 삼칠 일 동안 일심으로 정진할 것이며, 그 삼칠 일 간의 정진이 끝나면 제가 여섯 이빨을 가진 흰 코끼리를 타고 한량없는 보살에게 둘러싸여 일체 중생이 기뻐할 모습이 되어 그 앞에 나타나, 그를 위해 가르침을 설하고 그들로 하여금 점차로 신앙이 깊어지도록 하며 또한 그에게 총지 진언을 주겠으니, 그 총지 진언에 의해 인간이 아닌 것들로부터 도심이 파괴되지 않을 것이며, 이성에 의해 유혹되어 머리 속에 산란치 않을 것이며, 또 제가 항상 그를 보호하겠으니, 원컨대 세존이시여, 제가 이 총지 진언을 설하도록 허락해 주소서.」

그리고는 부처님 앞에 나아가 곧 주문을 설했다.

『아단테(아견을 없애고), 단다 · 파티(소아를 없애고), 단다 · 바르타니(아방편을 여의면), 단다 · 쿠샤레(평화로우리라), 단다 · 수다리(마음이 유연하게), 수다리(행위도 유연하게), 수다라 · 파티(원활하게 하리다), 붓다 · 파샤네(붓다를 관하면), 사루바 · 다라니 · 아바루타니(모든 총지를 차례로 돌리며), 삼바르타니(모두 회전시켜), 상가 · 파리크시테(승가의 괴멸을 극복하고), 상가·니르카타니(승가의 잘못을 없애고), 다르마·파리크시테(모든 가르침을 배워), 사루바·삿트바·루타·카우사랴아누가테(일체 중생의 소리를 깨달으면), 싱하·비크리디테(사자가 노니는 것처럼 자유자재로), 아누바루테(삼세에 걸쳐 무한하게), 바루타니·바루타리(진리를 차례로 넓혀 가리라), 스바하.」

「세존이시여, 만일 〈대승의 가르침을 실행하고 세상에 넓히며 남을 구제하려는〉 보살이 이 총지 진언을 들을 수 있다면, 그는 이것이 보현의 신통력에 의해 수호되고 있기 때문임을 알아야 하며, 만일 이 사바세계에서 널리 행해져야 할 법화경을 믿어 간직하는 이가 있다면 그것도 보현의 불가사의한 힘 때문이라고 생각해야 할 것입니다. 만일 이 법화경을 믿어 간직해 읽고 외우며 바르게 기억하고 그 뜻을 잘 이해해 그 가르침대로 수행하는 사람이 있다면 그 사람은 보현과 똑같은 행을 하고 있는 사람임을 알아야 합니다. 그 사람은 전생에서 한량없고 가이없는 수많은 부처님을 섬기며 여러 가지의 선근을 깊이 심은 사람이니, 이는 많은 여래께서 자비로운 손으로 그의 머리를 어루만져 주심을 받을 상당한 가치가 있습니다. 만약에 이 법화경을 다만 옮겨쓰기만 해도 그 사람은 죽은 뒤 도리천에 태어나게 되고, 그곳에 태어날 때는 8만 4천의 천녀들이 많은 음악을 연주하며 영접할 것이며, 그 사람은 칠보로 만든 관을 머리에 쓴 채 도리천에서 시봉하는 아름다운 여인들로부터 시중을 받으며 안락하게 지낼 것인데, 하물며 이 법화경을 믿어 간직해 읽고 외우며 바르게 기억하고 그 뜻을 잘 이해하며 가르침대로 수행하는 사람의 공덕은 더 말할 것이 있겠습니까.

만일 어떤 사람이 이 법화경을 믿어 간직해 읽고 외우며 그 뜻을 잘 이해하면, 그 사람이 죽으려 할 때 1천의 부처님께서 손을 내미시어 죽음을 두려워하지 않게 하시고, 악한 갈래에 떨어지지 않고 즉시 도솔천의 미륵보살 계신 곳에 태어나게 하실 것입니다.

미륵보살은 부처님과 똑같은 서른 두 가지의 거룩한 모습을 갖추고 큰 보살들에게 둘러싸여 백천만억의 많은 천녀들과 그 권속들로부터 시중을 받고 계시는데, 그 법화경을 수지·독송하고 그 뜻을 잘 이해한 사람은 그 가운데 태어나는 큰 공덕과 이익을 얻을 것이니, 지혜 있는 이는 응당 이 법화경을 믿어 간직해 읽고 외우며 바르게 기억하고 가르침대로 수행해야 할 것입니다.

세존이시여, 제가 이제 신통력을 가지고 이 법화경을 수호해 여래께서 멸도하신 후 이 사바세계에 법화경을 설해 넓혀 끊어지지 않게 하겠습니다.」

석가모니불께서 보현보살을 칭찬하셨다.

「오! 훌륭하도다. 보현이여, 그대는 훌륭히 이 법화경을 수호해 세상에 넓히도록 도와서 많은 중생들에게 행복을 권유하고 이익을 주리라고 생각한다. 그대는 이미 헤아릴 수 없이 많은 공덕을 성취했고 깊고 큰 자비를 행해 왔으니, 그것은 오랜 옛날부터 부처님의 깨달음을 얻으려는 뜻을 세웠음이며, 그로 말미암아 우선 〈법화경을 수호하는〉 자유자재한 신통력을 얻으려는 서원을 세워 이 법화경을 수호해 왔던 것이다. 나는 부처님의 신통력으로써 보현보살과 똑같은 마음을 가지고 똑같은 행을 하는 이가 있으면 기필코 수호해 주겠다.

보현이여, 만일 이 법화경의 가르침을 믿어 간직하거나 읽고 외우며, 바르게 기억하거나 수행하고 배우거나 옮겨쓰는 이가 있다면, 이는 바로 석가모니불을 만나 뵙고 그로부터 직접 설법을 듣는 실감을 느낄 것이다. 그리고 이 사람은 말할 것 없이 석가모니불을 공양하는 사람이며, 부처님으로부터 훌륭하다고 칭찬받는 사람이며, 석가모니불의 손에 머리를 어루만지우면서 마음으로부터 신뢰받는 사람이며, 석가모니불의 자비에 의해 감싸여지고 있는 사람임을 알아야 한다.

이런 사람은 세속적인 〈다섯 가지의 감각기관에 의한〉 즐거움을 탐내거나 집착하는 일도 없고 불교 이외의 가르침에는 말려드는 일도 없으며, 가치 없고 흥미 본위인 글에 마음을 빼앗기지도 않을 것이다. 또한 여러 가지 바람직하지 못한 사람들로 〈살생을 직업으로 삼는〉 백정이나, 돼지·양·닭·개 등을 길러서 생계를 유지하는 사람이나, 사냥꾼이나 여색을 파는 직업을 가진 이들과 가까이 하지 않을 것이다.

또 이런 사람은 마음에 꾸밈이 없고 정직하며 스스로 진리에 맞는 생활을 할 것이다. 사물을 생각함에 있어 올바르며 항상 진리에 일치하고, 나아가 스스로의 덕으로써 많은 사람을 행복하게 하는 힘을 가질 것이다.

또 〈복덕이 있어 인간을 해치는〉 세 가지의 큰 독에 고통을 받지 않으며, 질투나 아만이나 증상만에 의해 마음을 괴롭히지 않을 것이다.

이 사람은 세속적인 욕심이 적고 모든 것에 만족할 줄 알아 보현보살처럼 〈법화경의 가르침을〉 철저히 행할 것이다.

보현이여, 만일 여래가 멸도한 후의 후 500세에 법화경을 믿어 간직해 읽고 외우는 사람을 보면, 다음과 같이 생각해도 무방하다. 즉 '이 사람은 머지않아 〈최고의 깨달음을 구해 수행하는〉 도량에 가 많은 마구니의 대군을 쳐부수고 부처님의 지혜를 얻을 것이며, 그 도량을 떠나서는 힘차게 가르침을 설해 넓힐 것이니, 그 법을 설하는 모습은 마치 수레바퀴가 돌고 돌아 멈추지 않는 것과 같고, 북이나 소라고동 소리가 산과 들에 울려 퍼지듯 할 것이며 큰 구름에서 내리는 비가 땅 위의 온갖 초목을 축축하게 적셔주듯이 하여, 마땅히 천신과 인간 가운데서 가장 높은 자리에 앉아 많은 사람들의 존경을 받게 된다.'

보현이여, 후세에 있어 이 법화경을 믿어 간직하며 읽고 외우는 이가 있다면, 이 사람은 의복·침구·음식 등의 생활용품을 탐내지 않더라도 그 소원이 헛되지 않아 현세에서 그 복을 받게 된다.

만일 어떤 사람이, "너는 미쳤다. 이런 수행을 한다고 해도 모두가 헛되어 마침내 얻는 것이 없으리라."고 하며 경멸하거나 비방하는 말을 한다면 그 사람은 몇 번 다시 태어날지라도 눈 먼 소경의 몸으로 태어날 것이며, 반대로 만일 이 법화경을 믿고 수행하는 사람을 공양하고 찬탄하면 이런 사람은 현세에서 좋은 보답을 받으리라.

또 이 법화경을 믿는 이의 허물을 들추어 퍼뜨리면 그것이 사실이거나 아니거나, 이런 사람은 현세에서 〈백나라는〉 문둥병에 걸릴 것이며,

만일 법화경을 믿고 행하는 사람을 경멸하여 비웃는 사람이 있다면 그 사람은 〈몇 번 다시 태어나도 태어날 적마다〉 이빨 사이가 성글어 벌어지고 입술 모양이 보기 흉하며, 납작 코에 손발이 굽어 비틀리거나 사팔뜨기 눈에다 몸에서는 추악한 냄새가 항상 나고, 부스럼 종기 나서 피고름 흐르고 배 속에 물이 차는 고창병과 숨차고 기침하는 등, 크고 많은 병 앓을 것이다.

그러니 보현이여, 이 법화경을 믿어 간직하는 이 만나거든 설령 멀리 있다 하더라도 즉시 자리에서 일어나 마치 부처님을 공경하는 것과 똑같이 공경하여 맞이하도록 해라.」

부처님께서 보현보살의 권발품을 설하실 때 갠지스 강의 모래 수와 같은 한량없고 가이없는 보살들이 백천만억의 〈사람들에게 차례차례로 넓혀 가는, 즉 선은 행하고 악은 버리는 큰 교화의 힘인〉 선다라니를 얻었으며, 또 삼천 대천세계를 가루로 부순 입자와 같은 수의 보살이 보현보살과 똑같은 철저한 실행력을 몸에 갖추게 되었다.

이와 같이 부처님께서 법화경을 설해 마치시자, 보현보살을 비롯한 모든 보살과 사리불을 위시한 모든 성문 및 이 법회에

모인 여러 천신·용과 사람인 듯 아닌 듯한 것 등 일체의 생명
체들이 감사한 생각에 정신이 황홀해졌으며, 또 부처님의 말씀
을 낱낱이 가슴 속에 새기면서 세존님을 향해 엎드려 예배하고
그 자리를 떠나갔다.